榜样引领　铸魂育人

——聊城案例 100 篇

主　编　金同元　徐公义

副主编　孔晓燕　王海民

参　编　岳远涛　李学军　陆文文　刘　冰　金秀平　曹梦丹
　　　　　马　颖　孔莉华　王　燕　陈　玥

机械工业出版社

CHINA MACHINE PRESS

为了增强思政课的思想性、理论性、针对性、吸引力和亲和力，丰富思政课教学内容，聊城市技师学院（聊城高级工程职业学校）充分发挥孔繁森母校育人资源，紧密结合聊城实际，挖掘整理孔繁森精神，以及聊城人文历史、改革开放和新时代中国特色社会主义建设成就方面的思政教学元素，编写本书。

本书根据国家统编四册中职思政课教材内容的结构顺序进行编排，分为四篇，共十九个专题。以故事案例形式，突出培育学生政治认同、职业精神、法治意识、健全人格、公共参与五大学科核心素养，高质量推进富有特色的"大思政课"育人工作，培养德技双优的高技能人才。

本书既可以作为中职、技工院校学生的辅学读本，也可以作为广大思政课教师备课的辅助材料。

图书在版编目（CIP）数据

榜样引领　铸魂育人：聊城案例 100 篇 / 金同元，
徐公义主编. -- 北京：机械工业出版社，2024. 11.（2025.1 重印）
ISBN 978-7-111-77176-0

Ⅰ . G711

中国国家版本馆 CIP 数据核字第 2024J38E32 号

机械工业出版社（北京市百万庄大街 22 号　邮政编码 100037）
策划编辑：张雁茹　　　　　　责任编辑：张雁茹
责任校对：潘　蕊　李　杉　　封面设计：张　静
责任印制：张　博
天津市光明印务有限公司
2025 年 1 月第 1 版第 2 次印刷
184mm×260mm · 15.5 印张 · 373 千字
标准书号：ISBN 978-7-111-77176-0
定价：55.00 元

电话服务　　　　　　　　网络服务
客服电话：010-88361066　机 工 官 网：www.cmpbook.com
　　　　　010-88379833　机 工 官 博：weibo.com/cmp1952
　　　　　010-68326294　金 书 网：www.golden-book.com
封底无防伪标均为盗版　　机工教育服务网：www.cmpedu.com

前言

　　2019 年 3 月 18 日，习近平总书记在北京主持召开学校思想政治理论课教师座谈会并发表重要讲话，向全国大中小学思政课教师致以诚挚的问候和崇高的敬意。他强调，办好思想政治理论课，最根本的是要全面贯彻党的教育方针，解决好培养什么人、怎样培养人、为谁培养人这个根本问题。办好思想政治理论课关键在教师，关键在发挥教师的积极性、主动性、创造性。"大思政课"我们要善用之，善用"大资源"，实现启智润心，搭建"大平台"，汇聚育人合力。新时代学校思政课建设推进会于 2024 年 5 月 11 日在北京召开，会上传达了习近平总书记对学校思政课建设作出的重要指示。他强调，新时代新征程上，思政课建设面临新形势新任务，必须有新气象新作为。要不断开创新时代思政教育新局面，努力培养更多让党放心、爱国奉献、担当民族复兴重任的时代新人。这为我们做好思政课工作进一步指明了前进方向，提供了根本遵循。

　　本书旨在挖掘本土资源，弘扬传承孔繁森精神，大力宣传聊城人文历史、改革开放和新时代中国特色社会主义建设成就，以故事案例形式，突出培育学生政治认同、职业精神、法治意识、健全人格、公共参与五大学科核心素养，高质量推进富有特色的"大思政课"育人工作，培养德技双优的高技能人才，服务"六个新聊城"建设发展。

　　本书案例选取和教学设计上有以下几个特点：

　　第一，从学校"独特育人资源"和"区域角度"考虑案例选取。充分挖掘整理反映新时代孔繁森精神内涵和价值引领的故事案例，因地制宜、因时制宜，讲好"江北水城·两河明珠"聊城故事，用好聊城历史文化名人、先进榜样人物。本书选取的 100 个教学案例都是发生在孔繁森同志一生和聊城本土的真实案例。

　　第二，从"时代角度"考量案例结构布局。本书所选择的案例重点突出了孔繁森精神和聊城历史发展上的重大历史节点和重大事件，基本涵盖了建设"六个新聊城"新时代战略定位内容。

　　第三，从"学生角度"把握教学难度。针对中职（技工院校）学生身心和实际学习特点，本书在案例选择和教学设计中始终坚持用习近平新时代中国特色社会主义思想铸魂育人，坚持通识性教育与职教特色相结合，培育学科核心素养，厚植爱党爱国爱社会主义情感，广泛践行社会主义核心价值观。坚定"四个自信"，为担当民族复兴大任的时代新人树立正确的世界观、人生观、价值观。

　　第四，从"国家统编课程角度"设计案例排序。本书的 100 个案例根据国家统编的《中国特色社会主义》《心理健康与职业生涯》《哲学与人生》《职业道德与法治》四册中职

（技工院校）思政教材内容的结构顺序进行编排，分为四篇，共十九个专题。以专题形式呈现案例，每个专题首页根据该专题思政教学目标设有"原文摘编"栏目，包含习近平总书记有关重要讲话或文章、著作相关内容，便于师生高屋建瓴，精准领会本专题案例内容。每个案例设有"案例结构""案例目标""案例摘要""案例正文""参考资料"等栏目，方便师生更好地掌握案例内容。

　　第五，从"实践角度"拓展教育资源。本书的案例设计，注重与校外聊城市"大思政课"实践教学基地、实践项目的关联性，充分拓展思政课教学的校内外资源，力争把思政小课堂与社会大课堂有机结合起来。

　　本书既可以作为中职、技工院校学生学习思政课的辅学读本，也可以作为广大思政课教师备课的辅助材料。我们诚恳地希望借此抛砖引玉，得到兄弟院校、同行专家们的不吝赐教。让我们携起手来，群策群力，扬长避短，共同推动创新中职（技工院校）思政课教学模式，把思政课打造成学生真心喜爱、终身受益的"金课"，理直气壮讲好思政课，不负重托办好思政课。

编　者

前言

第一篇　中国特色社会主义

第二篇　心理健康与职业生涯

第三篇　哲学与人生

第四篇　职业道德与法治

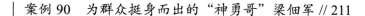

第一篇

中国特色社会主义

专题一
中国特色社会主义的开创、坚持、捍卫、发展

1. 中国共产党和中国人民以英勇顽强的奋斗向世界庄严宣告，中国人民不但善于破坏一个旧世界、也善于建设一个新世界，只有社会主义才能救中国，只有社会主义才能发展中国！

——习近平在庆祝中国共产党成立 100 周年大会上的讲话（2021 年 7 月 1 日）

2. 实践告诉我们，中国共产党为什么能，中国特色社会主义为什么好，归根到底是马克思主义行，是中国化时代化的马克思主义行。

——习近平在中国共产党第二十次全国代表大会上的报告（2022 年 10 月 16 日）

3. 十年来，我们经历了对党和人民事业具有重大现实意义和深远历史意义的三件大事：一是迎来中国共产党成立一百周年，二是中国特色社会主义进入新时代，三是完成脱贫攻坚、全面建成小康社会的历史任务，实现第一个百年奋斗目标。这是中国共产党和中国人民团结奋斗赢得的历史性胜利，是彪炳中华民族发展史册的历史性胜利，也是对世界具有深远影响的历史性胜利。

——习近平在中国共产党第二十次全国代表大会上的报告（2022 年 10 月 16 日）

案例 1　聊城的五四运动

案例结构

聊城的五四运动	投身五四运动寻求光明
	奔赴黄埔接受革命思想

案例目标

理解认同我国选择社会主义道路的历史必然性，了解聊城的五四运动的历史。

1919 年爆发的五四运动，标志着中国从此进入了新民主主义革命时期。聊城是革命老区，从五四运动开始，聊城的进步知识分子和青年学生，就积极地投入到反帝反封建的爱国民主运动中。

聊城学生在五四运动中的爱国行为，是在新文化思想的影响下而产生的，也进一步激发了学生的爱国热情，一大批学生从这里走向了寻求光明的革命道路，为聊城早期共产党组织的建立和发展奠定了思想基础和组织基础。

案例正文

投身五四运动寻求光明

1919 年 5 月中旬，五四运动的消息传到聊城后，驻地聊城的山东省立第三师范学校（简称"省立三师"）、山东省立第二中学（简称"省立二中"）等校的青年学生率先行动起来，形成了以省立三师和省立二中为策源地，包括东临道立模范小学、县立高等小学等组成的爱国学生运动。

省立三师成立于 1914 年，是一所以培养高小、初小师资为目标的全日制中等师范学校，为当时山东省立 4 所师范学校之一。教师大多为大学毕业生，学生多来自鲁西各县。受五四新文化运动的影响，省立三师的一些进步学生在五四运动爆发前举办了传播新思想的"读书会"，创办了进步文艺刊物《蔷薇》，《新青年》《新潮》等进步刊物也在校园内开始传阅，为五四运动在聊城的开展和深入奠定了思想基础。

继 1919 年 5 月 23 日济南中等以上学校罢课后，聊城各学校学生骨干随即成立了以省立三师学生刘伦卿、省立二中学生李学曾为首的"聊城学生联合会"，决定上街游行宣传，张贴反帝爱国标语，散发传单，发动市民、商民等抵制日货，并设立了宣传队、纠察队、调查队、募捐队、国货商场等组织。5 月 25 日，聊城学生联合会在万寿观召开学生代表会议，决定联合全县学生罢课，开展游行示威、抵制日货、废除中日条约等活动。学生的爱国行动，引起广大市民的同情和支持，每个演讲站都聚集着上千人，不少市民自觉地加入了游行学生的队伍。

6 月 1 日，聊城学界和商界等数千人再次在东关集会，20 多人登台激情演说。聊城学界和商界进一步联合成立"聊城学商联合会"，发表《抵制日货宣言书》。在学生们的带动下，聊城城乡人民也纷纷加入到提倡国货、抵制日货的活动中来。

6 月 3 日，北京各校 2000 余名学生上街演讲，遭到军警的严厉镇压。这一消息再次激起了聊城学生的义愤，学生运动再掀高潮。在聊城学生运动的带动下，鲁西北各县学生罢课达到高潮，学生纷纷走上街头，开展爱国运动，号召人们抵制日货。

五四运动时期，聊城以爱国学生为主的反帝爱国活动，是当时全国反帝爱国洪流中的一部分。当时聊城各界开展的集会、演说、抵制日货等活动，一方面是受时代风潮涌动的影响，反映出聊城人民与祖国同呼吸共命运，不甘屈服、勇于抗争的反帝爱国品行；另一方面也带动了鲁西各县学生运动的发展，支援了济南等地的斗争，培养了一批学生运动的人才。

奔赴黄埔接受革命思想

1924 年国共两党实现第一次合作后，作为国民革命中心地的广州，吸引着来自全国各地的一批批热血青年。经过五四运动的洗礼，省立二中、省立三师等校的进步学生陆续南下，寻求救国救民的真理。有五六十人先后奔赴南方走上革命道路，尤以考入黄埔军校者为多。

根据统计，黄埔军校 1～6 期的学员中，聊城籍的多达 32 人，这些投考黄埔军校的学员，许多是就读于省立三师和省立二中的青年学子，他们在国民革命运动的影响下纷纷投笔从戎。如 1925 年秋，省立二中学生王寅生、孙大安、赵以政、聂子政等，联合数十名青年南下。他们怀着满腔热情，从聊城先到邯郸、开封等地，最后辗转到达广州，如愿考入黄埔军校第 4 期。赵以政在黄埔军校期间，还多次写信动员家乡的亲友南下投考黄埔军校，正在省立二中读书的二弟赵以凯在他的影响下与王之茵、李若学、贺清源等十几名同学，于 1926 年 8 月 20 日离开聊城奔赴广州，考入黄埔军校军官预备班。同时，一批刚刚从大学毕业的聊城籍学生调任军校的教职员，如上海东亚体育学校毕业生梁长渭调任第 5 期政治部助理员，从日本留学归国的申仲铭（原名申兰生）也在军校任教。

参考资料

聊城市档案馆：《档案里的聊城五四运动》。

案例 2 黄河之畔的英雄赞歌—— 阳谷人民与刘邓大军的革命情谊

案例结构

黄河之畔的英雄赞歌—— 阳谷人民与刘邓大军的革命情谊	烽火连天时，黄河见证壮志
	并肩作战中，情深似海共患难
	历史的选择，人民的心声

案例目标

1. 了解刘邓大军强渡黄河这一重要战役。

2. 通过对历史事实的了解，明确历史和人民选择了中国共产党，没有中国共产党领导，民族独立、人民解放是不可能实现的。

案例摘要

　　本案例深情回顾了 1947 年刘邓大军在阳谷县强渡黄河、挺进大别山的英勇壮举，以及这一过程中阳谷人民与刘邓大军之间结下的深厚革命情谊。案例从刘邓大军准备渡河的历史背景入手，描绘了阳谷人民积极响应号召，为大军提供物资、船只和情报支持，共同见证了这一改变战局的关键时刻。在并肩作战的岁月里，阳谷人民与刘邓大军同甘共苦，共同面对生死考验，彼此间的情谊愈发深厚，形成了不可分割的革命共同体。最终，强调了历史和人民选择中国共产党的必然性，指出没有中国共产党的领导，就没有民族独立和人民解放的实现。

案例正文

烽火连天时，黄河见证壮志

　　在历史的浩瀚画卷中，黄河不仅哺育了华夏文明，更见证了一代又一代英勇儿女的抗争足迹。1947 年春，中国革命的风暴达到高潮，为打破国民党"重点进攻"的战略布局，扭转解放战争局势，中共中央军委果断决定发起战略反攻。在此关键时刻，刘伯承、邓小平所率晋冀鲁豫野战军（也称刘邓大军）勇敢地肩负起这一历史使命。

　　阳谷，这片紧邻黄河的古老地域，凭借其得天独厚的地理位置与深厚的民众基础，成为刘邓大军跨越黄河、深入大别山的战略要冲。自古以来，阳谷便是军事争夺的焦点，它北靠黄河天险，南接中原核心区域，战略地位举足轻重。面对国民党军队的重重封锁与强势兵力，刘邓大军面临着前所未有的艰巨局面。

　　然而，正是在这片充满生机与希望的土地上，阳谷人民以非凡的勇气和坚定的革命信仰，与刘邓大军紧密合作，共同谱写了革命斗争史上的壮丽篇章。战前，刘邓大军深入阳谷乡间，广泛传播革命火种，激发起当地群众的强烈共鸣与热烈响应。阳谷百姓自发集结，积极为部队筹措给养、船只，甚至不惜个人安危，为部队提供关键情报，掩护伤员撤退。

　　黄河之畔，一场场感人肺腑的壮举接连上演。众多船只被紧急征集，渔民与船工们不顾个人安危，夜以继日地协助部队渡江。这些场景不仅彰显了军民鱼水情深，更成为阳谷人民口耳相传的英雄事迹，永远镌刻在革命记忆之中。

并肩作战中，情深似海共患难

　　随着渡河作战的枪声响起，刘邓大军在阳谷人民的全力支持下，以雷霆万钧之势突破了国民党军队的防线，成功强渡黄河。这场战役的胜利，不仅极大地鼓舞了全国人民的斗志，也为解放战争的全面反攻奠定了坚实基础。

　　在随后的战斗中，阳谷人民更是与刘邓大军结下了深厚的革命情谊。他们积极参与支前工作，为部队运送弹药、粮食，救护伤员，有的甚至直接参军参战，与子弟兵并肩作战。在那些艰苦卓绝的日子里，阳谷人民与刘邓大军同吃同住同劳动，共同经历了生死考验，彼此间的情谊愈发深厚。

这种深厚的革命情谊，不仅体现在物质的支持上，更体现在精神的共鸣上。阳谷人民从刘邓大军身上看到了希望和未来，他们坚信只有共产党才能救中国，只有跟着共产党才能实现民族独立和人民解放。而刘邓大军也被阳谷人民的淳朴善良、英勇无畏的精神深深感动，他们更加坚定了为人民服务的宗旨和信念。

历史的选择，人民的心声

回顾那段烽火连天的岁月，我们不禁感慨：历史和人民选择了中国共产党，这是历史的必然，也是人民的心声。没有中国共产党的领导，就没有新中国的诞生，就没有今天的幸福生活。

阳谷人民与刘邓大军的革命情谊，正是这一历史选择的生动体现。在那个动荡不安的年代，是共产党领导人民进行了艰苦卓绝的斗争，推翻了压在中国人民头上的"三座大山"，实现了民族独立和人民解放。而阳谷人民作为这场伟大斗争的参与者、见证者，他们用自己的实际行动诠释了什么是真正的爱国主义精神，什么是与人民同呼吸共命运的情怀。

今天，当我们站在新时代的起点上回望过去，更应该珍惜来之不易的幸福生活，铭记那些为革命胜利付出巨大牺牲的先烈们和广大人民群众。同时，我们也应该继续发扬革命传统，坚定信念跟党走，为实现中华民族伟大复兴的中国梦贡献自己的力量。

总之，黄河之畔的英雄赞歌不仅是对刘邓大军和阳谷人民革命情谊的颂扬，更是对中国共产党领导人民进行革命斗争伟大历程的深情回顾。它告诉我们：只有坚持中国共产党的领导，才能不断开创中国特色社会主义事业新局面；只有紧紧依靠人民、为了人民、服务人民，才能赢得人民的拥护和支持，实现国家富强、民族振兴、人民幸福的伟大梦想。

参考资料

1. 滕李娜：《中共鲁西总支委员会的地下革命活动片段》。
2. 李海英：《刘邓大军强渡黄河的战略意义》。

案例 3　革命老区，红色热土——新民主主义革命时期的聊城

案例结构

革命老区，红色热土—— 新民主主义革命时期的聊城	钢铁濮范观，华北小延安
	刘少奇在冀鲁豫边区
	苏村阻击战
	解放战争的稳固后方

案例目标

1. 了解聊城在新民主主义革命时期的发展情况及发挥的重大作用。

2. 认识共产党在新民主主义革命过程中的重要作用，认同新民主主义革命取得胜利最重要的原因是坚持共产党的领导。

案例摘要

聊城是革命老区，抗日战争中后期，聊城是冀鲁豫边区抗日根据地的中心区，这里留下了刘少奇、朱德等众多革命家战斗、生活的足迹。冀鲁豫边区加强党的一元化领导，实行"精兵简政"，制定了正确的战略、策略，领导人民坚持平原抗战，建立了稳固的抗日根据地，始终未被日军完全占领，成为共产党领导人民抗击侵略者的钢铁堡垒，直至抗日战争胜利。解放战争时期，聊城是支援前线的后方基地，为解放战争的胜利作出了巨大贡献。

案例正文

钢铁濮范观，华北小延安

聊城所属的各县市区都是革命老区。抗日战争时期，中共中央冀鲁豫（平原）分局所在地位于观城县红庙村（今属莘县大张家镇）。在冀鲁豫边区最艰苦、最困难的时期，出现了"破饭罐"一词。"破饭罐"是濮县、范县、观城三县的简称——"濮范观"的谐音。敌人狂妄地称为"破饭罐"，认为我们除了一个"破饭罐"已一无所有，消灭抗日根据地易如反掌。但是，这个"破饭罐"是铁打的、钢铸的，砸不毁，也打不烂。濮县、范县、观城，三县所在的抗日根据地在 1941 年之后被誉为"钢铁濮范观，华北小延安"，是抗战初期的鲁西北根据地，以及后期的鲁西、冀鲁豫根据地的核心区。"濮范观"令人惊叹之处就在于，在整个抗日战争时期，始终未被日军完全占领，成为中国共产党领导人民反抗日本侵略者的钢铁堡垒，是敌后平原游击战的一面旗帜。

"濮范观"一带有着独特的地理、历史优势，是其他地方所不具备的。这里河道密集，黄河故道沙滩起伏、尘土漫天，地形复杂恶劣；民生困苦，百姓喜行侠仗义，好武尚勇，有强烈反抗精神；远离大城市，敌人统治力量相对薄弱；共产党开展革命活动较早，群众基础好，革命斗争热情高。"濮范观"发展为冀鲁豫边区政治、军事、经济和文化的中心。边区的党委、行署、军区及报社、银行、医院、学校、兵工厂都长期设在这里，刘少奇、邓小平、朱德等党的领导人都曾在这里居住过，宋任穷、段君毅、杨得志、杨勇等老一辈无产阶级革命家在这里长期战斗、工作和生活。这也是这里被称为"华北小延安"的原因。

"华北小延安"的驻地就在红庙村，这里还是鲁西、冀南、豫北联系的桥梁，是几大革命根据地的交通枢纽，传递了许多机密信息、党内文件，也是几大根据地人员往来的中转站，被称为抗日战争中的"红色首府"。

刘少奇在冀鲁豫边区

1942 年 3 月，任华中局书记、新四军政委的刘少奇同志去延安筹备党的七大，从华中局、新四军军部驻地江苏阜宁单家港出发，8 月中旬途经冀鲁豫边区党委所在地——红庙村。

刘少奇在红庙村住了一个月，深入到干部、战士及党外人士中调查、走访，和群众座谈，与边区人民产生了深厚的感情。他还对边区各方面的工作进行了调研和指导，召开会议，发表分析时局的讲话，对边区工作做出"发动群众，开展减租减息运动"的重要指示。刘少奇的红庙之行，对冀鲁豫边区转变工作方针和斗争策略，进一步发动群众，起到了关键性的作用，扭转了边区工作的被动局面，促进了冀鲁豫抗日根据地的发展壮大。

根据刘少奇同志的建议，1942 年 10 月，中共中央北方局调原冀中区党委书记黄敬任冀鲁豫边区党委书记兼军区政委。黄敬同志到任后，主持召开了边区高级干部会议，在会上作了《边区形势与任务》的报告，指明了边区的发展方向，实行精兵简政，开展民主民生运动，指导思想实现重大转变。

会后，边区加强党的一元化领导，实行"敌进我进"的战略方针，主动出击，积极利用"青纱帐"的有利时机打击敌人，粉碎了日军的"蚕食"战略，扭转了军事斗争的被动局面。

苏村阻击战

1941 年初，鲁西军区司令员兼八路军一一五师教导第三旅旅长杨勇，在郓城西北潘溪渡指挥部队围点打援，击毙日军 160 余人，毙俘伪军 130 余人，缴获大批武器装备，取得一次重大胜利，极大地鼓舞了士气。潘溪渡伏击战，沉重打击了敌人的嚣张气焰，使敌人元气大伤。

潘溪渡战役令日军恼羞成怒。1941 年 1 月 12 日，敌人集结了日军 7000 余人、伪军 3000 余人，汽车 300 余辆、坦克和装甲车 20 余辆，在 10 多架飞机的掩护下，从山东的济宁、菏泽、临清和河北的大名出动，分 6 路对以濮县、范县、观城为中心的鲁西抗日根据地进行报复性"扫荡"，企图围捕鲁西军区和行署机关。

1 月 17 日，杨勇、苏振华、段君毅率部队跳出敌人合击圈，转移到朝城西南呈望、马集一带。随后，一股敌人尾随而至。为掩护鲁西军区、行署机关安全转移，军区特务营第三营营长钟铭新率九、十两连在苏村阻击敌人。

18 日上午 9 时许，战士们刚刚构筑好防御工事，日军先头部队就到了，向村东九连阵地进攻。营长钟铭新冷静判断敌情，果断下令吹响调兵号，打响苏式转盘机枪，敌人以为目标在苏村，聚集了 1000 余人，在 6 架飞机、8 门小炮、7 辆坦克和几十挺轻重机枪的配合下，呈包围态势向苏村发起猛烈进攻。

战斗打响后，我军阻击部队在人数、武器方面均处于明显劣势的情况下，一次次打退敌人的进攻，誓与苏村共存亡。激战中，营长钟铭新被子弹打伤了腹部，肠子顺着伤口流了出来，他捂着流出的肠子，滚出防御工事，与进攻的敌人同归于尽；九连连长黄学友身负重伤，面对冲到近前的敌人，毅然拉响手榴弹，高喊"打倒日本帝国主义"，与敌人同归于尽；十连指导员严海元看到战友牺牲，义愤填膺地站在房顶上用机枪向日伪军扫射，不幸被击中，从房顶上跌落下来，仍紧紧抱着机枪。苏醒后，他拼尽全力扭转身子朝敌人的背后射击，直到流尽最后一滴血。

战至下午，我军阵地接连失守，由阵地战转入巷战、院落战……气急败坏的敌人残忍地向坚守在最后两个院落的指战员施放了毒气。战士们因被毒气熏倒被俘，日军残忍地把被俘人员用刺刀杀死。此战，击毙日军 300 余名，伤敌无数，我军 123 名指战员壮烈牺牲。

苏村阻击战，123 名烈士用鲜血和生命保护了鲁西军区机关的安全转移，昭示了共产党战士不畏强敌、视死如归的凛然气节。

解放战争的稳固后方

抗日战争胜利后，中共中央决定合并冀鲁豫中央分局和中共北方局，成立晋冀鲁豫中央局，领导冀鲁豫、冀南、太行、太岳四个区党委和军区，邓小平、薄一波分任正副书记。

解放战争时期，聊城成为人民战争的强大后方。冀鲁豫边区解放早，群众基础好，这里又是扼守华北的门户，是刘邓、陈粟大军战略进攻的踏板和重要的后方基地。在刘邓大军强渡黄河的行动中，聊城群众积极支前，帮助伐树造船，争当水手支援渡河。渡河战斗打响后，广大群众抬担架、救伤员，给予刘邓大军有力支援。刘邓大军千里跃进大别山，聊城党和政府全面予以配合，刘、邓首长盛赞聊城军民"为祖国的独立和人民的解放立了大功"。

参考资料

1. 大运河时空：《历史上，冀鲁豫交界处曾有一个区域被称为"濮范观"，是什么情况》。

2. 中国共产党新闻网：《血肉之躯筑起"平原长城"——中共中央冀鲁豫（平原）分局纪事》。

3. 大众网：《寻访莘县红庙村：一段永不消逝的红色记忆，被誉"华北小延安"》。

4. 大众网：《聊城红色记忆：得冀鲁豫者得天下》。

5. 聊城晚报：《中共冀鲁豫（平原）分局旧址吸引超 20 万参观者》。

案例4 改革开放让聊城换新颜

案例结构

改革开放让聊城换新颜	交通兴，聊城兴
	改革开放，聊城蜕变
	城更美，人幸福

案例目标

1. 了解聊城在交通、城市建设、改善民生等方面的新变化，感受聊城实施改革开放取得的巨大成就。

2. 通过聊城今昔对比，理解实施改革开放的意义，懂得改革开放是改变中国命运的关键措施。

案例摘要

聊城从昔日偏僻闭塞的鲁西一隅，变成了重要的区域交通枢纽城市。新时代，济郑高铁与京九高铁在聊城交汇，德上高速等数条高速建成通车，聊城将书写新的辉煌。城市建设犹如凤凰涅槃，铁塔新商圈、当代国际大厦、九州洼月季公园给聊城人民提供了更多的去处，有了更多的乐趣。东昌湖、京杭运河聊城段换新颜，"江北水城·运河古都"的城市品牌越擦越亮，"城在水中，水在城中"，城市因水而灵动。聊城建设了体育场，实施了节能减排，推进城乡环卫一体化建设、棚户区改造等，不断增强民生福祉，群众安居乐业，幸福满满。

案例正文

聊城，一个曾经辉煌而逐渐落寞的城市，经过 70 多年的发展，尤其是改革开放以来，从昔日偏僻闭塞的鲁西一隅，变成了海陆空立体大交通网"呼之欲出"的区域交通枢纽城市，交通四通八达，城镇星罗棋布，环境生态宜居，城市版图和规模不断扩大。

交通兴，聊城兴

有一个故事，说起来让人唏嘘不已：1993 年，一台 70 多吨重的变压器要从济南运到聊城，却没有一条适合的路线可以选择，因为聊城到济南的道路及桥梁都无法承载 70t 的重量。半年后，政府投资 500 万元加固了道路、桥梁，变压器才得以起运，只用了 2h 就运达目的地。

交通的闭塞落后，让聊城曾经的繁华远去。

建国初期，聊城的交通投资几乎为零，全市找不到一条水泥公路，铁路更是无从谈起。1996 年 9 月 1 日，京九铁路建成通车，聊城人民奔走相告，喜气洋洋，比过年都高兴。聊城终于结束了不通铁路的历史，一个更宽广的世界向聊城展开，聊城交通掀开了新的一页。

京九铁路的通车运营，与济聊馆高速公路在聊城形成了"黄金大十字"，让聊城人深感振奋。聊城人民走南闯北有了更便捷的选择，通过"黄金大十字"融入祖国经济发展的洪流中，挥洒豪情、追求梦想。进入新时代，高铁建设提上日程，济郑高铁与雄商高铁（京九高铁）在聊城交汇，新时代的"黄金大十字"进入人们的视野，必将助力聊城创造新的辉煌。

交通兴，则聊城兴。近年来，聊城交通运输业高速发展，德上高速、莘南高速、青兰高速建成通车，东阿至阳谷、德州至高唐、济南至东阿等多条高速加快建设，京九高铁、聊城机场等项目扎实推进……聊城正在加快构建立体化的交通体系，以交通先行激活区位优势，提升竞争优势，塑造发展优势，向着综合交通枢纽城市阔步迈进。

改革开放，聊城蜕变

1985 年兴建的聊城铁塔商场，大门是一个铁牌坊，进去就是一排排简易的大铁棚子，棚子里摊位一个挨一个，熙熙攘攘的人群，叫卖声、讨价还价声不绝于耳，一派商品经济的活跃景象。这里是当时"老城里"居民市井生活最有代表性的场所之一，承载着一代人的回忆。

2018 年年初，铁塔商场进行了全面升级改造，地标性建筑国贸大厦、京都国际商贸城与附近的银座商城，构成了铁塔新商圈。经营环境今非昔比，购物体验大大改善。铁塔商场见证了聊城市场经济从肇始到繁盛的历程。

像铁塔商场一样，这座城市也发生了蝶变。

2014 年，高 150m、建筑面积约 7 万 m² 的当代国际大厦，再次刷新了聊城"第一高度"，彰显了聊城的活力。

2019 年，聊城九州洼月季公园正式开园，公园内游人如织，热闹非凡，月季花争相竞艳，人们徜徉于花海与美景间流连忘返。

把聊城划为东西两城的徒骇河上，建起了一座座姿态各异、极具观赏性的徒骇河大桥，装扮了聊城，提升了城市品质。

……

不断刷新的城市面貌，接连涌现的网红打卡地，呈现出聊城快速发展的"脉动"。

水是这座城的魂。挽着奔流不息的黄河，千年大运河穿城而过，聊城伴水而生，也因水而闻名。那一湾湾碧水，也倾注着一代又一代聊城奋斗者的心血和汗水。

1996 年 7 月 10 日，人民日报曾刊发《天下不敢小聊城》一文，叹惋京杭运河聊城段的衰落。

始掘于宋熙宁三年的东昌湖，水域 6.3km²，是我国北方最大的城内湖，在当年也是一汪碱滩，满目荒凉。1998 年撤地设市以来，聊城市一直把对东昌湖和京杭运河聊城段的开发改造列入城市建设的重要内容。如今，东昌湖景区景色宜人，美不胜收；千年古运河重现生机，保护与开发并重，无穷魅力蔓延开来，"江北水城·运河古都"的城市品牌越擦越亮……在这里，处处碧水为城市的美好愿景注入了灵魂。

城更美，人幸福

2013 年 10 月 10 日，聊城市第二届市运会的会歌《放飞梦想》响起，聊城市体育场成为一片欢乐的海洋。

体育，让人联想起健康与奋进，体现了积极向上的生活态度。70 多年来，尤其是改革开放以来，在物质生活日益富足的同时，人们越来越渴望丰富的精神世界、健康的体魄。2013 年，聊城市体育场的建成，改写了聊城没有大型公共体育场馆的历史，对完善城市功能、提升城市形象、活跃群众精神文化生活具有重要意义。

2015 年 8 月 11 日，信发集团 7 座凉水塔成功爆破，宣告了"小火电"时代的结束，这也被誉为山东环境整治"第一爆"，环境治理迈出关键一步。

聊城人发扬抓铁有痕、踏石留印的作风，持续治理污染，实施环境保护。如今，天蓝、水清、空气好……600 多万聊城人民享受了实实在在的生态福利。

城乡环卫一体化、农村人居环境整治等，持续增进民生福祉；不断加大城乡建设投入，完善基础设施，改善人居环境，城乡面貌日新月异……展现了这座城市蓬勃发展的活力，呈现了人民群众安居乐业的幸福生活！

参考资料

聊城日报：《新中国成立 70 周年聊城发展成就巡礼之五——70 年，一座城的蝶变》。

案例 5　曾广福：翻身农民当家做主人

案例结构

曾广福：翻身农民当家做主人	曾广福小传——中国农民的典型代表
	"劳模"称号是干出来的
	请毛主席题词

案例目标

1. 了解曾广福的事迹，感受劳模精神，认识到新中国和社会主义制度为农民参与国家事务的管理创造了前提条件。

2. 理解中国共产党领导人民探索社会主义建设道路的艰辛，坚定走中国特色社会主义道路的信心。

案例摘要

曾广福，出生于莘县一个贫农家庭，他始终保持着活跃的思想和不息的追求，一心一意跟党走，积极响应党的号召，组建互助组，带领农民生产自救，战胜特大旱灾，创造"兑地丰产"法，被冀鲁豫边区政府树为典型。1950 年获"全国农业劳动模范"荣誉称号。

新中国成立后，他当选为全国人大代表、全国政协委员、中共九大至十二大代表，与党和国家领导人一起共商国是，参与国家管理。在开会期间，他请毛主席题词，"你是共产党员，又是劳动模范，要起桥梁和带头作用。"他以此自励，在工作、生活中走在前、干在前，甘于奉献，坚持实事求是，敢讲真话，带领群众发展生产，始终保持农民本色，始终以主人翁的精神参与社会主义建设。

案例正文

曾广福小传——中国农民的典型代表

曾广福，1913年出生于山东省莘县董杜庄的一个贫农家庭。1942年，他当选为本村农会会长。1943年创立互助组，带领农民生产自救，度过特大旱灾，并兴办一木工厂，盈利3400元，被边区政府树为典型，在《冀鲁豫日报》上作为特大新闻报道。1946年，他加入中国共产党。1949年春，曾广福创造"兑地丰产"法，实行土地连片，统一经营，地四劳六，比例分成。当年，他被选为聊城专区劳动模范、平原省劳动模范并参加开国大典。1950年被政务院授予"全国农业劳动模范"称号。

1951年他带领的互助组在平原省（平原省于1952年撤销）率先转为初级农业生产合作社，任社长；1955年12月成立高级农业生产合作社，任社长兼党总支书记。1956年，他带领群众先后将千亩碱洼地改造成良田，将500亩（1亩 = 666.67m²）沙荒地改造成果园。

曾广福历任村党支部书记，农业合作社社长，省、地、县委委员，地、县革委会副主任，县人大常委会副主任；是第一、三届全国人大代表，第二届全国政协委员，中共九大至十二大代表。他是中国农民的典型代表，其事迹代表着亿万农民的朴素本质和艰苦奋斗的精神。

"劳模"称号是干出来的

解放区实行土改，农民有了自己的土地，开始沉浸于土地还家的喜悦之中，沿袭着几千年不变的生产方式，对新的生产方式和技术不感兴趣，有的连会议都不愿参加，怕耽误了自己干活。曾广福不一样，面对新形势、新变化，他认得准，干得狠，始终保持着活跃的思想和不懈的追求。

1943年，曾广福响应上级号召，在已经获得解放的董杜庄组织了临时搭帮互助组，帮助缺少劳力和耕畜的农户发展生产。翌年，又转成了常年互助组。

1948年夏秋大旱，政府号召挖井、点种、保苗，许多农民还按老习惯，靠天吃饭，不浇大田，迟迟不动。曾广福却带头挖井，连吃饭也在井底下，挖不出水不罢休。最终，他成功了，挖了井，保住了苗，让群众大为震撼，影响波及县内外。

1961年，连日阴雨酿成水灾，庄稼颗粒无收，农民深感悲观失望。曾广福带头生产自救，育苗种菜，抢播小麦，七淹七种，成功地让本队社员能吃饱饭，还给兄弟单位送去一大批菜苗渡难关。

1963年，连日暴雨，马颊河发洪水，洪水与大堤持平，眼看就要漫堤决口。大堤上的群众绝望了，纷纷向后撤。这时，曾广福站出来，大吼一声："人在堤在，谁也不许后退一步！"说着，他带头跳进水里。群众受到感召，纷纷跳入水中，排起人墙，挡住浪头，为岸上的人加固堤坝争取了时间，避免了数十个村庄被淹惨剧的发生。

1979 年，国家推行家庭联产承包责任制，人们担心曾广福阻挠分田到户，趁他外出时把土地承包了下去。他回村后表示支持土地承包，和大队干部一起研究进一步完善责任制的措施。

在生产发展的每一个关键时刻，曾广福总是想在前、走在前、干在前，体现了一个劳模的思想觉悟和高贵品质。

请毛主席题词

1954 年 12 月，曾广福作为全国政协委员进京参加全国政协二届一次会议，开幕式在怀仁堂举行。曾广福想请党和国家领导人给他签个字，会前，他到街上买了一个日记本和一支笔，带在身上。会议开始前，他凭着自己的出席证说服了警卫人员，闯进了中央首长的休息室。当时朱总司令坐在门口旁边，曾广福走过去说："总司令，请您给签个字。"朱德同志笑着往里一指说："请主席签，主席写得好。"曾广福于是跑到了毛主席面前。正在抽烟的毛主席问了他几句话，然后用笔在本子上写道："你是共产党员，又是劳动模范，要起桥梁和带头作用。"

曾广福把这个本子奉为至宝，精心保存，有时让同志们看一眼，马上就揣进怀里；回到家，就把这个本子锁在木箱子里。

参考资料

1. 莘县政协：《杨巨源文集》。
2. 莘县在线：《曾广福：中国农民的典型代表》。
3. 百度百科：曾广福。

案例 6　孔繁森：投身援藏建设的改革先锋

案例结构

孔繁森	投身援藏建设的改革先锋

案例目标

1. 了解改革开放的历史进程，以及党领导人民开创和发展中国特色社会主义道路的历程。

2. 理解持续推进改革开放对国家发展和人民生活改善的重要意义，感受改革开放和社会主义现代化建设取得的伟大成就，坚定走中国特色社会主义道路的信心。

案例摘要

古有大禹治水三过家门而不入，今有孔繁森三次主动选择赴藏工作，把党和国家、人民的利益放在首位，选择在西藏挥洒党员干部的一腔热血。孔繁森荣获改革先锋称号，其援藏经历是无数援藏干部工作生活的真实写照。自1979年国家计划从内地抽调一批干部进入西藏工作开始，一代又一代的援藏干部带着党和国家的深切关怀来到西藏。他们同西藏人民一起挥洒汗水，在这片土地上披荆斩棘，创造出无数的奇迹，让曾经的不可能变成了可能。

案例正文

1979年，为帮助西藏进一步发展，国家计划从内地抽调一批干部进入西藏工作。时任中共聊城地委宣传部副部长的孔繁森主动响应国家号召，第一次走进了西藏。在海拔4700多米的西藏岗巴县担任县委副书记期间，他把自己的工作经验带到西藏的田间地头，把党和国家的关怀送到了边境小镇。

一见倾心，三见定情。孔繁森与西藏的缘分从1979年第一次主动进藏这一刻开始，两次调藏工作期满也没有阻挡他继续为西藏发展出谋划策、续写与西藏老百姓深厚情谊的决心。在回家和留藏面前，孔繁森先后三次选择服从组织安排直至以身殉职，用伟大的一生阐释了一个援藏干部的责任与使命。

心怀西藏，心怀大爱。在藏十年，孔繁森始终把人民放在第一位，他和同事、藏族群众间的"小插曲"，诠释了一个共产党员对人民的热爱，阐释了民族团结的真谛，将党和藏族群众的心拉得更近。面对雪灾，他做好牺牲的准备，留下遗书冲在第一线；面对地震，他首当其冲，来到现场了解灾情态势。1992年的一场突袭墨竹工卡县的强烈地震，让孔繁森和三个因灾成为孤儿的藏族孩子相遇，在那个物资匮乏的年代，组成一个温暖的小家……孔繁森在西藏的温暖举动，不胜枚举，这些举动带去的温暖如同点点星光，照亮了西藏的天空。

如今，西藏的进步和发展仍在继续，援藏干部的身影依旧活跃在各个岗位的最前沿。党的十八大以来，党中央高度重视西藏工作，关心西藏各族人民，不断丰富发展党的治藏方略。在中央第六次西藏工作座谈会上，习近平总书记再次重申"必须坚持治国必治边、治边先稳藏的战略思想"，也对援藏工作提出"要搞好对口支援西藏工作，优化援藏干部人才结构，把优秀人才选派到条件艰苦和情况复杂地区去磨炼意志、增长才干"的要求，给援藏事业继续开展指明了方向。

参考资料

高杉：《孔繁森的初心可以这样讲》。

专题二
中国特色社会主义经济建设

原文摘编

1. 要坚持和完善社会主义基本经济制度，毫不动摇巩固和发展公有制经济，毫不动摇鼓励、支持、引导非公有制经济发展，充分发挥市场在资源配置中的决定性作用，更好发挥政府作用。

——习近平:《推进中国式现代化需要处理好若干重大关系》,《求是》(2023 年第 19 期)

2. 新时代我国社会主要矛盾是人民日益增长的美好生活需要和不平衡不充分的发展之间的矛盾，必须坚持以人民为中心的发展思想，贯彻新发展理念，构建新发展格局，推动高质量发展，推动人的全面发展、全体人民共同富裕取得更为明显的实质性进展。

——习近平:《更好把握和运用党的百年奋斗历史经验》,《求是》(2022 年第 13 期)

3. 社会主义市场经济是法治经济，资本活动要依法进行。遏制资本无序扩张，不是不要资本，而是要资本有序发展。

——习近平:《正确认识和把握我国发展重大理论和实践问题》,《求是》(2022 年第 10 期)

案例 7 璀璨梨园：冠县高质量发展引领农旅融合新潮流

案例结构

璀璨梨园：冠县高质量发展引领农旅融合新潮流	梨园引领冠县经济新篇章
	梨园经济与文化实现双赢发展

案例目标

1. 了解冠县梨园作为中国传统梨栽培的重要基地，如何在新时代农民脱贫致富及地区经济发展中实现高质量发展。

2.通过对冠县梨园高质量发展的了解，进一步明确转变经济发展方式的意义，自觉践行新发展理念，积极应对新发展格局带来的机遇和挑战。

案例摘要

冠县梨园作为中国传统梨栽培的重要基地，在农业供给侧结构性改革中，积极响应高质量发展的号召，实现了从传统农业向现代农业的华丽转身。这一转变不仅体现在经济效益的提升上，更在思想政治层面展现了高质量发展的深刻内涵。同时，冠县梨园积极履行社会责任，通过传承梨文化、参与社会公益事业等方式，为当地社会和谐稳定作出了积极贡献。这种社会责任感不仅提升了梨园的社会形象，也为其经济的可持续发展提供了有力保障。展望未来，冠县梨园将继续深化思想政治层面的高质量发展，将中华优秀传统文化与现代发展理念相结合，推动经济、文化、社会等多方面的协调发展。

案例正文

冠县梨园，作为中国传统梨栽培的重要基地，历经多年的发展与积淀，已成为集生态种植、休闲观光、文化传承于一体的现代农业示范区。近年来，随着农业供给侧结构性改革的深入推进，冠县梨园积极响应，实施了一系列高质量发展策略，力求在新的时代背景下焕发出新的生机与活力。

梨园引领冠县经济新篇章

中华第一梨园的"梨园观光周"等活动不仅是聊城农旅融合的璀璨典范，更在全国范围内树立了乡村旅游新标杆，荣获"百佳乡村文化活动"殊荣，彰显了高质量发展的强劲动力。

作为 AAA 级旅游胜地，该梨园深度融合了休闲农业、乡村旅游与绿色生态的多元魅力，每一步发展都坚实地踏在高质量的快车道上。古木参天的梨树群不仅承载着岁月的痕迹，更成为国内梨树资源的瑰宝。在追求卓越的道路上，景区持续优化基础设施，确保游客享受畅通无阻、温馨舒适的游览体验。

遵循四季更迭的韵律，更换不同的四季主题，让中华第一梨园成为自然与人文交织的梦幻之地。梨王宫的历史韵味、百草园的生机盎然、观花栈道的诗意漫步、观雪台的静谧时光，每一处景观都精心雕琢，不仅加深了游客的文化沉浸感，也促进了当地旅游品质的整体跃升。

此外，梨园的高质量发展还惠及了社会经济各层面，通过创造就业岗位、弘扬梨文化精髓、积极参与公益事业，为地方社会的和谐与进步注入了强大动力，实现了经济效益与社会效益的双赢。

梨园经济与文化实现双赢发展

在聊城这片土地上，被誉为"华夏梨园之首"的冠县梨园，不仅以其深厚的文化底蕴吸引着八方来客，更巧妙地编织了一张特色经济的网络，为地方发展注入源源不断的活力。

梨园所展现的经济与文化并行不悖、相得益彰的现象，是对文化自信深植、经济蓬勃兴盛，以及人与自然和谐共处理念的鲜活注解。它不仅是一个经济实体，更是文化传承与创新的高地，彰显了中华民族智慧与力量的和谐统一。

尤为令人称道的是，梨园在推动自身经济发展的同时，也不忘肩负的社会责任，通过大力弘扬梨文化、积极参与公益活动，为当地社会的繁荣与进步贡献力量。这种回馈社会的行为，不仅树立了梨园良好的社会形象，更为其经济的可持续发展奠定了坚实的基石。

展望未来，梨园的发展前景令人期待。在科技进步与市场扩张的双重驱动下，梨园将勇于探索跨界融合的新路径，以创新为引擎，推动产品与服务的不断升级，进一步丰富其文化内涵，提升价值维度。同时，梨园将更加注重生态环境的保护与传统文化的传承，力求在经济效益、社会效益与生态效益之间实现最佳平衡，走出一条全面协调可持续发展的新道路。

通过深入挖掘文化内涵、创新经济发展模式、强化社会责任担当等多元化策略，梨园不仅促进了地方经济的腾飞，更为文化传承与创新注入了新的活力与动能。这种双赢的发展模式，对于推动地方经济的全面进步、增强文化自信与民族自豪感，具有深远的意义。

参考资料

1. 孙甜：《冠县叫响观光农业品牌》。
2. 陈泽浩，张国栋，赵永飞，等：《鲁西地区老梨园更新改造注意事项》。
3. 王杰军，仇仁波，罗金学，等：《冠县梨产业现状、存在问题与建议》。

案例 8　聊城中通：在精准引领下勇攀高质量发展新高峰

案例结构

聊城中通：在精准引领下勇攀高质量发展新高峰	科技赋能新能源产业发展
	技术推广推动行业新篇章

案例目标

1. 认识聊城中通客车在新形势下高质量发展的创新措施及带来的成功经验。

2. 了解我国经济发展格局的新变化，明确立足新发展阶段、贯彻新发展理念及推动构建新发展格局，加快建设创新型国家的重要性。

案例摘要

在我国客车行业，中通客车股份有限公司（简称"中通客车"）自 2011 年二次创业以来，仅用六年时间便跻身行业前列，其持续的技术创新与卓越的产品力是其成功的关键。如今，新能源汽车产业蓬勃发展，中通客车紧跟时代潮流，精准把握市场趋势，通过高质量的技术创新不断提升自身竞争力。中通客车的成功，不仅推动了自身发展，更为聊城市带来了新的发展机遇，其影响力已辐射到聊城之外，成为客车行业的佼佼者。

案例正文

在我国客车领域，中通客车从 2011 年开启"二次创业"新征程到重生蝶变、再创辉煌，只用了短短六年。在此期间，中通客车过关斩将，杀入行业前二，其持续的技术创新和过硬的产品力功不可没。

无论是昔日辉煌的缔造还是今天的蝶变与重生，创新一直是中通客车永葆活力、高速发展的不竭动力。

科技赋能新能源产业发展

近年来，中通客车凭借其前瞻性的市场洞察力与对技术创新的不懈追求，在新能源客车领域熠熠生辉，成为一颗耀眼的新星。该企业不仅前瞻性地洞察到新能源客车的广阔蓝海，更通过一系列实际行动，引领着整个行业向绿色、低碳的未来迈进。

回溯历史，在 2004 年时，新能源客车市场尚处于萌芽状态，中通客车便以非凡的胆识与深远的眼光，率先启程于新能源技术的探索之旅。公司并未止步于既有成就，而是持续加大科研投入，致力于在新能源客车领域锻造出独一无二的竞争优势。经过数年的深耕细作与技术积累，中通客车在节能与新能源技术方面取得了累累硕果，并成功构建起多个国家级创新高地，为企业的可持续发展奠定了稳固的基石。

在新能源客车的研发征途中，中通客车不仅聚焦于整车性能的全面升级，更在核心技术领域实现了历史性的飞跃。其自主研发的机电耦合系统与新能源客车电池生产线，不仅极大提升了车辆的运行效能与稳定性，更为整个行业树立了技术创新的新标杆。这些成就不仅为企业带来了显著的经济效益与社会影响，也进一步夯实了中通客车在新能源客车领域的领导地位。

同时，中通客车还积极响应国家号召，深度融入国家科研体系，积极参与国家重大科技项目，特别是"高效纯电动客车动力平台及整车集成关键技术"项目的成功推进，不仅彰显了中通客车强大的科研实力与创新精神，更为新能源客车行业的可持续发展注入了强劲动力。

展望未来，中通客车将继续秉持创新引领的发展理念，深耕新能源客车市场，推动技术革新与产业升级。公司坚信，唯有不断创新方能引领潮流，唯有持续突破方能铸就辉煌。因此，中通客车将不断加大科研投入、优化产品结构、提升服务质量，以更加卓越的产品与服务满足市场需求，为客户创造更大价值的同时，也为社会的绿色转型与可持续发展贡献更多力量。

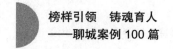

技术推广推动行业新篇章

中通客车以敏锐的洞察力把握时代脉搏，站在历史的新起点，坚决贯彻新发展理念，积极融入并塑造国家新发展格局。在此背景下，中通客车紧密对接国家发展蓝图，将创新视为驱动发展的强大引擎，携手各方共同描绘新时代高质量发展的宏伟画卷。

创新，这一引领发展的核心动力，正引领中通客车在全球汽车产业深刻变革与新能源技术澎湃浪潮中勇立潮头。公司深刻认识到技术创新是企业持续发展的不竭源泉，因此不断加大科研投入，广聚英才，打造高效协同的创新生态系统。特别是在新能源客车领域，中通客车取得了令人瞩目的成就，不仅显著提升了市场竞争力，更为我国汽车产业转型升级注入了强大活力。

在构建新发展格局的征途中，中通客车展现出广阔的国际视野，深化国际合作，主动融入全球竞争与合作的大潮。公司与全球业界领军者并肩作战，共同探索新能源客车技术的边界，拓展全球市场版图。这一战略不仅加速了中通客车的国际化步伐，也为中国汽车产业在全球舞台上的闪耀提供了机会。同时，中通客车深耕国内外市场，强化品牌塑造，通过多元化渠道展示其领先的技术实力和产品魅力，吸引了全球的关注。此外，公司持续优化客户服务体验，构建全方位、多层次的服务体系，确保每位客户都能享受到贴心、专业的服务，进一步巩固和提升了市场地位。

展望未来，中通客车将以更加开放的心态、更加稳健的步伐、更加长远的眼光，持续探索未知领域，勇于创新突破，力求在全球绿色出行领域占据领先地位，为地球的可持续发展贡献中国智慧与中国力量。

参考资料

1. 徐天宝，李笃生：《中通客车驰骋"一带一路"》。
2. 林秀香：《汽车行业高质量发展建议》。
3. 周静：《中通客车五年加速跑》。

案例 9　信发集团：崛起的民营经济

案例结构

信发集团：崛起的民营经济	国际理念成就国际企业
	有好政策才有大发展

案例目标

1. 了解信发集团的兴起和发展战略，感受非公有制经济在经济建设中的作用。

2. 由信发集团的发展理解非公有制经济的发展离不开我国方针政策的支持，理解坚持"两个毫不动摇"政策的重要意义，认同我国生产资料所有制。

案例摘要

信发集团有限公司（简称"信发集团"）是中国 500 强企业之一，作为中国铝业巨头，公司坚持国际化、高端化的发展理念和发展方向，从上项目、进设备到控制成本，都以国际标准引领企业，在国际上非常有竞争力。

信发集团的发展得益于党的领导和各级政府的支持。刚改制时，山东省政府财政厅给予资金支持；铝粉厂项目，得到了国家发改委领导的指点，抓住了发展机遇；信发集团的成长，还受到了中国铝业集团有限公司（简称"中铝"）的鼎力相助。信发集团是中国民营经济发展的缩影，体现了中国特色社会主义制度的优势，证明了中国特色社会主义基本经济制度的正确性。

案例正文

信发集团是山东省民营经济的领军企业之一。公司始建于 1972 年，是一家集发电、供热、氧化铝、电解铝、碳素、氟化盐、烧碱、聚氯乙烯、电石、石灰、真空制盐、铝深加工、中高密度板等产业于一体的企业集团。公司秉持"理念国际化、产业高端化、管理人性化、生产精细化"的发展理念，积极推进集团化战略，走热电联产、铝电联营、综合开发、可持续循环发展的路子，不断延伸产业链，增加产业附加值，使公司经济效益逐年提高。公司在发展中一直得到中央、省、市领导的高度关注，多次荣获国家、省、市和行业的各种荣誉称号。

国际理念成就国际企业

"我们速度没你快，我们效益没你好，我们成本没你省，我们不介绍经验了！"在一次澳大利亚的考察中，当地一家铝矿企业本要向中国客人介绍经验，听说对方是信发集团的，直接婉拒了。

在信发集团办公楼大门右侧有一排醒目的红字："经营国际化""产业高端化"，这就是领军人张学信的国际理念。"上马的产业必须是高端化产业，不能低端，设备也是世界最先进，产能也是世界最大。力拓在铝行业是世界最大，每年 50 万吨生产能力的铝厂被认为是国际标准，信发一年的生产能力则达到 60 万~70 万吨，必须是高端化。"张学信说，"我是做国际企业的，不是只做中国企业。"

目前，信发集团的年产量位居亚洲第一，而且还在快速发展，其规模、产能还在不断提升。

有好政策才有大发展

张学信把今天的成就归功于赶上了好政策：从 1972—1998 年的近 30 年里，一直没有大的发展，改制时，总资产 5700 万元。

1998 年，茌平县实行国企改革，把国有企业全部改制为民营企业，张学信领导的信发铝业取得飞速发展，在短短几年时间里，就已经享誉世界。

张学信始终铭记党和各级政府的支持。刚改制时，山东省政府财政厅对信发集团特别关心，借给了张学信 4000 万元。时至今日，张学信仍感谢连连，当时用这些钱上了一个小机组。

2004 年，时任国家发改委秘书长甘之鹤告诉张学信，赶紧上铝粉厂项目。当时氧化铝的成本价一吨只有 1000 多元，但市场价是 6500 元，一吨就赚 5000 多元。而且，市场缺口很大，前景广阔。铝粉厂项目上市不到两年，铝粉价格就呈断崖式下跌，价格是原来的 1/4，每吨约 1500~1600 元，有效扼制了国外铝粉进口。

张学信胜利进军铝粉行业，打破了铝行业的格局，也开了民营企业进入这个行业的先河。民营企业的兴起，给国家节约了大量资金，是中国铝业的胜利。

信发集团的发展，也得到了中铝的鼎力相助。张学信教育信发集团的职工，要牢记中铝对公司的帮助和扶持，要牢记中铝为国家铝业发展作出的贡献。

山东省、聊城市，乃至茌平区的各级领导对信发集团都十分关注和支持，张学信无限感慨："现在干企业，离开党的政策，离开领导的支持，我认为是无所作为的。"

2022 年，信发集团完成主营营业收入 2681 亿元，同比增长 16%，实现利税 278.22 亿元，同比增长 1.5%。2023 年 9 月，全国工商联发布"2023 中国民营企业 500 强"榜单，信发集团营业收入位列榜单第 21 位。近年来，茌平区有 200 多家铝加工、聚氯乙烯深加工企业背靠信发集团兴起，进而带动了全区民营经济的健康发展。

参考资料

1. 大众日报:《信发集团：缘"信"而"发"》。
2. 世界晋商网:《携手中国民企 500 强！佳华科技与信发集团达成战略合作，共同推动双碳业务发展》。

案例 10　走国际化道路的乖宝集团

案例结构

走国际化道路的乖宝集团	国际市场寻商机
	产品畅销国际市场
	国际投资促发展

案例目标

1. 了解乖宝集团创立发展的过程，认识经济全球化对企业发展的影响，理解经济全球化的内涵及积极作用，反对贸易保护主义。

2. 培养国际视野，积极适应经济全球化环境下的国内国际环境，在未来职业发展过程中把握机遇、应对挑战。

案例摘要

乖宝宠物食品集团股份有限公司（简称"乖宝集团"）董事长秦华曾任副镇长，2006年辞职下海，跟朋友去美国寻找创业门路。他发现了宠物市场的商机，很快就拿定了主意，做宠物食品加工出口。回国后，他四处筹资，注册了聊城乖宝宠物用品有限公司。2007年，成功将第一批宠物食品烘干鸡胸肉出口美国，大受欢迎，产品供不应求。乖宝集团迅速扩大生产，又接连建起了鸿发、欢派等6个分厂，产品品种大幅增加，发展为5大系列、300多个品种。同时，加大研发，创立自有品牌，产品畅销欧美、东南亚市场。2016年12月，乖宝集团引进KKR战略投资，利用国际资本做大做强，打造全方位领先的行业领军企业。

案例正文

国际市场寻商机

乖宝集团董事长秦华2005年曾担任山东聊城阳谷县安乐镇副镇长，但他脑海里总是有无法抑制的创业激情和下海的冲动。2006年6月，秦华毅然辞职下海，跟朋友去了美国，寻找创业门路。在美国跑了6个大城市，秦华时刻留意市场，和美国人进行交流，发现美国的宠物产业非常发达。在宠物产业领域，中美两国有很强的互补性。在美国，宠物喜欢吃鸡胸肉和鸭胸肉，这两种食品的价格很贵。在中国，人们喜食鸡腿、鸡翅、鸡爪等，鸡胸肉价格相对便宜。更让秦华惊喜的是，按照欧美国家的规定，中国产的鸡胸肉、鸭胸肉，无法按人类食用出口到欧美，但可以以宠物食品的形式出口。

秦华说，"这个发现带给了我启发和灵感，让我非常欣喜地看到了商机。"在进行了全球市场和供应链分析之后，他迅速做出了决定，做宠物食品加工出口，优势互补，还可拉动就业，造福百姓，赚取外汇。

产品畅销国际市场

2006年10月，秦华着手创业。首要的是筹集资金，这是第一难题。秦华抵押了自己的房子，拿出全部积蓄，又历经曲折，求亲访友，最终筹集了400万元启动资金，注册了聊城乖宝宠物用品有限公司，即乖宝集团的前身。接下来一年，经过一系列的摸索、试验，经受了挫折和改进，公司生产出第一批宠物食品烘干鸡胸肉，成功出口到美国，畅销市场。尽管这样的结果早在秦华的预料之中，但如此的"开门红"，还是让他惊喜万分。

此后，公司的发展进入"快车道"。生产的鸡胸肉供不应求，公司急需扩大规模。继乖宝之后，公司短时间内连续建设了鸿发、欢派、优宝、依戈尔等 6 个分厂，产品品种也迅速丰富起来，由单一的鸡胸肉零食发展到零食、主粮、湿粮、洁齿骨、狗咬胶等几大系列 300 多个品种，市场占有量不断扩大，2012 年销售额高达 10 亿元。更可喜的是，乖宝集团实现了自主研发、独立品牌的巨大转变。尤其是在研发方面，乖宝集团一路狂奔。在全国宠物食品行业领域，乖宝集团是中国较大的宠物食品出口加工企业，其产销量和出口量一直位于前列，2011 年和 2012 年的出口量占全国同行业的 20% 以上。公司不断开拓市场，顺利通过了英国 BRC 认证、加拿大官方 CFIA 审核、HACCP 认证、FSSC22000 食品安全认证，市场规模进一步扩大。乖宝集团的产品质量获得美国食品药品监督管理局（FDA）的认可，2012 年 4 月，以严苛著称的 FDA 按出口量从大到小在中国选择了 5 家宠物食品生产厂进行现场审核，乖宝集团的 3 个工厂名列其中，并得到了美国检查官的高度评价。

国际投资促发展

2016 年 12 月，乖宝集团与 KKR 战略投资达成合作，KKR 集团的中国成长基金投资入股乖宝集团逾 4 亿元，帮助乖宝集团进一步增强领先优势，继续提高核心竞争能力，扩大生产规模，增强对欧洲和东南亚等核心市场的覆盖能力。目前，乖宝集团计划继续在国内和美国加大投资，新建科技含量高、全球技术一流的加工基地和研发中心，借助 KKR 在食品生产和食品安全管理领域的先进经验，进一步提高产品标准，完善质量监测体系，更好地满足市场需求。

此次合作也进一步推动了公司的国际化发展。未来，乖宝集团将扎根蓬勃发展的宠物食品市场，在国际资本和全球资源助力之下，抓住国际发展机遇，凭借积淀的深厚行业专识、卓越的产品创新能力及对食品安全和品质的长期坚守，全力打造全方位领先的行业领军企业。

参考资料

1. 大众网：《聊城乖宝宠物食品：从贴牌模仿到品牌自主研发的"华丽转身"》。
2. 中华网官微：《乖宝宠物食品集团引入 KKR 战略投资，加速开拓全球市场》。

案例 11　孔繁森：绘制阿里经济振兴蓝图

案例结构

孔繁森	绘制阿里经济振兴蓝图

案例目标

1. 了解孔繁森在阿里地区为推动经济高质量发展所采取的具体措施。
2. 激发对中国特色社会主义经济建设的认同感和自豪感,感受社会主义制度的优越性。

案例摘要

孔繁森在阿里工作期间,面临着极其艰苦和复杂的经济发展环境。阿里地区自然条件恶劣,交通不便,基础设施薄弱,人才匮乏。然而,孔繁森不畏艰难,全身心投入推动当地经济发展的工作中。孔繁森在阿里的经济建设工作为我们提供了宝贵的经验和启示,他的奉献精神也成为激励后人不断为中国特色社会主义经济建设努力奋斗的榜样。

案例正文

孔繁森担任阿里地委书记期间,为了绘制阿里经济振兴的蓝图,付出了巨大的努力。

他不顾阿里地区的高寒缺氧和恶劣环境,深入到最偏远、最贫困的乡村进行调研。有一次,他前往一个边远的牧业村,道路崎岖难行,途中还遭遇了暴风雪,但他没有退缩,坚持骑马前行。到达村庄后,他挨家挨户了解牧民的生产生活情况,与他们一起探讨发展的思路。

孔繁森发现阿里虽然自然条件恶劣,但有着独特的资源优势。他积极推动当地的旅游业发展,亲自规划旅游线路,宣传阿里的壮美风光和独特文化。为了吸引更多游客,他多次与内地的旅游公司联系,邀请他们来阿里考察。

他还大力扶持当地的特色产业,如鼓励藏族群众发展传统的手工编织业,并帮助他们寻找市场销路。孔繁森曾亲自带着藏族群众的手工艺品到外地参加展销会,不辞辛劳地向人们介绍这些产品的特色和价值。

为了改善阿里的基础设施,孔繁森四处奔走,争取项目和资金。他多次前往上级部门汇报情况,阐述阿里发展的迫切需求。在他的努力下,阿里的道路、水电等基础设施逐步得到改善。

孔繁森的奉献精神和不懈努力,为阿里的经济振兴奠定了坚实的基础。

参考资料

1. 高杉:《孔繁森的初心可以这样讲》。
2. 吴文立:《新时代孔繁森精神研究》。

专题三
中国特色社会主义政治建设

原文摘编

1. 江山就是人民、人民就是江山，打江山、守江山，守的是人民的心。中国共产党根基在人民、血脉在人民、力量在人民。中国共产党始终代表最广大人民根本利益，与人民休戚与共、生死相依，没有任何自己特殊的利益，从来不代表任何利益集团、任何权势团体、任何特权阶层的利益。

——习近平在庆祝中国共产党成立100周年大会上的讲话（2021年7月1日）

2. 要健全人民当家作主的制度体系，发展全过程人民民主，保证人民始终是国家的主人、社会的主人、自己命运的主人，享有更广泛、更真实、更便捷的民主权利和自由。

——习近平在纪念毛泽东同志诞辰130周年座谈会上的讲话（2023年12月26日）

3. 在百年奋斗历程中，党领导人民取得一个又一个伟大成就、战胜一个又一个艰难险阻，历经千锤百炼仍朝气蓬勃，得到人民群众支持和拥护，原因就在于党敢于直面自身存在的问题，勇于自我革命，始终保持先进性和纯洁性，不断增强创造力、凝聚力、战斗力，永葆马克思主义政党本色。

——习近平：《更好把握和运用党的百年奋斗历史经验》，《求是》（2022年第13期）

案例 12　坚定理想信念跟党走——抗日英雄马本斋

案例结构

坚定理想信念跟党走——抗日英雄马本斋	坚守信仰，铸就传奇
	坚定理想信念跟党走
	不忘初心，牢记使命

案例目标

1. 了解马本斋的英勇抗日事迹、马本斋的坚定理想信念，以及马本斋跟党走的决心。
2. 了解党的性质和宗旨，明白为什么必须坚持和加强党的全面领导。

案例摘要

马本斋是抗日战争时期的杰出英雄。他不满国民政府的不抵抗政策，毅然弃官归田，寻找救国之路，后投身抗日事业，加入中国共产党。他坚守信仰，始终把国家和民族利益放在首位。他坚守初心、牢记使命、坚定信念和无私奉献的精神，是我们学习和传承的宝贵财富。马本斋的事迹提醒我们，要始终铭记初心，明确人生目标，积极投身到国家和社会发展的洪流中去，为实现中华民族伟大复兴贡献自己的力量。

案例正文

坚守信仰，铸就传奇

马本斋，河北沧州献县东辛庄人，自幼聪颖，后投身奉军，凭借出色的军事才能晋升为团长。抗日战争爆发后，他不满国民政府的不抵抗政策，毅然弃官归田，寻找正确的救国之路。

九一八事变后，马本斋回到家乡务农。卢沟桥事变后，他组织"回民抗日义勇队"，即回民支队的前身，投身于抗日战争。他深刻认识到共产党的伟大和无私，决心加入中国共产党，成为一名优秀的共产党员。马本斋和他的队伍在中国共产党的领导下，积极投入了全民抗日救国的洪流中。

马本斋率领回民支队，在冀中平原和冀鲁豫大地上所向披靡，屡建战功，打得日军闻风丧胆，被誉为"攻无不克，无坚不摧，打不垮、拖不烂的铁军。"面对日军高官厚禄的收买和逼降，他始终坚守信仰，不为所动。

然而，英雄的命运多舛。马本斋在参加反蚕食战斗中患上重病，尽管病情严重，仍坚持为部队作最后一次动员，叮嘱同志们要跟着党，跟着毛主席，抗战到底。1944年，他在山东莘县病逝，年仅42岁。

毛主席题词"马本斋同志不死"，朱德亲赠挽联，高度赞誉他的英雄事迹。2009年，马本斋被评为"100位为新中国成立作出突出贡献的英雄模范人物"。

坚定理想信念跟党走

马本斋这位抗日英雄，一生坚定理想信念，矢志不渝跟党走。他早年弃官归田，寻找救国之路，后毅然加入中国共产党，为中华民族解放事业奉献自己的一生。

在抗日战争中，他率领回民支队英勇善战，屡建战功，为消灭日本侵略者作出重要贡献。他从不计较个人得失，始终坚守在抗战前线，其英雄事迹激励着广大军民奋勇抗敌。

马本斋深知，只有跟党走，才能实现民族解放和人民幸福。他忠于党，坚定执行党的路线方针政策，为党的事业奉献一切。

马本斋坚守信仰，英勇抗日，铸就传奇，他的精神将永远照耀后人前行的道路。他坚定理想信念跟党走的决心，激励我们为实现中华民族伟大复兴而奋斗。

不忘初心，牢记使命

首先，马本斋的事迹提醒我们，要始终坚持初心。他的初心是保卫家园，抗击外敌，为民族的解放和人民的幸福而努力奋斗。这个初心不仅是他个人的信仰和追求，更是他领导回民抗日义勇队进行抗战的动力源泉。对于今天的我们来说，初心同样重要。我们应该始终铭记自己的初心，明确自己的人生目标和追求，为实现自己的梦想和中华民族的伟大复兴而努力。

其次，马本斋的事迹强调了我们应该牢记使命。他的使命是抗日救国，为国家和民族的利益而奋斗。在实现初心的过程中，他始终把使命扛在肩上，始终保持着对使命的忠诚和执着。对于我们来说，使命同样重要。我们应该时刻牢记自己的职责和使命，积极投身到国家和社会的高质量发展中去，为实现中华民族伟大复兴贡献自己的力量。

最后，马本斋的事迹还激励我们要有坚定的信念和无私的奉献精神。他面对困难和挑战从不退缩，始终保持坚定的信念和高昂的斗志，始终把国家和民族的利益放在首位，为了抗日事业不惜付出一切代价。这种坚定的信念和无私的奉献精神是我们学习和传承的宝贵财富。

马本斋的抗战事迹对我们的影响是多方面的。只有不断汲取这些精神力量，才能更好地应对未来的挑战和机遇，实现自己的人生价值和社会价值。

参考资料

1. 澎湃新闻：《献礼建党百年　记录百名先锋｜第一支回民抗日武装：百战百胜的回民支队》。
2. 中国广播网：《回族在抗日战争中的历史贡献》。
3. 央视网：《缅怀回族抗日英雄马本斋—人格风范》。
4. 马国超：《抗日英雄永放光彩——写在电视剧＜民族英雄马本斋＞播放之前》。

案例 13　聊城英魂赵以政与坡里烽火

案例结构

聊城英魂赵以政与坡里烽火	聊城第一位流血牺牲的共产党员赵以政：坚定信仰与革命精神的永恒丰碑
	第一声枪响坡里暴动：彰显中国共产党初心与宗旨的历史缩影

案例目标

1. 了解聊城第一位流血牺牲的共产党员赵以政及他与坡里暴动的故事。
2. 全面了解中国共产党的性质和宗旨。

案例摘要

赵以政，聊城首位流血牺牲的共产党员，以坚定信仰和英勇精神，在革命史上留下浓墨重彩的一笔。他早年投身革命，积极参与重要活动，包括1928年的阳谷坡里农民武装起义，为鲁西北地区革命斗争注入动力。他被捕后坚贞不屈，最终壮烈牺牲。同时，坡里暴动虽失败，但凸显了中国共产党代表人民利益、全心全意为人民服务的宗旨，赢得群众支持，留下宝贵经验。这启示我们，在追求中国特色社会主义道路上，必须坚守党的性质和宗旨，团结人民，面对挑战。

案例正文

聊城第一位流血牺牲的共产党员赵以政：坚定信仰与革命精神的永恒丰碑

赵以政，一位年仅24岁的青年才俊，以满腔热血与不屈信念，在聊城的历史长河中铸就了一座不朽的精神丰碑。他诞生于1904年的聊城东关姚家园子街，自幼怀揣救国图强的宏愿，毅然投身于革命的洪流之中。1926年，他光荣地成为中国共产党的一员，作为聊城地区革命先驱的佼佼者，他深知肩上责任之重，矢志不渝地践行着党的宗旨，为民族的解放与人民的福祉不懈奋斗。

赵以政的革命生涯波澜壮阔，他积极参与并推动了多项具有深远影响的革命行动。特别是在1928年的阳谷坡里德国天主教堂农民武装起义中，他不仅是策划与外援工作的关键人物，更在起义胜利后，为巩固革命成果、建立新生政权及组织革命武装力量贡献了不可磨灭的力量。这场起义，如同惊雷般震撼全国，彰显了共产党早期斗争的英勇与智慧，而赵以政的名字，也因此与这段光辉历史紧密相连。

然而，革命的征途总是布满荆棘的。面对叛徒的背叛与敌人的追捕，赵以政不幸落入敌手。在暗无天日的牢狱中，面对酷刑与威逼利诱，他展现出了共产党人坚不可摧的钢铁意志，用实际行动诠释了"富贵不能淫，贫贱不能移，威武不能屈"的高尚情操。他在冰冷的墙壁上刻下了诗句："生死何所惧，昂首向天歌！爱国心无罪，革命志难夺！"这不仅是他个人英勇无畏精神的写照，更是对全体共产党人坚定信仰与革命理想的深情颂歌。

1928年6月19日，赵以政英勇就义，成为聊城首位为革命事业献出宝贵生命的共产党员。他的牺牲，如同璀璨星辰陨落，却照亮了后人前行的道路。他的事迹，如同不灭的灯塔，永远指引着后来者不忘初心、牢记使命，继续为中华民族的伟大复兴而努力奋斗。赵以政的一生，是对共产党及共产党员精神品质最生动的诠释，他的忠诚、勇敢、无私与奉献，将永远镌刻在历史的丰碑之上，激励着后人不断前行。

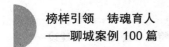

第一声枪响坡里暴动：彰显中国共产党初心与宗旨的历史缩影

20世纪20年代末，鲁西北地区笼罩在军阀铁蹄与经济萧条的双重阴霾之下，民生困苦。在这片苦难深重的土地上，中国共产党挺身而出，于1928年策动了震撼鲁西北的坡里暴动，虽未竟全功，却如星火燎原，点燃了革命的希望之光，深深植根于民众心田。

坡里暴动作为中国共产党在山东境内首次引领的农民武装起义，意义非凡。起义军巧妙利用教堂作为据点，迅速占领并清除了其中的反动力量，缴获大量战略物资，随后成立了"东临地区工农革命委员会"，以开仓济民、减轻百姓负担的实际行动，赢得了广泛的民心。此次行动，不仅是对反动统治的一次有力打击，更点燃了民众心中久被压抑的革命火焰，为后续的革命斗争打下了坚实的群众基础。

这场起义深刻体现了中国共产党立党为公、执政为民的根本立场。自诞生之日起，党便矢志不渝地追求社会公正与人民福祉，坡里暴动的目标直指地主恶霸、苛捐杂税，旨在构建一个由人民当家作主的政权，让百姓共享太平盛世。它生动展示了共产党全心全意为人民服务的宗旨，党员们以身作则，冲锋陷阵，用实际行动诠释了"人民至上"的深刻内涵，结下了与人民群众的深厚情感，得到了他们的坚定支持。

坡里暴动的失败，虽为历史留下了一抹遗憾，却也为我们提供了宝贵的经验与启示。它彰显了中国共产党在逆境中不屈不挠、勇于探索的精神风貌，同时也警示我们，革命的成功离不开人民群众的广泛参与和支持。在新时代的征程上，我们应当铭记这段历史，继续发扬共产党的优良传统，紧密团结人民群众，共同应对挑战，为实现中华民族伟大复兴的中国梦贡献力量。

参考资料

1. 赵宗峰：《墓志铭背后的钢铁英雄——探访赵以政墓》。
2. 聊城市东昌府区革命老区建设促进会：《聊城市东昌府区革命老区发展史》。

案例 14　张鲁回族镇贯彻民族区域自治的生动实践

案例结构

张鲁回族镇贯彻民族区域自治的生动实践	促进民族团结，发展民族经济
	打造美丽乡村，开启新生活

案例目标

1. 了解张鲁回族镇的历史演变，以及在加强民族团结、发展经济文化事业和整治乡村人居环境方面取得的成就，认同并拥护民族区域自治制度。

2. 认识张鲁回族镇发展民族经济的成功实践，以发展促团结，树立中华民族共同体意识，自觉维护国家统一，促进民族团结。

案例摘要

张鲁回族镇是山东省 5 个回族乡镇之一，是聊城市唯一一个回族镇，因驻地在张鲁集村北而冠名。张鲁回族镇以铸牢中华民族共同体意识为主线，充分利用国家对回族镇的优惠政策，立足张鲁回族镇的实际，带领回汉两族群众加强民族团结，共同奋斗发展，在产业发展、人居环境治理、乡村振兴等方面取得了新成效。

案例正文

张鲁回族镇驻地在张鲁集村北，故以张鲁冠名。因张鲁集是回民聚居之地，故特建为回族镇。该镇驻地在县城西 12km 处，辖区面积约 83km^2，耕地面积 7.29 万亩（1 亩 = 666.67m^2）。目前，山东省共有 5 个回族乡镇，张鲁回族镇是其一。

促进民族团结，发展民族经济

进入新时代，张鲁回族镇立足自身资源禀赋、风俗民情等实际，以铸牢中华民族共同体意识为主线，以回汉两族群众"共同团结奋斗、共同繁荣发展"为主题，多措并举，盘活资源、发展产业、整治人居环境，在机制建设、经济发展、社会治理等方面取得了新成效，实现了乡村振兴与民族团结双丰收。

加强民族团结，营造和谐发展环境。张鲁回族镇大力宣传民族团结政策，围绕铸牢中华民族共同体意识，广泛开展民族团结进步宣传教育活动，形成了"人人讲民族团结，事事想民族团结，共同维护民族团结"的大好局面。同时，积极发展民族经济，引导民族企业发展壮大，推动以莘县新希望六和清思斋食品有限公司为代表的民族企业做大做强。繁荣民族文化，建设民族文化阵地，促进民族交融。新落成的"最美红石榴"人民广场，为全镇群众创造了一个集民族团结宣传、休闲、娱乐、健身等为一体的多功能活动场所。政府还投资近百万元，在民族村庄建设多处文化阵地，为各民族之间的文化、生活交流提供平台。

大力发展产业，促进经济社会事业全面发展。张鲁回族镇大力扶持民族经济发展，改善少数民族群众生产生活条件，以发展促团结。近年来，张鲁回族镇党委利用回族镇的优势，积极向上级争取民族专项资金，为南街、北街、东街三个民族村修建了 1000m 高标准公路，为全镇 7 个民族村完善了生活设施，铺设了下水管道，进行了路面硬化、亮化、绿化。张鲁回族镇实施产业兴农政策，全镇 7 个民族村选优配强"两委"班子，谋划产业发展，一村一策，发展优势产业。韩庄村发展蔬菜大拱棚、光伏等产业；南街村建立大棚基地，采取"种植＋采摘＋观光"的休闲旅游度假村的发展模式；东街、北街在专家指导下发展传统养殖业……群众的获得感、幸福感明显增强。

未来，张鲁回族镇将依托民族特色企业，打造清真食品完整的产业链，发展为集牛羊养殖、牛羊宰杀、清真食品深加工、电子商务、牛羊交易、冷链运输于一体的美食小镇。同时，升级改造现有的建筑，统一风格和标准，体现古镇风貌，突出民族古镇特色，将张鲁回族镇打造成宜居宜商宜业宜游的民族繁荣发展之地。

打造美丽乡村，开启新生活

黛瓦白墙的农家小院，平坦宽阔的柏油马路，安装了各类健身器材的健身广场，文化墙上描绘着一个个历史典故……一幅乡村振兴的美丽画卷徐徐展开。在张鲁回族镇菜园村，人在街上走，如同画中游。

菜园村村容村貌做了统一规划，整齐的街道，宽阔的马路，齐全的健身器材，家家通上了自来水，生活环境发生了巨大变化。村民生活富裕，邻里和睦相处，到处洋溢着欢声笑语。菜园村的今天，正是张鲁回族镇贯彻国家政策，开展农村人居环境整治，提升村民幸福感、获得感结出的累累硕果。

张鲁回族镇坚持党建引领，利用新时代文明实践活动载体，聚焦"治脏、治乱、治污"，实施"1+2+3"工程，整治农村人居环境，全镇乡村面貌发生了令人耳目一新的变化。

"1"是开展村庄清洁春季活动。对全镇乡村进行排查，过筛子、查弱项、补短板，梳理各村人居环境方面存在的问题，以村为单位开展集中整治行动，彻底消除村内垃圾。

"2"是开展两个专项整治行动，即残垣断壁和弱电线路专项治理行动。由镇环保办牵头，对标省市标准制定切合实际、便于操作的实施方案，各村庄严格落实，压实责任，建立台账，逐村销号，确保整改效果。

"3"是建立镇、管区、村三级长效管理机制。镇党委制定考核制度，把 5 个管区 51 个村庄分为基础较好类、基础一般类、基础较差类三类，分类考核，加大考核力度，每类管区、村庄奖励前三名。

同时，镇政府充分利用政务公众号、村村响、微信等方式，开展多层次、多形式的人居环境整治宣传教育，引导人人参与，形成共建共治共享的机制。美丽乡村建设蓬勃兴起，村民开启新生活。

参考资料

1. 海报新闻：《莘县张鲁回族镇：多点发力促民族团结与乡村振兴同频共振》。
2. 工人日报：《聊城莘县张鲁回族镇：打造美丽乡村开启新生活》。

案例 15 "鲁西小寿光"——耿店村基层群众自治乡村振兴实践

案例结构

"鲁西小寿光"——耿店村基层群众自治乡村振兴实践	总书记的"点赞"
	建强支部，助兴产业发展
	夯实"家业"，美化村居环境
	创新治理，培育文明乡风
	"三治融合"，助推乡村振兴

案例目标

1. 认识耿店村在乡村振兴战略中，充分发挥基层群众自治制度的优越性，以及高质量发展现代农村经济的创新措施和带来的成功经验。

2. 了解耿店村如何依托"党支部领办合作社"发展模式，带领村民走上了共同富裕的道路。

3. 了解耿店村在发展现代农业、推进农业现代化进程中，如何紧紧围绕乡村振兴伟大战略，构建"三治融合"的乡村治理新局面。

案例摘要

被称为"鲁西小寿光"的茌平区贾寨镇耿店村，在党和政府的正确领导下，在村党支部书记耿遵珠的带领下，通过整合土地资源，实施"家业""产业"两业并举发展思路，依托"党支部领办合作社"发展模式，带领村民走上了共同富裕的道路。在发展现代农业、推进农业现代化进程中，紧紧围绕乡村振兴伟大战略，构建了自治、法治、德治"三治融合"的乡村治理新局面，突破土地碎片化，推动农业农村实现现代化发展。耿店村先后被授予"全国乡村振兴示范村""全国乡村治理示范村""全国文明村镇"等荣誉称号。

案例正文

总书记的"点赞"

耿店村是习近平总书记点赞的村庄。2018 年 3 月 8 日，习近平总书记在参加十三届全国人大一次会议山东代表团审议时说："茌平县贾寨镇耿店村现在有个好现象，就是种大棚菜的中青年越来越多了，70 后、80 后、90 后占到八九成。这个村发展蔬菜产业已有 20 多年，过去只有 60 个'小土棚'，干活的多是 50 后、60 后，年轻人都外出打工了。现在的耿店成了'鲁西小寿光'。"

耿店村位于茌平区贾寨镇境内，多年来在村"两委"带领下，通过不断努力和艰苦奋斗，大棚产业逐年壮大，基础设施不断完善，人居环境迅速提升，乡风日益文明，吸引大量外出务工年轻人回村创业，村庄朝气蓬勃，先后获得多项乡村振兴荣誉，成为远近闻名的社会主义乡村振兴样板村，全国各地人士纷纷慕名而来参观学习，耿店村也成为聊城市多所大中小学"大思政课"社会实践教学基地。带领大家共同致富的村党支部书记耿遵珠也光荣地当选为第十三届、十四届全国人民代表大会代表，被评为茌平区"张国忠式支部书记"、聊城市优秀共产党员、聊城市劳动模范、山东省优秀共产党员、山东省劳动模范、全国劳业劳动模范、全国优秀共产党员等。

建强支部，助兴产业发展

从前的耿店村和鲁西大地上的广大农村一样，没有任何比较优势，村民都以种粮为生，人均年收入仅 3000 元。2002 年耿遵珠当选村党支部书记、村委会主任后，根据村里实际情况，决心建强党支部班子，带领村民大力发展大棚蔬菜产业。耿店村党支部充分发挥战斗堡垒作用，通过支部领办合作社发展模式，瞄准蔬菜大棚产业，倾力打造乡村振兴"耿店模式"。实施"归雁工程"，加强党员队伍建设，创新党建引领服务模式。通过到寿光等地学习先进经验，村党支部决定发挥平原乡村土质肥沃优势，瞄准城里人的"菜篮子"，发展蔬菜大棚产业。通过邀请专家和技术人员实地培训、开设蔬菜视频医院等方式，强化蔬菜新品种新技术的指导和培训，从整体上提高了耿店村蔬菜种植水平，并逐步形成了产前有育苗场、产中有合作社、产后有蔬菜批发市场的产供销一条龙服务，靠蔬菜大棚做大了"产业"。

人才振兴是乡村振兴的关键，组织振兴是乡村振兴的根本保证。2021 年 6 月，聊城市乡村实用人才培训学院在耿店村建成启用，是全省首家设在乡村的培训学院，为乡村振兴提供人才支撑。学院成功获批"山东省专业技术人员继续教育基地"，并搭建了聊城市乡村实用人才培训学院继续教育网学习平台，实现专业技术人员在"家门口"就能培训。

夯实"家业"，美化村居环境

耿店村积极响应"建设美丽中国"的号召，开启村级"硬化、绿化、亮化、净化、美化"工程，从生产到生活进行了一场全方位的绿色革命和环境革命，坚持"产业""家业"两手抓。2006 年村里对种植大棚的土地进行统一规划和流转，现在几百座成方连片的蔬菜大棚将耿店村环绕起来，形成壮观之景。通过争取土地增减挂钩政策实现了整体搬迁改造，全体村民住进了住宅楼和高标准老年公寓，兴建了文体大院，修建了柏油路网，改造了全村电网，种植行道树和护田林，建设生态采摘园，建立"户集、村收、镇运、县处"的垃圾处理模式，耿店村 2020 年被评为第六届全国文明村镇。

创新治理，培育文明乡风

多年来，以耿遵珠为"班长"的村"两委"班子坚守理想信念，带领村民走出了一条特色乡村振兴之路。村"两委"班子始终坚持走群众路线，一切依靠群众，一切为了群众，把群众装在心中、把责任扛在肩上，面对困难艰险勇于打头阵。把群众当亲人，用村民听得懂的语言讲话、信得过的方式办事，做到说服不压服、讲理不武断、换位思考不居高临下，与村民打成一片。遇到村民关注的大事要事时，实施全过程人民民主，及时召开会议，经过反复协商，集中大家的智慧，形成统一的意见。村规民约约出好习惯，严禁搞铺张浪费，形成了比致富、比孝顺、比品德、比模范带头的文明新风尚。

"三治融合"，助推乡村振兴

耿店村的振兴发展还有一个特色，就是坚持自治、法治、德治"三治融合"，提高乡村治理能力和现代化水平，逐步建立了独具特色的乡村治理体系。十几年来，他们在大力宣传和践行社会主义核心价值观的同时，倡导以德治理，注重弘扬红色文化、中华优秀传统文化和社会主义先进文化。坚持依法治村，加强法治教育，普及法律知识，坚持依法办事。强化村民自治，制订村规民约，成立村民议事会、理事会、监事会、红白喜事协会，形成了民事民议、民事民办、民事民管的多层次协商治理渠道和平台，极大地提高了乡村治理成效。

耿店村在家业发展上壮大集体经济走共同富裕道路。2002 年耿遵珠当选村党支部书记，第一件事就是整合集体土地资源，将村内荒宅、路边、坑塘、河沿收回集体并承包，为集体增加收入 40 余万元，搞活了集体经济，壮大了集体资产。2009 年开展新农村建设，分 5 期建设了可容纳 280 户的楼房，全部实现入住，并先后建设了文体活动中心、社区卫生服务中心、婚宴大厅、村级公墓、殡仪馆、集中供暖站、气化站等配套服务设施，修建起了环村路，如今的耿店村楼净、路通、村美、夜明，村容村貌焕然一新。2021 年村集体公共积累资金也从当初的负债提升至 2000 余万元。

参考资料

1. 人民网：《鲁西"小寿光"打造高质量发展之路》。
2. 大众日报：《打造过硬支部　争当发展先锋》。

案例 16　孔繁森：共产党人廉洁奉献的无我情怀

案例结构

孔繁森	共产党人廉洁奉献的无我情怀

案例目标

1. 了解中国共产党的性质、最高理想和最终目标，理解中国共产党的根本宗旨、奋斗目标和执政理念。

2. 理解中国共产党人的初心和使命，了解党的百年奋斗的历史意义和历史经验；自觉向优秀共产党员学习，坚定理想信念，学好本领，勇于担当。

案例摘要

习近平总书记在十九届中央纪委六次全会上指出："领导干部特别是高级干部要带头落实关于加强新时代廉洁文化建设的意见，从思想上固本培元，提高党性觉悟，增强拒腐防变能力。"这一重要论述充分表明新时代加强廉洁文化建设的重要性。在中国共产党百年发展的辉煌历程中，涌现出一大批坚持为人民干实事、做好事的清廉之人，被称为"高山脊梁"的孔繁森就是其中一位。

案例正文

"是七尺男儿生能舍己，作千秋鬼雄死不还乡。"这是 35 岁的孔繁森，在国家要从内地抽调一批干部到西藏工作时写下的条幅。1979 年，孔繁森第一次赴西藏工作，担任日喀则地区岗巴县委副书记。在岗巴工作三年间，孔繁森践行着为人民办实事的理念，跑遍了全县的乡村、牧区，解决了藏族群众诸多困难。1988 年，山东省再次选派进藏干部，组织上决定让孔繁森带队第二次赴藏工作。孔繁森选择舍小家、为大家，把九旬老母和三个未成年的孩子托付给妻子，毅然表示："我是党的干部，服从组织安排。"孔繁森任拉萨市副市长仅四个月，就跑遍了全市八个县区所有的公办学校和一半以上的村办小学，为发展少数民族的教育事业奔波操劳。在他和全市教育工作者的努力下，拉萨的适龄儿童入学率从 45% 提高到 80%。他还帮助尼木县续迈等乡群众解决了由于常年饮用高氟水引起大骨节病的问题。

1992 年年底，孔繁森第二次调藏工作期满，他放弃了回山东的机会，又一次服从安排到西藏自治区阿里任地委书记。阿里是西藏最偏僻、平均海拔最高的地区，被称为"世界屋脊的屋脊"。1993 年 4 月，孔繁森到阿里后，首先询问群众有哪些困难，了解到阿里道路不通，且常规能源缺乏，经常停电，只能用酥油照明的困难后，积极向上级反映情况，解决了阿里用电问题。了解到阿里最高峰的信息连战士们由于通行困难邮件送不到等问题，他果断联系阿里邮局给予解决。在阿里任职期间，孔繁森从来没有因为环境艰苦而退却，有时工作途中渴了就喝雪水。正是这种一心为民的赤子之心，赢得了藏区群众的爱戴与称赞。

"赤胆忠心为党，廉洁奉公行政，呕心沥血为民，鞠躬尽瘁奉献。"这是对孔繁森最好的评价。1992 年，拉萨市墨竹工卡等县发生地震，时任拉萨市副市长的孔繁森赶赴灾区，在那里，他收养了 12 岁、7 岁和 5 岁的三个孤儿曲尼、曲印和贡桑。这让本不富裕的孔繁森更加拮据。为了让孩子们能接受教育及更好地生活，他悄悄来到西藏军区总医院血库，要求献血。护士认为他年纪已大，拒绝他献血。他反复恳求护士："我家里孩子多、负担重，需要钱，请帮个忙吧！"就这样，他先后献血 900mL，将医院支付的营养费 900 元都用在几个孩子身上。面对贫困的老人、小孩，孔繁森也时不时地拿出钱来救济，并捐赠衣服等生活用品，甚至把妻子在农村卖棉花、卖粮食的钱，也花在藏族老人、孩子身上。为了感谢他作出的贡献，藏族群众送来家里的特产，他却——谢绝，坚决不拿群众一针一线。

很多人觉得身为共产党中高级干部，孔繁森的生活不可能如此拮据，但事实胜于雄辩。1993 年，孔繁森妻子到西藏探亲，去西藏的路费由自己筹措，而回家的 500 元路费却是孔繁森东挪西借才勉强凑齐的。

1994 年 11 月 29 日，孔繁森去新疆塔城考察边贸，完成任务返回阿里途中，不幸发生车祸，以身殉职，时年 50 岁。当时他只留下两份遗产：一是他仅有的 8 元 6 角钱；二是他去世前写的关于发展阿里经济的 12 条建议。

孔繁森常说："老是把自己当珍珠，就时常有怕被埋没的痛苦。把自己当泥土吧！让众人把你踩成路。"是的，孔繁森把自己当作了西藏人民脚下的泥土，为西藏人民奉献了自己的一生。

参考资料

高杉：《孔繁森的初心可以这样讲》。

专题四
中国特色社会主义文化建设

原文摘编

1. 习近平指出，中华民族具有悠久的优秀传统文化，自古就有开放包容、兼收并蓄的文化胸怀，中华文明历来赞赏不同文明间的相互理解和尊重。

——习近平向 2023 北京文化论坛致贺信，《人民日报》（2023 年 09 月 15 日 01 版）

2. 习近平强调，新时代新征程，世界百年未有之大变局加速演进，中华民族伟大复兴进入关键时期，战略机遇和风险挑战并存，宣传思想文化工作面临新形势新任务，必须要有新气象新作为。要坚持以新时代中国特色社会主义思想为指导，全面贯彻党的二十大精神，聚焦用党的创新理论武装全党、教育人民这个首要政治任务，围绕在新的历史起点上继续推动文化繁荣、建设文化强国、建设中华民族现代文明这一新的文化使命，坚定文化自信，秉持开放包容，坚持守正创新，着力加强党对宣传思想文化工作的领导，着力建设具有强大凝聚力和引领力的社会主义意识形态，着力培育和践行社会主义核心价值观，着力提升新闻舆论传播力引导力影响力公信力，着力赓续中华文脉、推动中华优秀传统文化创造性转化和创新性发展，着力推动文化事业和文化产业繁荣发展，着力加强国际传播能力建设、促进文明交流互鉴，充分激发全民族文化创新创造活力，不断巩固全党全国各族人民团结奋斗的共同思想基础，不断提升国家文化软实力和中华文化影响力，为全面建设社会主义现代化国家、全面推进中华民族伟大复兴提供坚强思想保证、强大精神力量、有利文化条件。

——习近平对宣传思想文化工作作出重要指示强调：坚定文化自信秉持开放包容坚持守正创新 为全面建设社会主义现代化国家 全面推进中华民族伟大复兴提供坚强思想保证强大精神力量有利文化条件，《人民日报》（2023 年 10 月 09 日 01 版）

3. 中华优秀传统文化有很多重要元素，比如，天下为公、天下大同的社会理想，民为邦本、为政以德的治理思想，九州共贯、多元一体的大一统传统，修齐治平、兴亡有责的家国情怀，厚德载物、明德弘道的精神追求，富民厚生、义利兼顾的经济伦理，天人合一、万物并育的生态理念，实事求是、知行合一的哲学思想，执两用中、守中致和的思维方法，讲信修睦、亲仁善邻的交往之道等，共同塑造出中华文明的突出特性。

——习近平：《在文化传承发展座谈会上的讲话》，《求是》（2023 年第 17 期）

案例 17 光岳楼

案例结构

光岳楼	光岳楼简介
	光岳楼的社会价值

案例目标

1. 了解光岳楼这座巧夺天工的建筑的由来，理解它体现的政治经济、历史文化、人文价值。

2. 理解中华优秀传统文化的精神内涵，拓展思想深度，具备更丰富的文化素养；培育文化自信，逐步形成正确的世界观、人生观和价值观，强化民族意识和国家意识，增强文化自信，厚植爱国情感，塑造优秀品格，逐步把个人价值同国家的前途命运紧密联系在一起，成为中国特色社会主义事业的建设者和接班人。

案例摘要

光岳楼作为明朝洪武七年的杰出建筑，不仅承载着保卫疆土的军事重任，更是鲁西名胜，吸引了众多帝王将相与文人墨客。其建筑艺术巧夺天工，历经数百年风雨仍稳固如初，成为中华民族的文化瑰宝。

光岳楼的社会价值体现在对传统文化的坚守与传承上，通过参观光岳楼，人们能够更深入地了解中华民族的历史文化，增强文化自信。同时，作为聊城的文化名片，光岳楼也提升了城市的文化形象和文化软实力，为聊城经济发展和文化繁荣作出了贡献。

光岳楼所体现的中华优秀传统文化的社会价值与深远的现实意义，值得我们深入挖掘和传承，在新的时代背景下焕发出更加绚丽的光彩。

案例正文

光岳楼简介

光岳楼，这座历经沧桑的古建筑，是明朝洪武七年的杰出建筑。它矗立在历史的洪流中，见证了北方的历史变迁。它最初是为了军事目的修建的，承载着保卫疆土的重要使命。由于用修建城墙剩余的木料筑成，初建时，得名"余木楼"。后来，又因此楼有击鼓报时、报警，又被称作"鼓楼"。建楼 100 多年后，才由一位官员赋予它正式的名字——光岳楼，寓意其高大宏伟，可远观泰山神光。

光岳楼不仅是鲁西的名胜，更是帝王将相、文人墨客的喜爱之地。康熙皇帝四次登临；乾隆皇帝更是七次下江南六次登楼，并为这座楼赋诗 13 首，其中 7 首镌刻在楼中的石碑上，展现了他对光岳楼的深厚情感。

光岳楼的建筑艺术更是巧夺天工。经过 600 多年的风雨洗礼和几十次修缮，其整体结构依然稳固如初，被誉为"墙倒楼不倒"的奇迹。传说中，鲁班曾助力建楼，更为这座古建筑增添了神秘色彩。

光岳楼的文化价值不可忽视。众多文人墨客在此留下墨宝，展现了他们高超的书法造诣，不仅记录了光岳楼的历史变迁，也传承了中华民族的文化精髓。

自 1956 年起，光岳楼就受到山东省人民政府的高度重视，被列为第一批省级重点文物保护单位。1988 年 6 月，荣升为全国重点文物保护单位，成为中华民族的文化瑰宝。

如今的光岳楼，依然屹立在聊城的大地上，以其悠久的历史、巧夺天工的建筑艺术、深厚的文化底蕴吸引着无数游客前来探访。它不仅是聊城的象征，更是中华民族悠久历史和灿烂文化的见证。

光岳楼的社会价值

光岳楼作为聊城的文化地标，不仅承载着深厚的历史底蕴，更是弘扬中华优秀传统文化、增强文化自信的重要载体；也是文人墨客吟诗作赋的胜地，留下了众多珍贵的文化遗产。光岳楼的存在本身就是对传统文化的坚守与传承，它的建筑风格、文化内涵都体现了中华民族的智慧与创造力。光岳楼作为聊城的文化名片，也提升了城市的文化形象和文化软实力，为聊城的经济发展和文化繁荣作出了贡献。因此，保护和传承光岳楼这一文化遗产，对于弘扬中华优秀传统文化、增强文化自信具有重要意义。

参考资料

1. 齐鲁壹点：《大咖聊聊城丨聊城光岳楼知多少》。
2. 张智政：《跨文化视角下聊城优秀传统文化的传承研究》。
3. 吴文立：《聊城传统文化研究》。

案例 18　聊城运河文化

案例结构

聊城运河文化	聊城运河，铸就文化自信新篇章
	聊城运河，交融互鉴与发展自信

案例目标

通过探索聊城运河文化的深厚底蕴和独特价值，理解文化自信的内涵，树立保护传承优秀传统文化的责任意识，培养在文化交流互鉴中坚守中华文化立场的能力。

案例摘要

"江北水城·运河古都"是聊城的名片，其美誉根植于水的丰饶与灵秀。此地水系密布，交织成一幅生动的自然画卷。碧波荡漾的东昌湖，以其浩渺之姿，为聊城平添了几分灵动与生机；而那宏伟壮观的京杭大运河，宛如一条流光溢彩的绸带，悠然穿城，见证着古今的辉煌。宽阔的徒骇河，则以半抱明月的姿态，环绕并温柔地拥抱着南部城区；古老的黄河，蜿蜒流淌，以其绵长的身躯，精心编织出一幅幅水网交织的景观，展现了别具一格的风情画卷。

案例正文

聊城运河，铸就文化自信新篇章

聊城犹如镶嵌在京杭大运河畔的一颗璀璨明珠，其独特的地理位置使其深受运河文化的熏陶与孕育。京杭大运河穿越城市的脉络，不仅承载了古代中国辉煌的漕运，更积淀了深厚的民俗传统、工艺美术、建筑风格及无数动人的历史传说。这条横亘千里、历史悠久的运河，不仅是聊城社会经济发展的坚实依托，更承载着中华文明的深厚底蕴，成为其不可或缺的一部分与见证。"水韵聊城"这一理念已深深植根于民众心田，它映射出聊城人民追求与自然和谐共融的生活哲学，以及对本土历史文化遗产的无尽珍视与积极传承。聊城致力于运河的生态治理与精心保护，以此为基础，逐步塑造一个生态友好型水城的崭新面貌，将绿色发展理念转化为实实在在的行动。同时，这一过程也激发了市民对于民族文化的深切认同与自豪感，共同守护这份宝贵的文化记忆。

黄河依偎城市边缘潺潺流淌，大运河则穿城而过，宛如一幅生动的画卷，悠扬地诉说着聊城深厚的历史底蕴与勃勃生机。聊城作为当今世界上黄河与大运河唯一交汇的璀璨明珠，其黄河段绵延59.51km，自西向东温柔地抚过阳谷与东阿两县；而黄河的支流金堤河，全长80.8km，自莘县高堤口入境，蜿蜒穿越莘县与阳谷县。大运河在聊城境内延展97.5km，自北向南串联起临清市、茌平区、东昌府区、阳谷县等6地，成为一条跨越千年的历史长河，承载着丰富的文化遗产，宛如一条璀璨的历史长廊。在这条长廊中，物质与非物质文化遗产交相辉映，古桥横跨运河两岸，古刹傍水而立，运河美食与手工艺品独具特色，临清的胡同更是见证了运河昔日的繁华，有"南有苏杭，北有临张"之美誉。老运河绵延45km，被精心划分为6个河段，沿河分布着众多珍贵的历史遗迹。其中，全国重点文物保护单位就有4处（涵盖23个具体点），省级文物保护单位也不在少数。聊城市内更是珍藏着31625件（套）与运河紧密相关的文物，它们静静地诉说着往昔的故事。聊城不仅文物古迹众多，其非物质文化遗产同样璀璨夺目。东昌毛笔制作工艺源远流长，临清贡砖制作技艺名扬四海，东昌葫芦艺术独树一帜，东阿阿胶制作传统享誉中外，还有精妙入神的茌平剪纸艺术，这些共同构成了聊城独特的文化图谱。此外，作为一片充满革命精神的土地，聊城还承载着深厚的红色文化记忆。坡里暴动的历史遗迹、刘邓大军渡河指挥部的旧址、冀鲁豫边区政府的所在地以及鲁西北地委的昔日风貌，都是革命历程中不可磨灭的印记，它们见证了聊城在革命历史中的辉煌篇章。

水系的滋养孕育了独特的水文化韵律，而"两河"的汇聚，则构筑了大运河与黄河文化旅游带及国家文化公园的交相辉映，赋予了聊城无可复制的文化魅力与地理优势。回溯千年，这条水道曾是繁华的象征，白帆点点，桨声阵阵，引领聊城在波光潋滟中辉煌了数百年。

大运河，作为一条穿越时空的文化桥梁，聊城恰似其上的一颗璀璨明珠，不仅促进了南北文化的深度交融，也架起了中国与世界对话的桥梁。在这里，南腔北调交织成曲，各路英才荟萃一堂，共同铸就了聊城开放包容、海纳百川的文化气质。多部历史与文学巨著，如《水浒传》《老残游记》乃至国际视野下的《马可·波罗游记》与《利玛窦中国札记》，均留下了聊城的印记，见证了其作为文化交流枢纽的重要地位。

2014 年 6 月 22 日，随着中国大运河申遗的成功，聊城也分享了这份荣耀。作为申遗征途中的关键角色，聊城以其临清、阳谷等段的独特遗产价值，为成功申遗贡献了不可或缺的力量。目前，聊城正积极探索大运河文化的现代诠释，以创新思维推动文化旅游产业的转型升级，致力于打造新颖的文化旅游产品、业态及模式。同时，加强对大运河历史文化遗产的深入挖掘与保护，力求在传承中创新，实现遗产保护与旅游开发的和谐共生。依托大运河这一得天独厚的文化资源，聊城正挥毫泼墨，绘制一幅幅文旅融合发展的新图景，每一笔都蕴含着对文化的深情厚谊与对未来的无限憧憬，共同开创出一幅激动人心的文化旅游新篇章。

聊城运河，交融互鉴与发展自信

"千年文脉，聊城运河：交融共生与自信前行"，此主题深刻剖析了聊城独有的运河文化遗产，彰显了其跨越千年、历久弥新的文化精髓与当代意义。

聊城与大运河之间，构建起一座跨越时空的桥梁。聊城不懈地致力于挖掘并弘扬大运河所蕴含的丰富文化底蕴与精神财富，将其作为文化旅游产业的核心亮点。依托这条历史的纽带，聊城精心串联起山陕会馆的古朴、舍利塔的庄严、鳌头矶的秀丽、运河钞关的历史见证，以及中国运河文化博物馆的知识殿堂，打造了一系列运河文化风情深度体验之旅。同时，运河美食体验游作为另一大亮点，进一步丰富了游客的感官享受。至此，聊城已初步构建起一套完善的运河旅游线路体系，展现出其独特的文化魅力与旅游发展潜力。

渊远而流长，古韵融新章。聊城正紧握大运河与黄河国家文化公园建设的两大历史契机，深入发掘两河沿线丰富的文化旅游宝藏，致力于历史文化遗产的精心保护、创新利用与传承发展，将品牌建设深深植根于地域特色之中，同时催生特色乡村旅游的蓬勃生机。秉持项目引领的核心理念，聊城运用"文化+"与"旅游+"的创新模式，促进产业要素的全面升级与转型。通过业态的革新与拓展，打造多元化旅游新体验与特色产品，培育经济增长的新动力与引擎。

白日里，游客可尽览两岸旖旎风光；夜幕下，则能伴着潺潺水声安然入梦。在这片被大河文化深深滋养、水上景致绮丽多姿的土地上，"两河"交汇的璀璨明珠——聊城，正以昂扬之姿破浪前行，在文旅深度融合的征途上，续写着这座古城的千年辉煌与不朽传奇。

参考资料

1. 人民网：《融古汇今　生机勃勃》。
2. 胡梦飞：《聊城运河文化遗产概论》。

案例 19　聊城山陕会馆

案例结构

聊城山陕会馆	历史的长河，建筑的诗篇
	商海传奇，诚信为本的商道精神
	文化的交融，传承的力量

案例目标

1. 了解山陕会馆的历史背景、建筑风格、文化内涵等，掌握中国传统文化和商业文化的基本知识，加深对中国传统文化的理解和认识。

2. 通过了解山陕会馆的历史和文化，树立正确的商业道德观念和社会责任感，培养诚信品质、团队合作精神及创新意识，为未来的职业发展打下坚实的基础。

3. 通过了解山陕会馆的建筑风格和装饰艺术，感受中国传统文化的博大精深和独特魅力，激发民族自豪感和文化自信心。

案例摘要

聊城山陕会馆，作为古运河畔的历史瑰宝，不仅是山陕商人团结互助的见证，更是商道精神与文化交融的典范。会馆建筑雄伟，雕刻精美，展现了古代工匠的卓越技艺。其内蕴含的商海传奇故事，如张广顺等商人的诚信经营之道，激励着后人追求商业成功的同时，不忘品德修养。如今，会馆已转变为多功能文化中心，致力于文化传承、教育研究与旅游观光。通过挖掘历史资料、举办文化活动、开发创意产品等方式，会馆不仅传承了悠久历史，还积极创新，与现代生活相融合。同时，作为文化交流的平台，会馆促进了不同文化之间的互相理解和尊重，展现了其独特的文化价值和社会功能。

案例正文

在山东聊城的古运河畔，静静地矗立着一座承载着深厚历史与文化底蕴的古老建筑——山陕会馆。这座始建于清乾隆年间的建筑群，不仅是山陕商人远赴他乡、谋求发展的见证，更是他们团结互助、共谋大业的象征。它如同一部活生生的历史教科书，向我们讲述着商海传奇、文化交融与传承的动人故事。

历史的长河，建筑的诗篇

步入山陕会馆，首先映入眼帘的是那气势恢宏的牌楼。牌楼高高屹立，雕刻精美，仿佛是通往历史深处的门户，引领着我们穿越时空。穿过牌楼，便来到了会馆的主体建筑群。这里，每一座建筑都蕴含着匠人的心血与智慧，每一块砖石都记录着岁月的痕迹与变迁。

正殿，是会馆的核心所在。殿内供奉着关公像，他手持青龙偃月刀，目光如炬，威严而庄重。关公，作为忠义的化身，深受商人们的敬仰。他们在这里祈求关公的庇佑，希望自己在商海中能够一帆风顺。正殿的两侧，是配殿和厢房，它们或用于议事，或用于接待宾客，功能齐全，布局合理。这些建筑不仅展现了古代工匠的精湛技艺，更体现了山陕商人对于商业活动的重视与尊重。

而最令人叹为观止的，莫过于会馆内的戏楼了。戏楼设计精巧，装饰华丽，是商人们休闲娱乐、观赏戏曲的重要场所。每当夜幕降临，灯火辉煌，戏楼上便会上演一幕幕精彩绝伦的戏曲表演。这些戏曲不仅丰富了商人们的业余生活，更成为他们交流思想、增进友谊的桥梁。戏楼的存在，让山陕会馆不仅仅是一个商业交流的场所，更成为一个文化交融的圣地。

商海传奇，诚信为本的商道精神

在山陕会馆的历史长河中，涌现出了许多商海传奇人物。其中，张广顺的名字尤为响亮。他出身贫寒，却凭借着自己的智慧和勇气，在商海中摸爬滚打，最终成为一代巨贾。张广顺的成功并非偶然，他深知诚信是商道之本。在经营过程中，他始终坚守着"以诚待人，以信立业"的原则，赢得了广泛的尊重和信任。

张广顺的故事，是山陕会馆商道精神的生动写照。在这里，商人们不仅追求财富的增长，更注重品德的修养和信誉的建立。他们相信，只有诚信经营，才能在商海中立于不败之地。这种商道精神，不仅在当时的社会中得到了广泛认可与推崇，更为后世树立了光辉的榜样。

除了张广顺之外，还有许多像他一样的商海传奇人物在山陕会馆留下了自己的足迹。他们或英勇善战、保家卫国；或慷慨解囊、乐善好施；或勇于创新、敢于担当。他们的故事和事迹，如同璀璨的星辰，照亮了山陕会馆的历史长河，也激励着后来者不断前行、追求卓越。

文化的交融，传承的力量

张广顺等商人的诚信精神与商业智慧，已经深深烙印在山陕会馆的每一个角落。这座会馆不仅是商业交流的场所,更是文化传承的圣地。它承载着商埠文化的深厚底蕴,见证了商人们的奋斗历程与辉煌成就。

在新时代背景下,聊城山陕会馆正焕发出新的生机与活力。聊城市政府及社会各界正加大对会馆的保护与宣传力度,通过举办文化展览、学术研讨会等活动,让更多的人了解会馆的历史与文化价值。同时,也积极探索会馆与现代文旅产业相结合的新模式,为游客提供更加丰富的文化体验。

展望未来,聊城山陕会馆将继续发挥其独特的历史文化价值和社会教育功能,为聊城乃至全国的文化传承与发展贡献更多的力量。我们期待更多的人能够走进这座会馆,感受商埠文化的独特魅力,传承和弘扬诚信与公益的精神。

参考资料

1. 宋伦:《明清山陕会馆研究》。
2. 苏娟:《21世纪以来明清山陕会馆研究的新进展》。
3. 郭艳君:《聊城山陕会馆研究成果简述》。

案例20 东阿阿胶文化的传承创新

案例结构

东阿阿胶文化的传承创新	阿胶文化
	创造创新,促进中医药文化传承发展
	赓续文化传承,共筑健康未来

案例目标

1. 了解东阿阿胶文化的起源,认识中医药文化;理解中华优秀传统文化是中华民族生生不息、发展壮大的丰厚滋养,对延续和发展中华文明、促进人类文明进步发挥着重要作用。

2. 正确看待传统文化,领会对中华优秀传统文化进行创造性转化、创新性发展的重要意义。

案例摘要

东阿阿胶制作技艺被列入第一批国家级非物质文化遗产扩展项目名录,是中医药文化的瑰宝。东阿阿胶股份有限公司(简称"东阿阿胶")时刻铭记"寿人济世"的初心使命,守正创新，努力实现中医药文化的创造性转化、创新性发展，践行传统中医药为人民健康服务的宗旨。东阿阿胶打造中医药文化旅游新模式，创新弘扬发展中医药文化，举办冬至阿胶滋补节，传承传统文化，弘扬阿胶文化。

案例正文

阿胶文化

春秋时的《周礼·冬官·考工记》中云："鹿胶青白，马胶赤白，牛胶火赤，鼠胶黑，鱼胶饵，犀胶黄。"东汉时的《神农本草经》记载："阿胶，味甘，平。主心腹内崩，劳极洒洒如疟状，腰腹痛，四肢酸疼，女子下血，安胎。久服轻身益气。"后世的《伤寒论》《千金方》《图经本草》《本草纲目》等一系列经典中均有类似的记载。

纵观史料记载，归结起来，阿胶文化的核心就是"养"，而"养"正是人们追求健康的一种终极方式。

创造创新，促进中医药文化传承发展

东阿阿胶始终铭记"寿人济世"的初心使命，传承中医药文化的根与魂，弘扬发展中医药文化，努力实现中医药文化的创造性转化、创新性发展，将中医药融入生产生活，促进中医药文化与现代健康理念相融通，保障人民健康。

打造中医药文化旅游新模式。东阿阿胶充分利用独有的阿胶产业优势，挖掘中医药文化精髓，依托国家非物质文化遗产"东阿阿胶制作技艺"，创新"工业＋康养、体验、研学、旅游"四位一体模式，联结中国阿胶博物馆、阿胶世界、毛驴博物馆、东阿阿胶城、东阿阿胶体验酒店等阿胶文化载体，建设体系化的中医药文化宣传阵地，形成了全域一体、医养结合、跨界融合的康养健康服务体系，形成了独具特色的文旅产业。

创新弘扬发展中医药文化。东阿阿胶实施"炼行计划"，与 20 座城市深度联合，发布"同行一公里"宣言，强化中医药服务基层，为弘扬中医药文化共同奋斗。开展"中华医圣故里行"活动，走进中华医圣、药圣的故乡，传承传统医术、弘扬医德医风，探寻历史发展脉络，追溯中医医理药理本源，规划寻访八大中华医圣故里旅游路线，开启中医药传承创新之旅，以全新的方式助力中医药文化传承。建设中华老字号中医药博物馆，承办尼山世界文明论坛中医药论坛东阿行暨中华医圣故里行会议，健全弘扬中医药文化的平台，推动中医药行业携手发展、共赢未来。

赓续文化传承，共筑健康未来

东阿阿胶坚持"传承精华、守正创新"，积极传承中医文化根脉，弘扬中医药文化，做大做强民族品牌，为国民健康保驾护航。自 2007 年起，东阿阿胶每年举办冬至阿胶滋补节，举行冬至东阿阿胶汲水炼胶祭告大典，再现流传千年的传统汲水炼胶仪式，彰显中华传统文化对自然规律的尊重敬畏，宣扬中医药学水火相济、阴阳平衡、择时而食的文化理念。

东阿阿胶始终专注于中医药文化传承，对中国阿胶博物馆实施改造，以场景化、数字化、体验化语言进行中医药文化的解读传达。依托东阿阿胶城等场馆，与国内知名老字号企业、中医药企业共建中医药行业共享平台，打造中医药传承创新示范基地，服务于国家中医药文化体系建设。

参考资料

1. 网易：《东阿阿胶：以品牌力量推动中医药文化传承与创新》。
2. 学习强国·山东学习平台：《东阿阿胶股份有限公司：深学实干汇聚砥砺奋进新动能 党建引领推动公司高质量发展》。

案例 21　一位美国老人的中国情——感动山东十大人物牧琳爱

案例结构

一位美国老人的中国情	感动山东十大人物牧琳爱

案例目标

1. 理解繁荣发展中国特色社会主义文化的意义，坚定文化自信。
2. 懂得文化交流互鉴的意义，用积极的态度对待外来文化，增强适应社会发展变化的能力。

案例摘要

浩瀚的人海中，总有一些名字，如同星辰般璀璨，照亮我们的心灵，引领前行的方向。在山东这片古老而又充满活力的土地上，有这样一位美国老人，跨越千山万水，用爱与奉献书写了一段跨越国界的佳话，她就是——牧琳爱，一位荣获"感动山东十大人物"殊荣的国际友人。

案例正文

踏入阳谷县刘庙村，一座被葱郁花木环绕的简朴农家小院映入眼帘，这里曾是牧琳爱——一位拥有白发与碧眼的美国老太太的温馨居所。她不仅是中央电视台2007年"感动中国"评选中的杰出候选人，也是山东省同年度的十大新闻人物之一，其事迹通过"新闻联播"与"面对面"栏目广为传颂。

牧琳爱之所以定居聊城，背后是一段跨越时空的深情厚谊。牧琳爱的父亲作为传教士，与牧琳爱的母亲在赴华途中结缘。1917 年，牧琳爱在中国北戴河诞生，随后在聊城山陕会馆附近度过了难忘的童年时光，直至 13 岁。那段日子里，她与几位中国小伙伴结下了不解之缘。她亲眼看见了军阀混战下百姓的疾苦，幼小的心灵便种下了助人的种子。父母的善行更是深深影响了她，离别之际，父亲的话语"中国人民勤劳善良，生活艰辛，望你们长大后能回来帮助他们"成了她一生的座右铭。

回到美国后，牧琳爱在加州圣路易斯城完成了学业，进而在田纳西州范德堡大学获得硕士学位。虽远隔重洋，但中国的一举一动始终牵动着她的心，尤其是改革开放的春风让她倍感欣慰。1992 年，一封承载着思念与期盼的信件飞向了聊城，牧琳爱请求寻找儿时的玩伴周仁杰，聊城市政府的热情回应让她感动不已。60 年后重返故地，眼前的巨变让她感慨万千。

1998 年，牧琳爱不顾子女的劝阻，毅然决然地变卖了在美国的财产，于次年以 82 岁高龄，独自携着两只行李箱踏上了来中国的路，实现了她半个多世纪的梦想。临行前，她向中国青少年发展基金会表达了来华工作的决心与愿景，基金会被她的执着所打动，助力她与聊城市政府结缘。聊城市政府尊重她的意愿，将她安置在风景秀丽的刘庙村。

牧琳爱深知，自己的到来不仅仅是为了个人安身立命，更是为了将爱心播撒给这片土地上的每一个人。她慷慨解囊，助力学校建设微机室，亲自担任英语教师，为孩子们送去知识。她热爱自然，捐资绿化，与孩子们共植希望之树。她还引进了美国优质果树，助力村民增收致富。此外，她还担任原聊城国际和平医院名誉院长，带领团队为老人提供眼科义诊，用实际行动诠释了医者仁心。

"我追求的是简单生活，以爱心助人，以善良待人，这是我最大的快乐。"牧琳爱如是说。她更是将这份爱升华到了极致，向中国红十字会申请捐献遗体，用最后的奉献诠释了跨越国界的大爱无疆。她怕这份心意被遗忘，特意将捐献标志贴在护照上，仿佛是对自己中国情缘的永恒见证。

牧琳爱曾深情地说："我虽是美国人，但心属中国。愿来生化作中国农夫，耕耘于这片热土，与小动物为伴，尽享生活的宁静与美好。"她的故事，如同一曲跨越世纪的赞歌，传唱在每个人的心间。

参考资料

微信公众号"天津雨花斋"：《牧琳爱：一个美国老人的中国情》。

案例 22　孔繁森：身体力行弘扬中华优秀文化

案例结构

孔繁森	身体力行弘扬中华优秀文化

案例目标

1. 了解孔繁森精神体现的革命文化的光辉本色，社会主义先进文化的突出亮色，中华优秀传统文化的深厚底色，人类优秀文化的鲜明成色。

2. 弘扬全人类共同价值，构建人类命运共同体，从孔繁森精神中汲取丰富元素和强大力量。

案例摘要

习近平总书记曾经强调，要学习孔繁森同志的境界感。孔繁森有一句名言："爱的最高境界就是爱人民。"30 年来，中国经历了深刻的社会变革，但孔繁森的名字，不仅没有随时代的发展被淡忘，还从一个典型人物衍生为共和国集体记忆和中国民族伟大精神的重要组成部分，成为激励我们强国建设、民族复兴的强大精神动力。进入新时代以来，党和人民赋予孔繁森一系列至尊的荣誉和褒奖，让永不过时、历久弥新的孔繁森精神在新时代彰显出强大的生命力量。

案例正文

多年来，孔繁森始终是习近平总书记心中的"好人好官"。从担任浙江省委书记到党的总书记，习近平总书记在多次讲话中把孔繁森和焦裕禄相提并论，把孔繁森的境界感和邓小平同志的情怀感、雷锋同志的幸福感、郑培民同志的责任感、钱学森同志的光荣感，并誉为领导干部要学习和树立的五种崇高情感，给予了相当高的评价。

孔繁森精神是雷锋精神、焦裕禄精神在改革开放新时期的赓续和发展，是先遣连精神、两路精神、老西藏精神在雪域高原的继承和丰富，是伟大建党精神的践行和弘扬，进一步光大了中国共产党精神谱系，成为激励我们奋斗新征程、实现中国梦的强大思想动力。1995 年 4 月 14 日，中组部、中宣部《关于开展向孔繁森同志学习活动的通知》用五句话全面概括了孔繁森精神的内涵：顾全大局、无私奉献的坚强党性；热爱人民、服务人民的公仆情怀；清正廉洁、克己奉公的高尚品德；艰苦奋斗、知难而进的拼搏精神；开拓进取、求真务实的优良作风。

人民至上、爱民亲民的大爱境界，是孔繁森大忠大孝、情系苍生的天下情怀。他拥有"把藏族老人当作自己老人、把藏族孩子当作自己孩子、把藏族土地当作自己家乡"的大爱情怀。因为心有大爱，这个无法尽孝的大孝子，才把对老母亲的孝敬给了西藏敬老院的老人，才有了为生病老人吸痰、为冻伤阿妈暖脚的义举。为什么那么多的干部下乡，只有孔繁森收养了孤儿，为什么缺医少药的西藏，只有孔繁森一个领导干部背着小药箱自掏腰包，在工作之余为群众看病？答案只有一个，那就是把人民放在心中最高位置，把对亲人彻骨痛心之爱升华为对人民休戚相关的大爱大善层次，把孝拓展为对党、国家和人民的大忠大孝，锤炼了一颗悲悯苍生、心系天下的仁爱之心，从爱亲尽孝升华到爱民尽忠，达到了共产党人的至高境界。

立德修身、廉洁奉公的无我行为，是孔繁森两袖清风、公而忘私的公仆特质。孔繁森始终认为，虽然西藏高原缺氧、条件艰苦，工作环境差，但在党风廉政建设和反腐败斗争的问题上，党对干部的要求和内地是一样的，没有特殊情况，没有特殊标准。海拔高，全面从严治党的要求应该更高，必须保持雪域高原风清气正的良好政治面貌。他不仅自己率先垂范，做到心中有民一身亲，心中有责一身勤，心中有戒一身清，而且带领地委一班人，按照中央反腐倡廉的要求，抓好阿里地区的反腐败斗争，在任期间，没有出现过一起领导干部违法违纪现象。因为无我，这位清贫如洗的地委书记，才卖血抚养失去父母的地震灾区的孤儿；因为无我，才把身上带着体温的毛衣毛裤脱给严寒中的牧民。在他心里，人民至上，他人第一，面对三张采血登记表、一份写在笔记本上的遗书和 8 元 6 角的现金，我们对"我将无我，不负人民"的公仆情怀有了更加深刻的感悟。

参考资料

靳凤莲：《照片背后的孔繁森故事》。

专题五
中国特色社会主义
社会建设

原文摘编

1. 习近平强调，各级党委和政府要深入贯彻党中央决策部署，锚定建设农业强国目标，稳住农业基本盘，扎实做好新时代新征程"三农"工作，全面推进乡村振兴，加快农业农村现代化步伐，坚持把增加农民收入作为"三农"工作的中心任务，千方百计拓宽农民增收致富渠道，让农民腰包越来越鼓、生活越来越美好，绘就宜居宜业和美乡村新画卷！

——习近平强调：锚定建设农业强国目标　绘就宜居宜业和美乡村新画卷，
《人民日报》（2023 年 09 月 23 日 01 版）

2. 目前，我国以社会保险为主体，包括社会救助、社会福利、社会优抚等制度在内，功能完备的社会保障体系基本建成，基本医疗保险覆盖 13.6 亿人，基本养老保险覆盖近 10 亿人，是世界上规模最大的社会保障体系。这为人民创造美好生活奠定了坚实基础，为打赢脱贫攻坚战提供了坚强支撑，为如期全面建成小康社会、实现第一个百年奋斗目标提供了有利条件。

——习近平：《促进我国社会保障事业高质量发展、可持续发展》，《求是》
（2022 年第 8 期）

3. 要着力补齐民生短板，破解民生难题，兜牢民生底线，办好就业、教育、社保、医疗、养老、托幼、住房等民生实事，提高公共服务可及性和均等化水平。要推进城乡区域协调发展，全面实施乡村振兴战略，实现巩固拓展脱贫攻坚成果同乡村振兴有效衔接，改善城乡居民生产生活条件，加强农村人居环境整治，培育文明乡风，建设美丽宜人、业兴人和的社会主义新乡村。

——习近平在参加青海代表团审议时强调：坚定不移走高质量发展之路　坚定不移
增进民生福祉，《人民日报》（2021 年 03 月 08 日 01 版）

案例 23　高唐锦鲤"游"出富民大产业

案例结构

高唐锦鲤"游"出富民大产业	水乡之韵，锦鲤之舞
	品牌崛起，享誉全国
	锦鲤村的故事，乡村振兴的缩影
	锦绣文章，续写辉煌

案例目标

通过了解高唐锦鲤的发展之路，理解脱贫攻坚取得的举世瞩目的成就，靠的是党的坚强领导，以及中华民族自力更生、艰苦奋斗的精神。

案例摘要

锦鲤，一种高档观赏鱼，有富贵、健康、好运等美好寓意，深受人们的喜爱。得天独厚的自然环境加上政策扶持、引才聚智等举措的加持，高唐的锦鲤产业异军突起，经过 20 多年的发展，已成为当地的一块金字招牌。随着市场的不断拓展和技术的不断进步，高唐锦鲤产业有望继续在乡村振兴的征程中发挥更加重要的作用，为地方经济的持续健康发展贡献更多的力量。

案例正文

有着"中国锦鲤第一县"美誉的高唐县，靠持续壮大锦鲤产业，书写了乡村振兴大文章。作为"高唐锦鲤"主产区的三十里铺镇，则被认定为首批山东省乡村振兴齐鲁样板省级示范区。

水乡之韵，锦鲤之舞

高唐县地处黄河故道，徒骇河、马颊河等多条河流交织其间，为锦鲤养殖提供了得天独厚的自然条件。每当锦鲤集中上市的时节，位于三十里铺镇的锦鲤产业园便热闹非凡，来自全国各地的买家汇聚于此，挑选着心仪的锦鲤。这些色彩斑斓、体态优雅的锦鲤，如同水中的艺术品，吸引着无数人的目光。

而网购的兴起，更为高唐锦鲤插上了翅膀。在电商直播工作室里，主播们热情洋溢地介绍着每一尾锦鲤的特点，与买家互动频繁，确保每一份订单都能准时、安全地送达。董振磊，就是这些电商从业者的一员，他通过直播销售锦鲤，不仅实现了个人增收致富，也成为高唐锦鲤产业的一张亮丽名片。

品牌崛起，享誉全国

"高唐锦鲤"这四个字，如今已成为业内公认的优质品牌。高唐锦鲤体形优美、体色艳丽，品种多达 30 余种，从上百元到几万元甚至十几万元不等的售价，彰显了其非凡的价值。高唐锦鲤不仅在国内市场占据一席之地，还远销东南亚等多个国家，赢得了国际市场的认可。

高唐县锦鲤产业的规模与实力，从一组数据中可见一斑：养殖户超过 390 户，养殖面积达到 8000 余亩（1 亩 = 666.67m²），年苗种繁育能力高达 3 亿尾，总产值近 10 亿元。此外，全国最大的优质锦鲤种鱼储备库和全国首个锦鲤产业高质量发展工作站均落户高唐，进一步巩固了其行业领先地位。

为了推动锦鲤产业持续健康发展，高唐县坚持走精品鱼路线，大力推行优质锦鲤繁育技术，推广生态、高效、健康的养殖模式。通过"封闭式循环水""微孔充氧和底层增氧"等节水、节能养殖技术，不仅提高了养殖效率，还保护了生态环境。在此基础上，高唐县还成功培育了"池丰红白""池丰三色""驼背龙""大正"等多个具有地方特色的锦鲤新品种，赢得了业界的广泛赞誉。

锦鲤村的故事，乡村振兴的缩影

徐马新村，一个曾经默默无闻的小村庄，如今却因锦鲤产业而焕发出勃勃生机。在党的好政策和县、镇两级政府的支持下，徐马新村党支部带头发动群众成立了锦鲤养殖合作社，带领村民走上了增收致富的道路。

村民夏清军就是其中的受益者之一，他在合作社里学到了锦鲤养殖技术后，毅然决然地承包了 90 亩荒沟开发鱼塘，办起了大型锦鲤养殖场。通过电商直播的营销方式，其养殖的锦鲤远销各地，腰包也越来越鼓。如今，徐马新村的锦鲤产业年产值已超过 3 亿元，村民家家户户住进了新房，过上了幸福美满的生活。

锦绣文章，续写辉煌

2023 年 10 月末，全国锦鲤高质量发展交流会暨高唐县第五届"海豚杯"锦鲤大赛在三十里铺镇锦鲤产业园成功举办。这次盛会不仅展示了高唐锦鲤产业的最新成果和最高水平，还进一步提升了"高唐锦鲤"的品牌影响力。开幕式上，中国渔业协会宣布了与高唐县共创"锦鲤故里"品牌的决定，为高唐锦鲤产业的发展注入了新的动力。

为了延伸锦鲤产业链，高唐县在三十里铺镇规划建设了中国锦鲤文旅小镇。这个集科技、文化、教育、休闲、贸易五大功能于一体的特色小镇，将锦鲤产业与文旅产业深度融合，实现了锦鲤繁育、优选、精养、销售、观光的一体化发展。在这里，游客不仅可以欣赏到五彩斑斓的锦鲤，还可以体验到浓厚的文化氛围和独特的乡村风情。

同时，高唐县还不断增强创新驱动力，发展智慧渔业，优化锦鲤品种，推行生态养殖模式。通过完善科技创新、人才培养和技术推广体系，高唐县正逐步构建起一个助推锦鲤产业高质量发展的强大支撑体系。

在乡村振兴的大潮中，高唐县以锦鲤产业为引领，走出了一条特色鲜明、成效显著的产业发展之路。未来，随着锦鲤产业的不断壮大和升级，"高唐锦鲤"这张金招牌将更加闪耀夺目，为当地经济社会的持续健康发展贡献更大的力量。

参考资料

聊城新闻网：《高唐县：小锦鲤"游"出富民大产业》。

案例 24　冠县灵芝：乡村振兴"致富伞"

案例结构

冠县灵芝：乡村振兴"致富伞"	小灵芝撑起乡村振兴的"致富伞"
	绿色发展模式赋能乡村振兴

案例目标

1. 阐述冠县灵芝产业如何从传统农业中脱颖而出，成为乡村振兴的"致富伞"。

2. 认识冠县灵芝产业对当地生活环境和社会风貌的改善作用，以及其在乡村振兴战略下的示范意义。

案例摘要

冠县利用灵芝这一特色产业，积极响应并实践乡村振兴战略。2022 年，冠县灵芝获批国家级"药食同源"试点项目，为当地灵芝产业带来了前所未有的发展机遇。冠县积极实施华冠灵芝大健康产业集群项目，建设多条生产线，致力于打造全国灵芝精深加工中心。目前，冠县灵芝种植规模已扩大至 1 万多个大棚，种植面积达 1 万余亩（1 亩 = 666.67m^2），从业人员超过 5 万人，年产灵芝子实体、孢子粉等产品数量惊人，品质优良。冠县灵芝已被认定为国家地理标志产品，并纳入全国名特优新农产品名录，产品远销海外。灵芝产业的蓬勃发展不仅为冠县带来了显著的经济效益，还改善了农村生活环境和社会风貌，成为乡村振兴战略下经济、社会和生态全面振兴的生动写照。

案例正文

小灵芝撑起乡村振兴的"致富伞"

在山东冠县的广袤大地上，灵芝这一传统瑰宝被赋予了新时代的生命力，化身为乡村振兴道路上的璀璨"金钥匙"。这一创新实践深刻诠释了乡土资源深度发掘与价值重塑的无限可能，为冠县的全面发展铺设了坚实基石。

灵芝产业在冠县的蓬勃兴起，不仅铸就了显著的经济增长点，更引领了一场深刻的农村变革。随着种植技术的精进与产业链的延伸，灵芝产业年产值持续飞跃，不仅为村民开辟了多元化的增收渠道，还促进了就业市场的繁荣，让村民在家门口就能实现稳定就业。而灵芝产品在国际舞台的亮相，更是极大提升了冠县的国际形象，拓宽了市场边界。

在社会层面，灵芝产业的繁荣如同春风化雨，润物无声地改善了村民的生活面貌。它不仅直接提升了村民的经济收入，还间接促进了农村基础设施的完善和生活条件的升级，让乡村振兴的果实惠及每一个家庭。同时，这一产业的兴旺也促进了社区凝聚力的增强，为乡村社会的和谐稳定奠定了坚实的基础。

在生态领域，冠县灵芝产业更是践行了绿色发展的理念。通过采用先进的种植技术和环保的加工方式，实现了灵芝资源的高效、循环利用，有效避免了资源浪费和环境污染。冠县人民在追求经济效益的同时，也不忘守护绿水青山，为子孙后代留下了宝贵的生态财富。

冠县灵芝产业的崛起，是乡村振兴战略下的一次生动实践，它以独特的视角和创新的模式，为乡村振兴开辟了一条全新的道路。这不仅是灵芝的胜利，更是冠县人民智慧与汗水的结晶，是乡村振兴道路上的一盏明灯，照亮了通往繁荣富强的康庄大道。

绿色发展模式赋能乡村振兴

冠县依托其独树一帜的灵芝产业，开创了一条以绿色发展为核心动力的乡村振兴新路径。为实现灵芝产业的持续繁荣，冠县精心构建了一套全方位、高标准的全产业链体系，并特邀李玉院士等7位业界权威担任首席顾问及专家团队，为产业发展提供智力支持与战略引领。

在科技赋能方面，冠县积极拥抱智慧农业，运用现代科技手段为灵芝产业插上翅膀，显著提升其附加值与竞争力。同时，冠县在销售渠道上勇于创新，不仅巩固并优化了传统线下市场，更将电商作为重要引擎，打造多元化电商平台与"聊·胜一筹！"等特色品牌，通过直播带货等新兴模式，让冠县灵芝产品跨越地域限制，触达更广阔的消费群体，品牌影响力与日俱增。

此外，冠县还深入挖掘灵芝的文化内涵，将健康养生、创意艺术等元素融入第三产业，推出灵芝文旅产品，打造独具特色的灵芝文化品牌，不仅丰富了当地的旅游体验，也为灵芝产业开辟了新的增长点。在品牌塑造上，冠县通过举办中国·冠县灵芝全产业链高质量发展大会等高端活动，强力推出"冠县灵芝冠九州"的品牌形象，赢得了国内外市场的广泛认可。冠县也因此荣获"灵芝生产强县"的美誉，冠县灵芝更是成为聊城"新三宝"之一，并被纳入全国名特优新农产品名录，彰显了其卓越品质与市场地位。

如今，冠县灵芝产业已蔚然成风，成为全国领先的种植与贸易基地。万余个绿色养殖大棚覆盖广袤土地，年产灵芝及其制品超过万吨，年产值高达数十亿元。产业链上下游企业众多，国家级示范社竞相涌现，共同绘制出一幅乡村振兴的壮丽画卷。冠县灵芝产业的成功实践，不仅为当地经济注入了强劲动力，更为全国乃至全球的乡村振兴提供了宝贵经验与启示。

参考资料

1.学习强国·聊城学习平台：《山东省聊城市冠县：灵芝产业集群走向高质量发展"快车道"》。

2.学习强国·聊城学习平台：《富民兴农｜山东省聊城市冠县：实施全产业链绿色发展模式打造冠县灵芝乡村振兴百亿产业》。

3.新华网：《山东冠县：小灵芝开出乡村振兴"致富花"》。

案例 25　千古奇丐武训

案例结构

千古奇丐武训	武训简介
	遭遇不公决心办学
	在逆境中筑梦教育公平

案例目标

1.了解武训先生创办学校的过程及为教育事业无私奉献的一生。分析武训先生在办学过程中遇到的困难和挑战，以及他是如何克服这些困难创办学校的，从而去感受教育事业的重要意义。

2.通过武训先生的事迹来思考理解我国优先发展教育事业和实现教育公平的重要意义，从而掌握新时代办好教育的相关举措。

案例摘要

武训生于清朝末期，是当时中国社会底层的一名贫苦农民。他从小失去了父母，靠乞讨度日。然而，他并没有放弃自己，而是克服种种苦难和质疑，逐渐成为一位有名的教育

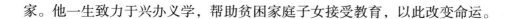

家。他一生致力于兴办义学，帮助贫困家庭子女接受教育，以此改变命运。

案例正文

武训简介

武训先生作为中国近代教育史上一位独树一帜的先驱，以其非凡的毅力与深邃的情怀，成为群众办学的光辉典范，同时也是享誉世界的平民教育家与慈善家的杰出代表。诞生于 1838 年的武训，自幼便承载着生活的艰辛与不易。武训在 7 岁时丧父，家道中落，在颠沛流离与佣工生涯中度过了童年，他屡遭欺凌，更因目不识丁而饱受雇主欺骗，三年血汗钱竟被一纸假账轻易抹去。此番经历，让他深刻体会到文盲之苦，立下宏愿，誓要通过行乞之路，点亮教育之光。

自 20 岁起，武训先生毅然踏上了一条非同寻常的道路——以乞丐之身，行教育之善。38 年如一日，他白昼穿梭于市井之间，以乞讨为生；夜幕降临时，则埋头于纺线绩麻，生活之简朴，令人动容。粗茶淡饭，草席为伴，他舍弃了凡尘的一切享受，只为心中那份对教育的执着与热爱。

武训先生的善行与坚持，如同一股清流，逐渐汇聚成海，深深打动了社会各界。其中，山东巡抚张曜更是被其高尚情操所折服，特地向光绪帝举荐，武训最终荣获"乐善好施"的御赐匾额，这是对他一生贡献的最高赞誉。他的故事，跨越时空的界限，被后人广为传颂，被誉为"千古奇丐"，在中国历史上留下了浓墨重彩的一笔，成为唯一一位以乞丐身份被正式载入史册的传奇人物。

遭遇不公决心办学

武训先生之所以在历经世间沧桑后毅然决然地踏上办学之路，根源深植于他个人饱受欺压与剥削的苦难经历，以及他对知识价值的深刻觉醒。他幼时丧父，加之连年灾荒，不得不与母亲相依为命，四处流浪乞讨，生活的艰辛早早在他心中刻下了烙印。母亲离世后，他寄身于一富户家中，勤勉工作换来的却是雇主的无情欺骗——利用他的文盲之便，伪造账目侵吞了他的血汗钱。面对对方的狡辩与反诬，武训先生痛定思痛，深刻意识到知识的力量与缺失知识所带来的无助与被动。

于是，他做出了一个改变命运的决定：重拾乞讨生涯，但此行的目的已远非往昔。他身着补丁累累的衣裳，肩扛布囊，手持铜勺，穿梭于市井之间，夜以继日地乞讨，只为心中那份崇高的教育梦想。他从乞讨所得中挑出稍好的衣食变卖成资，自己却甘于粗茶淡饭，甚至忍受发霉食物的苦涩，这份牺牲与坚持，直指对社会的回馈与对未来的投资。

武训先生的壮举，不仅是他个人对不公命运的抗争与超越，更是他对教育公平与社会正义的深切呼唤。他深知，唯有教育方能点亮心灵的灯塔，防止更多的孩子步其后尘，陷入无知与被欺压的境地。因此，他倾尽所有，只为给那些渴望知识的孩子搭建起一座座知识的桥梁，让希望的种子在他们心中生根发芽。

武训先生的事迹，如同一座不朽的丰碑，不仅在中国历史的长河中熠熠生辉，更激励着后来者不断前行，在追求教育公平与正义的道路上勇往直前。

在逆境中筑梦教育公平

武训先生深谙教育的深远意义与价值，坚信教育是穷苦人民挣脱命运枷锁、改写人生篇章的关键钥匙。因此，他毅然踏上了办学的道路，即便前路布满荆棘与挑战，其信念也如磐石般坚定不移。在追求教育梦想的征途中，武训先生首当其冲遭遇的是社会舆论的压迫。彼时，教育被视为权贵阶层的专属领地，与贫困大众似乎格格不入。当武训先生提出兴办义学、普惠寒门子弟的愿景时，质疑与误解如潮水般涌来，冷言冷语不绝于耳。然而，他并未因此退缩，反而以更加坚定的步伐前行，用实际行动诠释着教育的无界与力量。

资金筹措是武训先生办学路上的又一座大山。出身贫寒的他，无依无靠，唯有依靠自己的双手与不屈的意志，穿梭于市井之间，以乞讨和募集善款为生。饥寒交迫、恶意中伤，这些磨难非但没有击垮他，反而更加坚定了他的信念。他深知，每一份善款都承载着改变命运的希望，因此倍加珍惜，不懈努力。

办学场地的寻觅与优秀师资的招募，也是武训先生面临的挑战之一。他不辞辛劳，四处奔波，只为寻找一片能够孕育知识与梦想的净土。同时，他更是以诚挚之心，广开才路，虽然当时教师职业待遇微薄，但他凭借个人的魅力与对教育的执着追求，成功吸引了一批志同道合的优秀教师加入他的行列。

更为艰难的是，武训先生还需应对来自外界的恶意攻击与破坏。面对这些不公与诽谤，他始终保持着一颗平和而坚韧的心，坚信自己的道路是正确的，是为了更多贫寒人家孩子的未来而铺就的。他的坚持与勇气，最终赢得了更多人的理解与支持。

武训先生的办学之路，实则是一场对教育公平的不懈探索与追求。他用自己的行动打破了教育的阶级壁垒，让知识的光芒普照到每一个渴望学习的角落。这一壮举，不仅为贫困孩子点亮了希望之灯，更为整个社会的进步与发展注入了强大的动力。

参考资料

1. 朱鹰：《武训传》。
2. 王君怡：《陶行知对"武训精神"的再造与传承》。

案例 26　聊城口袋公园引领公共服务新风尚

案例结构

聊城口袋公园引领公共服务新风尚	口袋公园的诞生与愿景
	口袋公园带来的生活变革
	口袋公园引领的城市新篇章

案例目标

1. 了解口袋公园作为城市公共空间的创新形式的产生背景及作用。
2. 通过对口袋公园的了解，进一步感受城市在绿色发展、人文关怀和社会和谐方面的积极探索。

案例摘要

聊城口袋公园，作为聊城市中心区域的绿化亮点，充分响应党和国家对民生福祉的高度重视，巧妙利用城市零星空地，经过精心设计，蜕变为集休闲、娱乐、文化与生态功能于一体的公共空间。公园内绿意盎然，花香弥漫，景观别致且设施完备，市民与游客可在此悠闲散步、健身锻炼，欣赏音乐喷泉，深刻感受城市的盎然生机与深厚的文化底蕴。此外，口袋公园更巧妙融入聊城本土文化元素，彰显城市历史特色，不仅成为市民休闲娱乐的理想场所，更作为展示聊城城市形象的重要窗口，让市民与游客在亲近自然的同时，深刻体验城市文化的魅力。这一项目的成功实施，充分展示了聊城市在提升公共服务能力、增进民生福祉方面的积极探索与显著成效。

案例正文

口袋公园的诞生与愿景

在聊城这座历史悠久而又充满活力的城市中，随着城市化进程的加速，高楼大厦如雨后春笋般涌现，而市民对于绿色空间的需求却日益迫切。如何在有限的土地资源中，为市民创造更多的休闲绿地，成为聊城市政府面临的一大挑战。正是在这样的背景下，口袋公园应运而生，成为聊城市政府回应市民需求、提升城市品质的重要举措。

口袋公园的诞生，源于一个简单而美好的愿景——让绿色走进每一个市民的生活。这些小巧而精致的公园，如同城市的口袋，虽然面积不大，却能装满绿意和生机。它们巧妙地镶嵌在高楼林立的都市之中，为市民提供了一片片宁静的绿洲，让人们在繁忙的生活中也能找到片刻的宁静与欢愉。

在聊城市政府的推动下，口袋公园的建设迅速铺开。从最初的规划设计到后来的施工建设，每一个环节都凝聚着设计师、工程师及广大市民的心血和智慧。他们用心打造每一个口袋公园，力求将其打造成既美观又实用的城市绿洲。

口袋公园带来的生活变革

随着一个个口袋公园的建成开放，聊城市民的生活发生了翻天覆地的变化。这些口袋公园不仅美化了城市环境，提升了城市的整体形象，更重要的是，它们为市民提供了一个个亲近自然、休闲娱乐的好去处。

对于老年人来说，口袋公园成为他们晨练、散步、聊天的理想场所。在这里，他们可以呼吸到新鲜的空气，欣赏到美丽的风景，与朋友分享生活的点滴快乐。对于年轻人和儿童来说，口袋公园则是一个充满乐趣和活力的地方，他们可以在这里打篮球、踢足球、荡秋千，尽情释放青春的活力。

除了休闲娱乐之外，口袋公园还承载着更多的社会功能。它们成为社区文化的展示窗口，通过举办各种文化活动和社会公益项目，促进了邻里之间的交流与和谐。同时，口袋公园还发挥着生态环保的重要作用，通过种植绿色植物、建设雨水花园等措施，有效改善了城市的生态环境质量。

口袋公园引领的城市新篇章

展望未来，聊城口袋公园在增进民众福祉的蓝图上描绘出振奋人心的前景。聊城市政府对于城市绿化与公共空间的坚定承诺与持续的资金注入，预示着口袋公园的数量将迎来显著增长，而其品质与功能性也将实现质的飞跃。技术创新与设计理念的革新，正引领口袋公园建设步入一个创意无限、潜力巨大的新时代，同时也伴随着前所未有的挑战与广阔的发展空间。

在此过程中，聊城市政府尤为强调口袋公园的文化内涵与特色塑造，致力于挖掘并彰显聊城深厚的历史文化底蕴与独特的地域风情。通过将本土文化精髓巧妙融入口袋公园规划之中，每一座口袋公园都将成为展现聊城魅力、传递城市记忆的独特风景线。这样的设计不仅满足了市民对绿色生活的向往，更成为传承城市文化、增强文化自信的重要载体。

展望未来，聊城的口袋公园将更加紧密地融入市民的日常生活，成为他们放松身心、增进交流的理想之地。这些口袋公园不仅提供了宜人的自然环境，更在促进社区凝聚力、提升居民幸福感方面发挥着不可替代的作用。随着口袋公园网络的日益完善，它们将成为聊城城市形象的新亮点，以其独特的魅力和多元化的功能吸引更多目光，为城市的可持续发展注入源源不断的活力与动力。在这片充满生机的绿色空间中，市民的幸福生活将得到更加坚实的保障。

参考资料

1. 郭汉月：《城市"口袋公园"的设计与思考》。

2. 赵彤，陈嘉欣，黄雅楠，等：《小微公共空间发展现状及景观评价指标体系建设研究》。

3. 周聪惠：《口袋公园规划设计原理与方法》。

案例 27 聊城检察版"枫桥经验"——"白云热线"

聊城检察版"枫桥经验"——"白云热线"	"白云热线"为民服务
	"白云热线"解民忧难
	"白云效应"温暖民心
	"白云热线"薪火相传
	聊城检察版"枫桥经验"
	"白云热线"构建社会治理新格局

案例目标

1. 了解"白云热线"设立的过程和作用,加深对中国特色社会主义社会治理的认识。

2. 全面看待"白云热线"的成效,理解"枫桥经验"在聊城生根发芽的生动实践,感悟社会建设不断增强人民群众的获得感、幸福感、安全感,进而认同中国特色社会主义制度。

案例摘要

2003 年 11 月 8 日,聊城市东昌府区检察院开通了以白云的名字命名的法律咨询便民服务热线——"白云热线"。"白云热线"析法劝和、答疑解惑,平息了一场场纠纷,温暖了群众的心,在群众中有很高的声誉,成为百姓心目中的"贴心线""平安线""幸福线"。20 多年来,"白云热线"始终坚持以人民为中心,不断探索创新,建设了多个平台,实现了区域全覆盖,构建社会治理新格局,被誉为聊城检察版"枫桥经验"。

案例正文

"白云热线"为民服务

在山东聊城,白云的名字几乎人尽皆知。1979 年,白云从部队转业到聊城检察系统,他竭诚为民服务,赢得了老百姓的广泛赞誉。从检以来,白云 68 次立功受奖,曾被授予"全国先进工作者""全国模范军队转业干部""中国十大杰出检察官""全国模范检察官"

等荣誉称号，并光荣当选为中共十六大、十七大代表。

随着知名度的提高，找他反映问题、解决难题的人越来越多。为及时倾听民意、为民解忧，2003 年 11 月 8 日，聊城市东昌府区检察院采纳了白云的建议，开通了以白云的名字命名的法律咨询便民服务热线——"白云热线"，由检察官 24h 轮流接听。热线的职能是依法进行法律咨询，释疑解惑，排忧解难，为民服务。

除了接听热线电话，白云每天都要接访，少则三五起，多则七八起，最多的一天接待过 11 起来访群众。无论是集体上访，还是夫妻离婚，群众的每一次求助，白云不管分内分外，都认真倾听，真心帮助。据统计，"白云热线"处理的问题中检察业务占比不到 10%，群众反映的问题 96% 以上得到了妥善解决。

"白云热线"解民忧难

热线开通不久，民营老板吕爱卿来检察院找到白云，拉着白云的手，"扑通"一声跪在地上以示感谢。原来，他与人产生经济纠纷，打官司弄得家徒四壁，而官司迟迟没有结案，机器设备被封存不能使用。一次次申诉、追讨都失望而归，他对生活感到绝望，迁怒于司法机关，想以死报复政法干部。白云听完事情的原委，感到事态严重，马上向院党组汇报了情况，并随即与相关部门取得联系，把对方请到检察院沟通协商。为了让吕爱卿回心转意，放弃无妄的念想，白云不厌其烦地给双方做工作，既讲法律政策，析法明理，又体量吕爱卿面临的生活难题。几经努力，被查封的机器终于解封，回到他的手中，缓解了生活困难。吕爱卿泪流满面地说："都说'白云热线'为老百姓办事，真是一点不假。"

"白云效应"温暖民心

白云的工作热情和人格力量获得了人们的普遍赞誉。王春喜是白云相处十几年的老邻居，他感慨地说："白云是我一生中最佩服的人。有一次，他的战友因为案子的事来找他，带来一个西瓜，人家还没走，他先抱着西瓜在门口等着了。所以，大家都知道给他送礼行不通，干脆不送了。可是，对待老百姓的事，他却比谁都热心。"

东昌府区检察院原检察长李怀景说："人都有七情六欲，都有亲戚朋友，但白云从来没有收过当事人一分钱的礼品，没有吃过当事人一顿饭。分管信访工作后，他对每个来访群众都尽心尽力帮助，群众有事情都愿意对他讲。他的事迹都是平平常常的小事，每个人都可以做到，但是要想几十年坚持做下去，不容易。"

"白云热线"工作人员念以新说："白云对于每个来访者都是满怀真情地对待。有时候，老百姓即使解决不了问题，也愿意找他诉诉苦。他常对我们说，虽然有很多事我们管不了，但只要我们认真听群众说话，真心帮他们解决问题，哪怕是给他们出出主意、指指路，群众都会高兴得不得了。检察官的职责虽然有限，但为人民服务的事业无限。"

"白云热线"成为反映社情民意的"寒暑表"，白云也在群众中获得了极高的声望和威信。东昌府区道口铺乡高马村一位老大娘，把印有白云照片的杂志封面贴到堂屋的正墙上。她说："俺不认识这位白检察长，但看到他的照片心里热乎，他是给老百姓说话办事的好官啊！"

"白云热线"薪火相传

从一个代表到一个团队，从一个白云到一代又一代"新白云"……时至今日，已走过了 20 余年！

从全国模范检察官白云，到全国"双百政法英模"念以新，他们所在的聊城市东昌府区人民检察院被授予全国"人民满意的公务员集体"称号。这是一个英模辈出的群体，这是一条服务千家万户的热线，它已成为全国检察机关知名品牌，成为百姓心目中的"贴心线""平安线""幸福线"。

2010 年，白云同志退休，但是"白云热线"和"白云精神"没有退休。念以新等长期和白云一起工作的同事从守在电话旁的接线员、调解过程中的记录员，成长为"白云热线"新一代接班人。

聊城检察版"枫桥经验"

"接电话只是第一步"，在"白云们"看来，真能解决问题、解决真问题，才让"白云热线"走进老百姓心里。"白云们"不断探索实践创新，拓展"白云热线"的职责范围，成立"白云热线为民驿站"，开通"白云热线防诈专线"，成立"白云热线老兵工作室"，并将服务延伸至机关、企业、学校、社区、农村等不同行业和领域，实现区域全覆盖。同时，对服务进行"提档升级"，开创了"直接受理、直接办理、直接回复"的"一站式"检察办案模式，为热线注入新的生命力，被誉为聊城检察版"枫桥经验"。

"为民"一时易，长期服务难。开通 20 多年来，"白云热线"受理热线电话 41000 多个，化解社会矛盾 7500 多件，为老百姓办实事 1800 多个，单日最多来电 113 个；最长一通电话打了 10 个多小时，近 610min；最远来电，来自津巴布韦的一位华侨……

"白云热线"构建社会治理新格局

2023 年 11 月 29 日，聊城市东昌府区人民检察院召开"白云热线"创新发展推进会媒体采访行活动，记者们首先观看了《白云热线二十年（口述历史）》纪录片。

随后，东昌府区检察院党组书记、检察长孙吉祥向与会记者详细介绍了"白云热线"工作做法、成效等相关情况。"'白云热线'20 年一路走来，历经岁月考验，创新丰富发展，形成了服务群众优势、统筹协调优势、典型引领优势、品牌效应优势的四大独特优势。"孙吉祥说，"我们将继续秉持'以人民为中心'的发展理念，持续打造好涉法涉检信访实质性化解平台、控告申诉案件反向审视研判平台、政法综治领域'一站式'矛盾纠纷化解平台、法治宣传教育平台、青年干警群众工作能力实训平台等'五个平台'。"

"白云热线"由一个人变成了一个群体，由一条线变成了一面旗帜，由服务热线发展为"五个平台"，由东昌府区检察院发展到聊城市全部检察机关，实现了区域全覆盖，"白云热线"引领构建社会治理新格局。

参考资料

1. 新华网:《山东聊城副检察长白云和"白云热线"》。

2. 检察日报:《一朵白云的初心——记"全国模范检察官"、聊城市东昌府区检察院原副检察长白云》。

3. 山东法制传媒网:《山东聊城东昌府区检察院举办"白云热线"创新发展推进会》。

4. 闪电新闻:《聊城"白云热线"20 岁了! 受理电话 4.1 万个、化解矛盾 7500 多件》。

案例 28　孔繁森:推进少数民族建设事业的发展

案例结构

孔繁森:推进少数民族建设事业的发展	大力发展教育事业
	致力于经济发展和产业建设
	关心民生福祉

案例目标

1. 了解孔繁森在推进少数民族地区建设事业中的主要事迹和贡献。

2. 理解中国特色社会主义社会建设的内涵和重要意义。

3. 激发对少数民族地区发展的关注和关心,增强民族自豪感和团结意识。

案例摘要

孔繁森在西藏工作期间,全身心投入少数民族地区建设事业中,留下了许多感人至深的事迹,他用自己的行动诠释了对少数民族地区建设事业的无限忠诚和热爱,他的精神永远激励着后人。

案例正文

孔繁森在西藏工作期间,为推进少数民族地区建设事业的发展付出了巨大的努力,作出了众多突出贡献。

大力发展教育事业

在发展教育事业方面，孔繁森不辞辛劳地奔波于各个偏远乡村。有一次，他听闻一个偏远牧区的学校因为缺乏教师和教材，教学工作几乎停滞。他立即骑马前往，一路上翻山越岭，历经数天的艰苦行程才到达。到达后，他与当地干部和群众交流，了解到孩子们渴望知识却没有条件读书。于是，他回到县城后，积极协调各方资源，不仅为学校调配了教师和教材，还争取到资金修建了新的校舍。为了鼓励孩子们上学，他经常走进牧民的帐篷，耐心地向家长们讲述知识改变命运的道理。

- 深入偏远地区调研教育状况：孔繁森不顾高原地区的艰苦条件，跋涉在崇山峻岭之间，走访了许多学校和教学点，了解教育资源的匮乏和学生的需求。
- 积极改善办学条件：他多方筹措资金，为学校修建教室、购置教学设备，努力改善教学环境。
- 鼓励藏族孩子上学：他亲自到藏族群众家中，宣传教育的重要性，鼓励家长送孩子上学读书，提高了当地的入学率。

致力于经济发展和产业建设

在推动经济发展和产业建设方面，孔繁森深入研究当地的地理环境和资源优势。他发现某个地区的草原适合发展特色畜牧业，但由于牧民缺乏科学的养殖技术和市场意识，收入一直不高。孔繁森亲自组织牧民进行培训，邀请专家传授养殖知识，还帮助他们联系市场，拓宽销售渠道。经过一段时间的努力，该地区的畜牧业逐渐形成规模，牧民的收入大幅提高。此外，他还积极推动当地的手工业发展。在一个小镇上，孔繁森发现藏族传统的手工艺品制作精美，但缺乏推广和销售渠道。他亲自带着样品到外地寻找商机，与商家洽谈合作，最终使当地的手工艺品打开了市场，为藏族群众带来了丰厚的收入。

- 带领群众发展牧业：孔繁森深入研究当地的牧业发展状况，引进先进的养殖技术和管理经验，帮助牧民提高牲畜的养殖质量和数量，增加了牧民的收入。
- 推动特色产业发展：他根据当地的资源优势，积极推动特色手工业和旅游业的发展，为当地经济开辟了新的增长点。

关心民生福祉

在关心民生福祉方面，孔繁森总是把群众的冷暖放在心上。有一年冬天，他在走访中遇到一位孤寡老人，老人居住的房屋破旧不堪，无法抵御严寒。孔繁森当即脱下自己的棉衣给老人穿上，并马上安排人员为老人修缮房屋。他还定期给老人送来生活用品，关心老人的身体状况。在一次地震后，许多家庭失去了住所和亲人，孔繁森第一时间赶到灾区，他看到三个年幼的藏族孤儿在寒风中瑟瑟发抖，便毫不犹豫地决定领养他们。尽管自己的生活也不富裕，但他省吃俭用，给孩子们购买食物和衣物，让他们感受到家庭的温暖。

- 关爱孤寡老人和贫困家庭：孔繁森经常自掏腰包为他们购买生活用品，解决他们的实际困难。

• 领养藏族孤儿：在地震灾区，孔繁森领养了三个失去亲人和家园的藏族孤儿，用自己微薄的工资抚养他们成长，给予他们家庭的温暖和关爱。

孔繁森以无私奉献的精神和实际行动，为西藏少数民族地区的建设和发展作出了不可磨灭的贡献。他的事迹成为广大党员干部学习的楷模，激励着更多人为民族团结和地区发展努力奋斗。

参考资料

1. 高杉：《孔繁森的初心可以这样讲》。
2. 吴文立：《新时代孔繁森精神研究》。

中国特色社会主义生态文明建设

原文摘编

1. 碧水保卫战要促进"人水和谐"。统筹水资源、水环境、水生态治理，深入推进长江、黄河等大江大河和重要湖泊保护治理。扎实推进水源地规范化建设和备用水源地建设，保障好城乡饮用水安全。加快补齐城镇污水收集和处理设施短板，因地制宜开展内源污染治理和生态修复，基本消除城乡黑臭水体并形成长效机制。建立水生态考核机制，加强水源涵养区和生态缓冲带保护修复，保障河湖生态流量，维护水生态系统健康。继续抓好长江十年禁渔措施落实，做好跟踪评估。坚持陆海统筹、河海联动，持续推进重点海域综合治理。以海湾为基本单元，"一湾一策"协同推进近岸海域污染防治、生态保护修复和岸滩环境整治，不断提升红树林等重要海洋生态系统质量和稳定性。继续抓好美丽河湖、美丽海湾建设。

——习近平：《以美丽中国建设全面推进人与自然和谐共生的现代化》《求是》
（2024 年第 1 期）

2. 党的十八大以来，我们把生态文明建设作为关系中华民族永续发展的根本大计，开展了一系列开创性工作，决心之大、力度之大、成效之大前所未有，生态文明建设从理论到实践都发生了历史性、转折性、全局性变化，美丽中国建设迈出重大步伐。我们从解决突出生态环境问题入手，注重点面结合、标本兼治，实现由重点整治到系统治理的重大转变；坚持转变观念、压实责任，不断增强全党全国推进生态文明建设的自觉性主动性，实现由被动应对到主动作为的重大转变；紧跟时代、放眼世界，承担大国责任、展现大国担当，实现由全球环境治理参与者到引领者的重大转变；不断深化对生态文明建设规律的认识，形成新时代中国特色社会主义生态文明思想，实现由实践探索到科学理论指导的重大转变。经过顽强努力，我国天更蓝、地更绿、水更清，万里河山更加多姿多彩。新时代生态文明建设的成就举世瞩目，成为新时代党和国家事业取得历史性成就、发生历史性变革的显著标志。

——习近平在全国生态环境保护大会上强调：全面推进美丽中国建设
加快推进人与自然和谐共生的现代化，《人民日报》（2023 年 07 月 19 日 01 版）

3. 党中央高度重视荒漠化防治工作，把防沙治沙作为荒漠化防治的主要任务，相继实施了"三北"防护林体系工程建设、退耕还林还草、京津风沙源治理等一批重点生态工程。经过 40 多年不懈努力，我国防沙治沙工作取得举世瞩目的巨大成就，重点治理区实现从"沙进人退"到"绿进沙退"的历史性转变，保护生态与改善民生步入良性循环，荒漠化区域经济社会发展和生态面貌发生了翻天覆地的变化。荒漠化和土地沙化实现"双缩减",风沙危害和水土流失得到有效抑制,防沙治沙法律法规体系日益健全,绿色惠民成效显著,铸就了"三北精神",树立了生态治理的国际典范。实践证明,党中央关于防沙治沙特别是"三北"等工程建设的决策是非常正确、极富远见的,我国走出了一条符合自然规律、符合国情地情的中国特色防沙治沙道路。

——习近平在内蒙古巴彦淖尔考察并主持召开加强荒漠化综合防治和推进"三北"等
重点生态工程建设座谈会时强调:勇担使命不畏艰辛久久为功
努力创造新时代中国防沙治沙新奇迹,《人民日报》(2023年06月07日01版)

案例29　聊城东昌湖:碧水重生与生态文明保护的壮丽篇章

案例结构

聊城东昌湖:碧水重生与生态文明保护的壮丽篇章	碧水重生:科学治理与生态复苏的见证
	生态文明保护的深入探索与全面实践

案例目标

1. 了解聊城东昌湖生态治理的方式方法及取得的成效。

2. 通过对聊城东昌湖治理的了解,自觉参与本地生态环境保护治理行动,从身边小事做起,自觉为建设美丽中国作贡献。

案例摘要

聊城东昌湖曾因环境污染而面临生态危机,但在聊城市政府的科学治理下实现了碧水重生。政府通过截污纳管、生态修复等措施,显著改善湖泊水质,恢复生态平衡。同时,聊城市深入探索生态文明保护,出台政策推动绿色转型,普及环保理念,实现了经济社会与生态环境的协调发展。东昌湖的碧水重生成为聊城市生态文明建设的典范。

案例正文

在鲁西大地的怀抱中,聊城东昌湖犹如一颗璀璨的明珠,静静地镶嵌在城市之中。然而,岁月流转,曾几何时,这颗明珠也遭遇了环境污染的侵袭,但幸运的是,聊城市政府及时响应,以壮士断腕的决心和科学治理的智慧,开启了一场东昌湖的生态拯救行动。如今,东昌湖不仅恢复了往日的碧水蓝天,更成为聊城市生态文明建设的亮丽名片。

碧水重生：科学治理与生态复苏的见证

聊城东昌湖，作为聊城市的一颗璀璨明珠，曾因环境污染而面临生态危机。然而，在聊城市政府的有力推动下，东昌湖经历了一场深刻的生态变革，实现了碧水重生的壮丽景象。

具体而言，聊城市政府采取了多项科学治理措施。首先，通过截污纳管工程，有效阻断了外源污染进入湖泊的路径。其次，对入湖河流进行了全面清淤，提升了河流自净能力。最后，实施了生态修复工程，投放了大量水生植物和底栖动物，构建了完整的水生生态系统，提高了湖泊的自我修复能力。

在东昌湖生态修复过程中，政府引入了多种具有净化水质功能的水生植物，如芦苇、香蒲等。这些植物不仅美化了湖岸线，还通过吸收水中的氮、磷等营养物质，有效降低了水体富营养化程度，改善了湖泊水质。同时，政府还鼓励市民参与湖泊保护，定期举办清洁湖面志愿服务活动，形成了全社会共同保护东昌湖的良好氛围。

经过一系列治理措施的实施，东昌湖的水质得到了显著提升。如今，湖水清澈见底，水生生物种类繁多，生态景观得到了全面恢复。东昌湖的碧水重生不仅为市民提供了一个休闲娱乐的好去处，也为城市的生态文明建设树立了典范。

生态文明保护的深入探索与全面实践

在碧水重生的基础上，聊城市政府进一步将生态文明保护的理念融入城市发展的方方面面。

首先，在政策引领方面，聊城市政府出台了一系列生态文明保护的政策措施和法规文件。例如，《聊城市水环境保护条例》和《聊城市河道管理办法》等法规的出台，为河湖长制工作提供了法律保障，明确了各级河湖长的责任和义务，推动了河湖长制工作的落实和深化。

其次，在绿色转型方面，聊城市政府积极推动产业绿色转型和升级。通过实施严格的环保标准和政策引导，鼓励企业采用环保的技术和生产方式，减少污染排放和资源消耗。同时，大力发展绿色产业和循环经济，推动经济社会的可持续发展。例如，聊城市在推广工业节水技术方面取得了显著成效，全市再生水利用占比较 2018 年提高了 2%。

最后，聊城市政府还注重生态文明理念的普及和教育。通过学校教育、社区宣传、媒体传播等多种方式，提高市民的环保意识和生态文明素养。同时，深入挖掘和传承地方生态文化，打造具有地域特色的生态文明品牌。例如，聊城市在"全国生态日"期间组织志愿者到东昌湖湿地开展环保活动，宣传生态保护知识，引导市民积极参与生态文明建设。

综上所述，聊城东昌湖的碧水重生与生态文明保护的壮丽篇章是聊城市政府科学治理与生态保护的生动实践。通过一系列科学治理措施和生态文明保护政策的实施，聊城市不仅实现了东昌湖的碧水重生，还推动了城市经济社会的全面绿色转型和可持续发展。

参考资料

1. 解传奇：《东昌湖人工湿地的保护与利用研究》。
2. 张晓云：《东昌湖水环境管理现状与对策研究》。

案例30 "马西绿洲"天然氧吧

案例结构

"马西绿洲"天然氧吧	人与自然和谐共生
	绿水青山就是金山银山

案例目标

1. 理解人与自然和谐共生的理念，明白人与大自然的关系。
2. 理解"绿水青山就是金山银山"的内涵，明白经济发展和生态环境保护之间的关系。

案例摘要

20世纪50年代初，莘县境内的黄河故道形成了高低起伏的沙丘荒漠，风沙危害严重。为了改善这一状况，国营王奉苗圃于1950年建立。经过一段时间的发展，1962年经省人民委员会批准，该苗圃改名为国营王奉林场，面积达到2907.9亩（1亩 = 666.67m^2）。1980年定名为国营莘县马西林场。此后，马西林场开始大规模的植树造林活动，致力于治理沙荒。如今马西林场在经济效益上实现了多元化的发展，不仅直接提供林产品，还通过改善生态环境、促进农业发展及发展生态旅游等方式，为当地经济带来了持续的增长动力。

案例正文

人与自然和谐共生

在莘县的悠久历史中，黄河故道曾遗留下连绵起伏、风沙肆虐的沙丘地带，对当地生态构成了严峻挑战。20世纪50年代初，国家采取行动，在莘县设立了国营王奉苗圃，旨在初步治理这一沙化区域。随后，1962年，经省级政府批准，该苗圃正式更名为国营王奉林场，占地面积达到2907.9亩，标志着沙化治理工作的进一步推进。

为加速沙荒改造与生态环境改善的步伐，1980年7月，一项重大举措实施——从邻近村落新划入8005亩沙荒地，使林场总面积激增至10912.9亩，并更名为国营莘县马西林场。自此，大规模的植树造林运动在这片广袤的沙地上轰轰烈烈地展开，旨在彻底改变沙荒面貌。

1982年，得益于世界粮食计划署的慷慨资助，总额达2000万美元的资金注入，以马西林场为核心，在马颊河以西的4个乡镇启动了宏大的"2606项目"造林计划。这一项目覆盖了超过11万亩的土地，迅速构建起一片郁郁葱葱的林海。

至 1988 年，这片曾经荒芜的沙地已蜕变为广袤无垠的绿色海洋，马西地区的人民终于战胜了长期困扰他们的风沙灾害。这一壮举不仅极大改善了当地的农业生产条件，还显著提升了居民的生活水平，书写了人与自然和谐共生的新篇章。

现在的马西林场植被景观以森林景观——杨树林为主体景观，同时兼顾其他类型。

1. 毛白杨林景观

马西林场内，镶嵌着一片蔚为壮观的毛白杨林，其面积逾 2000 亩之广，自南至北绵延不绝，宛如一条翠绿的绸带，编织出一幅连绵起伏的森林画卷。这片毛白杨林不仅是马西林场最为引人注目的自然景观，也是场区内历史的见证者，树龄悠久，每一株都承载着岁月的故事。它们的树干笔直，枝叶繁茂，相互交织成一片翠绿的穹顶，为游客提供了一片凉爽的避暑胜地。

2. 杨树林景观

场区内主要以杨树林为主，主要包括中林 46 杨、107 杨、12-7 杨等树种，面积达 4000 多亩，规模大，林相好，形成壮观的"林海"景观。在这片壮观的"林海"中漫步，不仅可以感受到大自然的雄浑与壮美，更能深刻体会到人类与自然和谐共生的理念。杨树作为速生树种，其快速的生长速度和良好的生态效益，为马西林场的生态环境改善和经济发展作出了巨大贡献。同时，这片杨树林也成为周边居民休闲娱乐、亲近自然的好去处，让人们在繁忙的生活之余，能够找到一片心灵的栖息地。

3. 经济林景观

场区内经济林主要有苹果、桃、梨、葡萄等，面积达 2000 亩，主要分布在场区以南，形成不同特色的绿化景区。经济林不仅以其春华秋实成为林场重要景观，也可开发赏花、采摘果品等参与性旅游项目。

4. 野生花草景观

林场内野生花草繁多，主要有茅草、蒲公英、野菊花、苜蓿等，还有引种栽植的葵花、蜀葵等。场区内杨树林下的天然草地和高大的杨树林共同构成可游、可憩、可赏的森林环境，是独具特色的森林植物景观。场区的野生蔬菜资源也非常丰富，主要有黄须菜、马齿苋、曲曲菜、苦菜等，可利用其开发特色美食。

5. 野生动物景观

马西林场那片浩瀚无垠、紧密相连的森林生态系统，宛如大自然的恩赐，为众多野生动物构建了一个理想的栖息与繁衍之地。在这片生机勃勃的绿海中，野生兽类悠然自得，獾、兔穿梭林间，黄鼬机敏灵动，刺猬与鼹鼠则在地下世界忙碌着，共同编织着森林的多样生命网。而林间的天空，则是鸟类自由翱翔的舞台。喜鹊的欢歌、黄雀的清脆、斑鸠的悠扬、乌鸦的深沉、麻雀的喧闹、啄木鸟的勤劳及布谷鸟那充满诗意的呼唤，交织成一首首动人的自然交响乐。成千上万只鸟儿在此安家落户，它们或色彩斑斓，或体态轻盈，以这片林海为家，展现着生命的活力与美好。

绿水青山就是金山银山

1. 林下经济促农增收

在马西林场，笔直挺拔的毛白杨林下隆起一座座食用菌大棚，这些食用菌大棚不仅不破坏原有的生态环境，反而通过科学种植实现了森林资源的最大化利用。工人们在大棚内辛勤劳作，精心培育着各种食用菌，它们的生长周期短、产量高、市场需求大，为林场带来了可观的经济效益。据估算，按照每千克菌菇售价 3 元的标准，随着一期项目 600 个拱棚的顺利建成并投入运营，年销售收入有望达到 6300 万元。这一数字不仅彰显了林下经济的巨大潜力，更为林场的长远发展注入了强劲动力。更令人欣喜的是，食用菌种植项目的成功实施，还有效解决了林场周边村民的就业问题。

2. 特色种养方兴未艾

在马西林场这片绿意盎然的土地上，一个生态循环、效益双赢的种养模式正悄然兴起。林场管理者巧妙地结合了林地环境与畜禽养殖的特点，不仅为家禽提供了天然的放养场所，还实现了种养效益的最大化。在林场内，处处能看到散养的鸡、鸭、鹅等家禽。林地里的草几天就被鸡、鸭、鹅等家禽啃光了，还省了打除草剂的费用。鹅粪等就地变为肥料，节省了林地的肥料投入，而鹅蛋、鹅肉等家禽产品，因其绿色、健康、美味的特点，深受市场欢迎。

3. 森林旅游前景广阔

聊城在践行"绿水青山就是金山银山"这一绿色发展理念上，正通过推进康复疗养、旅游观光项目，将自然生态优势转化为经济发展新动能，展现了其前瞻性的发展布局和对人民生活质量提升的深切关怀。

聊城市宜养园医养服务有限公司投资 2500 万元精心打造了占地 150 亩的综合性养老社区，集健身、休闲、垂钓、种植、养殖等多种功能于一体，为老年人提供了一个全方位、多层次的健康生活空间。而马颊河房车露营基地的建设，则是聊城在推动旅游产业升级、创新养老模式上的又一力作。该基地以"旅居＋养老"为核心，打造了一站式房车旅行综合服务平台，将传统的静态养老方式转变为动态、灵活的旅居康养模式。

参考资料

1. 大众网：《寻找外事中的红色印迹丨联合国 2606 项目让聊城马西林场风沙薄地变绿洲》。
2. 百度百科：马西林场。
3. 聊城新闻网：《绿荫之下　别有洞天——聊城市国有林场探索林下经济发展新路子》。

案例 31　聊城，一座生态文明城在崛起

案例结构

聊城，一座生态文明城在崛起	做好碧水文章，绘就水美新画卷
	推窗即见绿，城市品质再升级
	算好"环保账"，民生工程有温度

案例目标

1. 了解水是聊城的灵魂，知道聊城的水域面积，通过身边的环境变化体会蓝天碧水对生活质量的影响。

2. 了解打赢蓝天碧水保卫战的原因和意义，增强环保意识。懂得污染防治是一项长期工作，用实际行动为打赢蓝天碧水保卫战作贡献。

案例摘要

"江北水城·两河明珠"聊城充分利用河多湖广之便打造碧水工程；充分利用湿地广泛开展绿化工程，植树造林、绿化河堤等；治理水污染、大气污染和固体废弃物污染，打造蓝天工程，使聊城成为名副其实的生态文明城。

案例正文

碧水蓝天白云不再奢侈，葱茏草木四处可见，清澈河湖连珠成串，这是聊城推进生态文明建设最真实的写照和最直观的变化。近年来，市委"六个新聊城"奋斗目标正深刻改变着聊城的方方面面，记录着聊城之新、聊城之兴、聊城之变，勾勒出一幅幅河湖秀美、宜居宜业的美丽"新画卷"。

做好碧水文章，绘就水美新画卷

聊城水系发达，河湖众多，这里有北方最大的城市湖泊，是名副其实的"江北水城"。水是聊城的灵魂，在聊城，流域面积在 $30km^2$ 以上的河流有 23 条，其中 $100km^2$ 以上的有 3 条。仅市区，湖、河水域面积就多达 $13km^2$，占城区的 1/3。众多河流和湖泊的交织，让聊城形成"湖水相连，城湖相依，城在水中，水在城中"的独特水城风貌。依托水的优势，聊城持续推进"江北水城·运河古都"城市品牌建设，做大做强"水"文章，建设河湖秀美大水城、宜居宜业新聊城，打响"两河明珠"金招牌。近年来，聊城抓好京杭运河聊城段保护开发，打造全域水城，充分利用"五横六纵"骨干水系，通过工程措施，实现"互连互通""库河同蓄""五水统筹"的全域水城格局，同时，做好河湖生态治理。现在，城市环境越来越好，更多的外地年轻人选择来聊城安居乐业。

推窗即见绿，城市品质再升级

推窗见绿，转角遇见美，这对聊城市民来说不再是奢望。走在聊城，到处绿意盎然。相比往年，人居环境不断改善，城市品质不断提升，居民幸福指数不断攀升。近年来，聊城市着力打造"15 分钟生活圈"，充分利用城市边角区域建设"口袋公园"，城市环境日益改善，既有了颜值还有了温度。聊城充分依托"五横六纵"骨干水系，按照"以河代库、以堤代路、沿岸绿化、蓄水造景"的思路，沿岸植树造绿、沿河建设道路、建设公园绿地，打造处处见水、城水相融的城市形象，为城市增添了生机和活力。此外，聊城在全省率先提出创建国家森林城市建设目标，深入挖掘市城区、村镇、道路、水系、湖泊、农田林网的绿化潜力，大规模开展林业建设，扩大森林面积，增强城乡绿化，构建城乡森林生态系统。2018 年，聊城成功获得"国家森林城市"称号。目前，聊城市拥有多个国有林场、湿地公园、森林公园，还有省十佳观光果园 7 处、省市级标准化示范园 103 处，不仅改善了生态环境，在挖掘经济效益方面也有了积极的探索。

算好"环保账"，民生工程有温度

2020 年，聊城在全省率先实行秋冬季主城区公交车免费乘坐，倡导全民绿色出行，在全省乃至全国引发较大轰动。政府出补贴，市民享福利，从另一个角度讲，这是一笔清楚的"环保账"——减少了至少 10% 的机动车污染物，市民还享受到切切实实的实惠。这样的民生工程还有很多。2022 年，聊城市坚持将农村人居环境整治提升作为全面推进乡村振兴的重要内容，不断巩固提升三年行动成果，统筹推进农村改厕、污水垃圾治理、村容村貌提升等重点任务，有序推进路域环境、坑塘沟渠、农村"三线"、残垣断壁四类专项治理行动，累计建成省级美丽乡村示范村 214 个、市级美丽乡村示范村 600 个、县级美丽乡村示范村 1600 个。

近年来，聊城加快推进城市雨污分流改造，将该工程作为"我为群众办实事"的重大实践，切实改善了居民的生活环境，解决了百姓的痛点和难点。此外，持续巩固黑臭水体整治成效。目前，聊城市列入住建部和省督导的 17 条黑臭水体，全部通过长制久清评估。水更清了，城市更靓了，群众满意度越来越高。另外，聊城实施"洗城行动"，提升了聊城市区主次干道深度保洁率；实施市政基础设施维护行动，聊城主城区破旧路面得到了及时修补；持续开展补绿治裸行动，丰富了城市植被，城市更有品质和气质；对全市餐饮单位油烟情况进行拉网式全面排查治理，加强渣土运输车辆管理，规模以上企业完成了全市煤炭压减任务。聊城坚持生态保护和经济社会发展协同共进，加快一体化保护、系统化治理，着力提升发展"含绿量"。持续推进生态文明建设，聊城城市面貌将再次"蜕变"，一幅幅河湖秀美、宜居宜业的聊城新画卷正徐徐展开。

参考资料

大众网:《聊城，一座生态文明城在崛起！》。

案例 32　国家级生态示范区——聊城东阿县

案例结构

国家级生态示范区—— 聊城东阿县	生态发展优先
	全国自然教育基地——聊城东阿黄河国家森林公园
	东阿黄河国家森林公园的重要生态效应

案例目标

1. 了解习近平生态文明思想的主要内容，尊重自然、顺应自然、保护自然。

2. 通过聊城东阿县生态文明的建设了解怎样推进绿色发展，怎样建设美丽中国。

3. 了解绿色生产方式的内涵，理解推进生产方式绿色转型的意义和要求，贯彻绿色发展理念。

4. 牢固树立生态文明理念，增强节约意识、环保意识、生态意识，积极参与全民绿色行动，养成文明健康的生活风尚。

案例摘要

为深入贯彻习近平生态文明思想，落实省委、省政府关于加快推进生态文明建设的部署要求，各地积极探索"绿水青山就是金山银山"的有效转化路径。东阿县充分发挥紧靠黄河的地方优势和黄河水资源优势，开发湿地公园和黄河国家森林公园，把生态绿化和旅游、自然生态教育结合走出了本地特色发展道路。

案例正文

生态发展优先

东阿县牢固树立"绿水青山就是金山银山"理念，深入落实国家战略，先后获得国家级生态示范区、全省生态文明乡村建设工作先进县等荣誉称号。近年来，东阿县以生态优先为导向，不断增加县域"含绿量"，奋力融入黄河流域生态保护和高质量发展大局。目前，全县林地面积 16.95 万亩（1 亩 =666.67m²），黄河沿线森林覆盖率 48%，林业产业年产值达 7.8 亿元。

东阿县坚持生态立县，制定长远规划，压减焦化产能，钢铁产能全部转移，关停砂石料厂，增加绿地、湿地面积，引进医养健康项目，全力做强生态康养品牌。同时，探索建立"林长制 +N"机制，构建网格职责清单，将"一村万树"行动作为全县网格重点任务推进，利用房前屋后、院内沟旁等闲置地块发展经济林木，村集体统一规划、统一购苗、统一种植，村民管理。

东阿县用好环境优势，以贯通互连的 8 条河流干渠为支撑，以口袋公园、美丽村庄等为节点，构建起"一带八廊多点"的县域城乡森林生态体系。用好产业优势，以创建国家林下经济示范基地为载体，推行"公司 + 党建 + 合作社 + 农户"模式，加快推进林下种养殖产业发展。用好文旅优势，聚焦黄河与乡村振兴两大战略深度融合，以东阿黄河国家森林公园为核心，深挖沿黄河村庄文化底蕴，建设以艾山、鱼山和香山为支撑的黄河康养旅游度假区，开通黄河生态文化、阿胶康养、红色研学、魅力乡村 4 条精品旅游线路，加快形成黄河森林康养旅游目的地。

全国自然教育基地——聊城东阿黄河国家森林公园

在由中国林学会举办的 2023 中国自然教育大会上，东阿黄河国家森林公园管理服务中心被授予"全国自然教育基地（学校）"，为聊城市入选的两家单位之一。东阿黄河国家森林公园是全国首家平原上建起的国家级黄河森林公园，森林覆盖率 72%，内有植物 67 科 237 种，其中，国槐、皂角、香椿等古树资源 91 株，野生动物 300 余种，园区内自然景观优美，资源开发利用前景广阔。本次入选全国自然教育基地，是该单位充分发掘利用生态资源优势，结合自身特色，精心开展自然教育活动所取得的成绩，同时也为聊城的公众科普教育服务提供了一个重要平台，为聊城开展自然教育活动提供了基础场所保障。

东阿黄河国家森林公园的重要生态效应

维持生物多样性。丰富的动植物栖息地，为各种野生动物提供了丰富的食物来源和栖息场所。这些生物在公园内繁衍生息，形成了复杂的生态系统。

调节气候，降温增湿。大面积的森林植被通过蒸腾作用向空气中释放大量水汽，增加空气湿度，改善周边地区的小气候；同时，森林的蒸腾作用还能吸收大量热量，起到降温的作用，缓解城市热岛效应。

调节气温变化幅度。森林的存在使得区域内气温变化相对较为平缓，减少了极端气温的出现频率。在夏季，森林可以遮挡阳光直射，降低地表温度；在冬季，又能起到一定的保温作用，减少热量散失。

保持水土，防止水土流失。茂密的森林植被可以有效减少雨水对土壤的冲刷，根系能够固定土壤，防止土壤侵蚀，特别是在黄河岸边及引黄干渠两侧，对于保护黄河流域的水土资源具有重要意义；能减少泥沙进入黄河，降低黄河的含沙量，对维护黄河的生态安全起到积极作用；森林能够吸收和储存大量的雨水，通过土壤渗透和植被蒸腾等过程，调节地表径流和地下水位。在雨季，森林可以储存多余的雨水，减少洪水的发生；在旱季，又能缓慢释放水分，维持周边地区的水源供应。

生态旅游与教育价值。东阿黄河国家森林公园以其独特的自然风光和丰富的生态资源，吸引了大量游客前来观光旅游。生态旅游的发展不仅为当地带来了经济收益，还提高了人们对生态环境保护的认识和重视程度。公园作为一个天然的生态教育基地，为人们提供了了解自然、学习生态知识的机会。通过开展生态科普活动、设置解说牌等方式，向游客普及生态保护的重要性，培养人们的生态意识和环保观念。

参考资料

1. 聊城市自然资源和规划局：《山东东阿生态优先提升产业"含绿量"》。
2. 聊城新闻网：《聊城东阿黄河国家森林公园被评为全国自然教育基地》。
3. 齐鲁壹点：《十年前行，东阿县奋力建设黄河流域生态保护和高质量发展核心区》。

案例 33 孔繁森：与马西林场的故事

案例结构

| 孔繁森 | 与马西林场的故事 |

案例目标

通过了解孔繁森与马西林场的故事，感悟孔繁森带领莘县人民治沙造林、改善生态的艰辛与成就。学习他以身作则，不怕苦、不怕累的高贵品格。

案例摘要

在聊城莘县西北部，马峡河以西，有一片 11 万多亩（1 亩 = 666.67m²）的林地，到了夏季，浓荫蔽地，绿盖遮天，被当地人称为"马西绿洲"，而这片绿洲的形成、发展与孔繁森密不可分。

案例正文

1981 年 4 月，刚刚结束第一次援藏的孔繁森，到莘县担任县委副书记。在任期间，莘县 1420km² 的土地上，到处留下了他的足迹，传颂着他的事迹。这其中最令人称道的是孔繁森和莘县马西林场的故事。

马西林场位于莘县马颊河以西，地处黄河故道，如今环境宜人，而当年却是风沙四起的贫困区，老百姓一年到头饱受风沙之害，日子过得苦不堪言。为改变恶劣的自然条件，孔繁森积极争取到了联合国世界粮食计划署的支持，在此启动了援助造林项目。在马西林场推动实施该项目中，从接待外宾的服务员培训，到项目的推动和落地，无论整体谋划还是细节推敲，孔繁森都亲力亲为。

当时的马西沙区，缺水少电，连条像样的路也没有，更没有正规的食堂，条件之艰苦超乎想象。从规划到植树，孔繁森和技术员及普通林业工人同甘共苦，长期在那里战斗。大家在野外勘测，施工一天回来，浑身是汗、满脸是土，在这种情况下，孔繁森依然兴致很高地谈笑风生，谈西藏的见闻，聊林场的前景，大家的疲惫也一扫而空，顿时轻松、愉快了很多。他有时还组织联欢会，带头唱《打靶归来》《毛主席的战士最听党的话》等歌曲。

1984 年 3 月，世界粮食计划署通知莘县，6 月到马西对项目一期工程进行中期评价。县委研究决定，这项重要的接待工作由孔繁森总负责，这不仅因为他在第一次援藏时积累了一定的外交经验，还因为他熟悉马西林场的一切。

在接待外宾的过程中，有个细节令当时的翻译桑胜寒终生难忘。孔繁森有一手削苹果的绝活。在代表团座谈休息时，他拿过水果刀为每位外宾削了一个苹果。当客人们提起果茎时，一串串"彩练"倏然飘下，引起外宾的阵阵喝彩，给会谈增添了许多欢乐的气氛。孔繁森还不失时机地宣传道，苹果是莘县当地特产，外形美观、脆甜可口，质量优、产量高。孔繁森也无时不在牵挂着老家五里墩，在他的持续帮助下，村里 280 亩荒地也逐渐栽满了苹果树，乡亲们从此有了属于自己的苹果园。

1984 年 6 月下旬，世界粮食计划署考察组的 4 名外宾来莘县考察了三天之后，在考察报告上给予"2606 项目"莘县工程极高的评价，项目二期工程也因此批准了，这是极其难得的。

孔繁森在任聊城地区行署办公室副主任和林业局局长期间，仍然十分关心马西林场项目工程建设，特别是两次大规模接待任务，都是在他的参与和指导下圆满完成的。到 1988 年，10 万亩林海建成，马西人民战胜了风沙灾害，农业生产条件和人民生活水平大大提高。他二次进藏之后，还多次来信询问项目林管护情况。他常说，这片林海来之不易，是马西人民的命根子。

参考资料

高杉：《孔繁森的初心可以这样讲》。

第二篇

心理健康与职业生涯

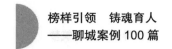

以李晨为楷模，铸明日辉煌

首先，要学习李晨的刻苦钻研精神。职业院校学生正处于学习知识和技能的黄金时期，应该珍惜时光，努力学习。要像李晨一样，扎根于自己的专业领域，不断深化对专业知识的理解，提高自己的技能水平。通过参加各种技能大赛、实践活动等，锻炼自己的实践能力和创新能力，为未来的职业发展打下坚实的基础。

其次，要学习李晨的团队合作精神和国际化视野。在全球化日益加深的今天，职业院校学生应该具备跨文化交流和合作的能力。要像李晨一样，注重团队合作，与同学们共同学习、共同进步。同时，还要关注国际市场的动态和需求，提高自己的国际竞争力，为未来的国际化发展做好准备。

最后，要学习李晨的社会责任感和担当精神。作为新时代的青年，应该将个人发展与国家发展紧密结合起来，将个人梦想融入民族复兴的伟大梦想中。

参考资料

1. 齐鲁壹点：《"水城最美科技工作者"李晨：以奋斗作桨，让聊城制造走出国门》。
2. 聊城日报：《聊城：让中通客车"驶"向世界——记省优秀共产党员李晨》。

案例 35　电商逐梦之旅——聊城市技师学院电子商务专业学生任良浩

案例结构

电商逐梦之旅——聊城市技师学院 电子商务专业学生任良浩	从 16 岁技校生到创业新星
	青春逐梦电商路

案例目标

通过了解任良浩的故事，理解社会发展是实现人生梦想的客观环境，领会新时代为个人发展提供了广阔舞台，对个人素养提出了新要求，确立符合时代要求的职业理想。

案例摘要

任良浩，一名来自聊城市技师学院电子商务专业的学生，凭借对专业的热爱和不懈的努力，成功创立了山东星熠新媒体传媒有限公司，将区域特色农副产品与电商产业结合，取得了显著的业绩。他不仅解决了家乡农产品解决滞销的问题，还帮助农村青年实现就业，展现了新时代青年的担当和活力。

案例正文

从 16 岁技校生到创业新星

任良浩，是来自聊城市技师学院经济管理系 2020 级电子商务专业的一名学生，现已成为山东星熠新媒体传媒有限公司创业合伙人。2020 年 9 月，16 岁的任良浩怀揣对电子商务专业的热爱和对成功的渴望，来到聊城市技师学院，在校期间，他如饥似渴地学习专业知识和操作技能，在老师的悉心教育下，熟练掌握了网店运营、直播电商、网店客服等多门专业课程，并踊跃报名参加创业培训和创业大赛，以极大的热情主动参与企业实践，学业水平迅速提升。

在实习期间，他就经常思考如何将区域内特色农副产品资源与电商产业发展优势相结合，用自己的所学服务于区域经济发展。直播电商的兴起和聊城"聊·胜一筹！"品牌的推出提供了大好机遇。2021 年，他在家人和亲朋的支持下，牵头成立了山东星熠新媒体传媒有限公司，进入电子商务供应链行业。

青春逐梦电商路

公司成立后，任良浩积极对接网红主播和源头工厂，利用所学专业知识和技能，短时间内就取得了不俗成绩，并取得了多家品牌在平台的独家销售权。公司经营业绩快速提升，与网红主播强强联合，月均销售额在 2000 万元以上，最大单品销售额为 200 余万元，涵盖了家居用品、瓜果蔬菜等多个品类。新冠疫情期间，当他得知家乡的农产品滞销，有些大棚蔬菜收获后卖不出去，只能任其腐烂然后当垃圾一样扔掉，便积极联系省内外网络达人以"现摘现发"的模式进行推广，并联系快递及时发货，一解农户燃眉之急。

他还积极帮助农村青年就业，为多名青年提供就业机会，实现了以创业促就业。2023 年 6 月、12 月又分别成立冠县浩凡传媒有限公司、冠县巨航传媒有限公司，任良浩身上展示着新时代青年昂扬向上的青春活力。

参考资料

LCTV 聊城电视台民生频道：《聊城高级工程职业学校获 2022 年全国职业技能大赛一等奖》。

案例 36 "焊花"匠心之路——聊城市技师学院焊接专业学生褚天亮

案例结构

"焊花"匠心之路——聊城市技师学院焊接专业学生褚天亮	逆境中成长
	汗水铸就荣耀

案例目标

1. 通过褚天亮学习焊接技术的经历，理解技能对于个人成长和就业的重要性，激发学习专业技能的热情。

2. 树立正确的职业理想，明确技能学习对于实现人生目标的重要性，培养坚持不懈、勇于挑战自我的奋斗精神。

案例摘要

褚天亮通过刻苦训练和不懈努力，在全省乃至全国的职业院校技能大赛中屡获殊荣。褚天亮的成功不仅是对个人能力的肯定，更是对职业教育价值的彰显。褚天亮的故事充分展示了立足专业、谋划发展的重要性，以及新时代青年积极向上的精神风貌。

案例正文

逆境中成长

褚天亮，是聊城市技师学院（聊城高级工程职业学校）电焊专业的学生，9 岁时，父亲因意外去世，当时弟弟只有三岁，是妈妈独自一人把他们兄弟俩抚养长大。初中毕业后，褚天亮为了尽早减轻家庭负担，选择去聊城高级工程职业学校学习电焊专业。褚天亮在 2021 年山东省职业院校技能大赛中获得第一名，2022 年 8 月在全国职业院校技能大赛中获得一等奖，这些荣誉背后，是他年复一年、日复一日的刻苦训练。在焊接实训基地里，电光闪闪、火花四溅，空气里弥漫着电焊的烟雾和气味，褚天亮就是在这样的环境下备赛集训的，备赛期间，褚天亮每天都要在这里训练 18h 以上。

汗水铸就荣耀

为了备战 2021 年山东省职业院校技能大赛"焊接技术"项目，学校制订了详细而周密的训练计划，而褚天亮没喊一声苦，没说一句累，毅然坚持了下来。比赛开始后，褚天亮迅速按照步骤，对试件打磨、装配、焊接，步步有条不紊，6 个多小时的比赛时间，他沉浸其中，当交上接近完美的焊接成品时，精益求精的褚天亮还是有一丝担心。"红板焊完之后出现了一点角变形，我当时有点担心它的高度会低，因为按这次的评分标准，高度低的话是按零分来算。"最后的成绩公布，褚天亮取得 80.09 的高分，以远超第二名近十分的优势获得第一名。

2024 年 6 月 5 日，聊城高级工程职业学校收到来自中国核工业二三建设有限公司（简称"中核二三"）廉江项目部的贺信。贺信中提到，2019 级智能制造焊接专业学生褚天亮，在中核二三核能事业部实习期间，凭借扎实的基础、良好的综合素质和超强的学习能力，顺利考取了国家核安全局颁发的核级焊工证。

褚天亮作为电焊专业的杰出学生，尽管生活曾给予他沉重打击，但他以坚韧不屈的精神和扎实的技能在技能大赛舞台上脱颖而出，先后在省级和国家级比赛中摘得桂冠，这背后凝结的是他长期不懈的努力。他在充满挑战的焊接实训环境中，坚持每日超长时间高强度训练，以实际行动证明了职业教育可以锻造出技能精湛、品质优秀的时代新人。

参考资料

1. 聊城广电公共频道：《聊城 19 岁小伙斩获 "焊接" 项目一等奖　学校奖励四万元》。
2. LCTV 聊城电视台民生频道：《聊城高级工程职业学校获 2022 年全国职业技能大赛一等奖》。

案例 37　与时代同行，筑百年企业梦——腾飞中的鲁西化工集团

案例结构

与时代同行，筑百年企业梦——腾飞中的鲁西化工集团	鲁西化工集团的诞生
	与时代同行
	新时代，新发展

案例目标

1. 了解鲁西化工集团的诞生背景，鲁西化工集团与时代同行的历程，以及鲁西化工集团在新时代的发展。
2. 理解社会发展是实现人生梦想的客观环境，肩负起时代赋予的使命，紧跟时代发展，实现人生理想。

案例摘要

鲁西化工集团股份有限公司（简称 "鲁西化工集团"）是国有控股企业，是在农民大量使用氮肥的背景下，于 1976 年建设的万吨小氮肥企业基础上发展起来的大型综合性化工企业。1992 年，邓小平南方谈话带来一个超速发展的机遇，以鲁西化肥厂为核心的鲁西化工集团成立。1998 年，在企业产权的重组与清晰化改革的政策指引下，企业成功地进行了股份制改造，鲁西化工 A 股股票在深圳证券交易所上市发行。2004 年，宏观调控拉响警笛，面对企业发展的瓶颈期，集团党委高瞻远瞩，适时调整发展战略，提出 "多赚钱，少花钱，集中力量建设鲁西工业园" 的发展思想。2008 年，全球经济危机，鲁西化工集团认真分析

面临的国内外形势和企业现实情况，以宏伟的气魄化危为机，果断决策，积极延伸产业链，连续上马了盐化工、硅化工、氟化工等系列化工项目。2020 年 6 月 15 日，鲁西化工集团完成工商变更登记手续，中化集团成为鲁西化工集团的控股股东及上市公司鲁西化工的实际控制人。鲁西化工集团与中化集团的融合产生了相互"补强"的化学反应。

案例正文

鲁西化工集团的诞生

　　1978 年在中国现代史上是一个具有划时代意义的年份，它标志着中国进入了改革开放的新时期。这一年，《光明日报》发表的《实践是检验真理的唯一标准》一文，不仅引发了全国范围内关于真理标准问题的大讨论，更深刻触动了人们的思想，为后续的改革开放奠定了重要的思想基础。这一转变对于中国的企业界而言，意味着一个全新的发展时代的到来，企业需要适应新的市场环境，探索新的发展模式。鲁西化肥厂的创建虽然是在 1976 年，即改革开放正式启动的前两年，但它所处的时代背景已经孕育了改革开放的萌芽。当时的中国正处于从计划经济向市场经济的过渡阶段，虽然改革的具体政策尚未出台，但社会对于经济发展的渴望和对新技术、新产业的追求已经开始显现。鲁西化肥厂的建立，正是这一时代背景下，对于农业现代化和工业化进程的一种积极响应和尝试。

　　鲁西化工集团的诞生与我国化肥产业的发展紧密相关。我国化肥产业的发展，是先氮肥，后磷肥，再钾肥、复合肥、水溶肥的次序。鲁西化工就是在有机肥与氮磷肥配合使用的背景下诞生的，这个阶段农民大量使用氮肥，而聊城处于华北平原，耕种面积广大，因此聊城地区氮肥需求量很大。1976 年，聊城全区掀起大会战，共建"鲁西大化肥"，仅用一年半时间就建成了 1.5 万吨 / 年合成氨装置。

与时代同行

　　邓小平的南方视察使超速发展的机遇出现了。1992 年，以鲁西化肥厂为核心的鲁西化工集团成立。整个 90 年代，他们积极响应国家政策，通过实施企业兼并联合，迅速扩大企业规模，吸纳了一批困难企业，盘活了大量国有资产。

　　中国企业的变革如果按照主题来分界的话，可以从 1998 年作为分界点，此前的主题是经营机制的转变，此后则是产权的重组与清晰化。1998 年，企业成功地进行了股份制改造，鲁西化工 A 股股票在深圳证券交易所上市发行，为企业进一步发展创造了条件。

　　2003 年年末，宏观调控的号角悄然吹响，预示着经济领域即将迎来一次重大调整。在这一背景下，集团党委展现出非凡的前瞻性和战略眼光，于 2004 年果断应对企业发展面临的挑战与瓶颈，提出了"增收节支，聚力鲁西工业园建设"的崭新发展理念。建设者们以工地为家，风餐露宿，简朴生活——一个馒头、一碗菜，在沙尘与风声中寻找着前行的力量与希望。正是这样的艰苦奋斗，铸就了鲁西工业园从无到有的辉煌篇章，也标志着鲁西化工集团从传统的化肥生产领域，迈出了向基础化工产业转型升级的坚实步伐。

2008 年，世界经济遭遇了自 20 世纪 30 年代大萧条以来最严重的一次危机。危机起源于美国住房市场的崩溃，随后波及全球金融市场和实体经济，导致全球范围内的经济萎缩、失业激增、社会动荡和政治危机。2008 年，鲁西化工集团认真分析面临的国内外形势和企业现实情况，以宏伟的气魄化危为机，果断决策，积极延伸产业链，连续上马了盐化工、硅化工、氟化工等系列化工项目。自行设计、自行制造、自行安装，一个个建设奇迹应运而生，创下一个又一个纪录。

新时代，新发展

近年来，鲁西化工集团积极响应国家"调结构、转方式"的号召，凭借其一体化运营的显著优势——涵盖设计研发、生产制造、安装调试、运营管理直至创新升级的全链条能力，敏锐捕捉并牢牢把握时代赋予的发展契机。鲁西化工集团深知创新是引领发展的第一动力，因此不遗余力地加大研发投入，持续优化产品结构，聚焦特色化工园区的精细化建设，力求在激烈的市场竞争中脱颖而出。在园区发展中鲁西化工集团逐步形成了一些独具特色的成果，助推了企业的高质量发展。

鲁西化工集团日趋成熟的实训培训模式，打造了一支优秀的鲁西团队。鲁西化工集团深刻认识到人才是企业发展的核心驱动力，因此，始终将员工培训与培养置于战略高度，紧密结合园区实际运营需求，自主规划并建设了功能完备的员工实训基地，这一举措不仅为员工提供了理论与实践相结合的广阔舞台，还通过融合"培训教育、技能竞赛、职业资格认证"等多维度功能，构建起了一个层次分明、专业细分的系统化培训体系。

鲁西化工集团更加注重绿色发展，实现园区废水零排放。鲁西化工集团结合实际情况，致力于推动园区的绿色转型，通过实施一系列前沿且经过验证的技术手段，力求实现园区内废水排放的彻底消除，开创了一条投资近 10 亿元、高效且可持续的绿色发展路径，并致力于打造一个既环保又美丽的现代化工业园区，为行业树立了绿色发展的新标杆。

历经 10 年匠心独运，鲁西化工集团自主投资超 10 亿元，构建了全面集成的智慧化工园区管理平台。该平台深度融合了环境预警、安全监管、能源优化、应急响应、智能安防及三维数字园区等核心功能，构建起一套高效协同的综合信息系统。这一系统不仅实现了对安全、环保及能源管理的全方位、一体化智能控制，更彰显了鲁西化工集团在推动化工园区向智能化、绿色化转型方面的前瞻视野与卓越成就。

与中化集团融合"补强"，潜力巨大、未来可期。2020 年 6 月 15 日，鲁西化工集团完成工商变更登记手续，中化集团成为鲁西化工集团的控股股东及上市公司鲁西化工的实际控制人。鲁西化工集团正式成为中化集团大家庭的新成员！鲁西化工集团与中化集团的融合产生了相互"补强"的化学反应。

参考资料

吴晓波：《激荡三十年：中国企业 1978—2008》。

案例 38　孔繁森：五里墩走出的职教少年

案例结构

孔繁森	五里墩走出的职教少年

案例目标

1. 理解社会发展是实现人生梦想的客观环境，反思个人现状与新时代要求之间的差距，总结改进的方法，不断追求更有高度、更有境界、更有品位的人生。

2. 能够在学习生活中践行新时代对个人素养提出的新要求，自觉把人生理想融入国家和民族的事业中，做新时代的奋斗者。

案例摘要

孔繁森，聊城市堂邑镇五里墩村人，1959 年 7 月考入聊城地区技工学校（现聊城市技师学院），1961 年 7 月毕业后应征入伍，1966 年 9 月光荣加入中国共产党，1969 年复员回到聊城，历任聊城地区技工学校革委会副主任、共青团聊城地委常委、中共聊城地委宣传部副部长。1979 年和 1988 年两次赴西藏任职，1992 年 11 月调任阿里地委书记、阿里军分区党委第一书记、政协阿里地区委员会主席。1994 年 11 月 29 日，他在赴新疆考察边贸途中，不幸发生车祸，以身殉职，时年 50 岁。

案例正文

1944 年 7 月，孔繁森出生于冠县五里墩村一户贫农家庭。五里墩住的都是孔氏后裔，"温良恭俭让""仁义礼智信""忠孝廉耻勇"这些传统民风深入人心。孔繁森的父母都是老实巴交的农民，他们温和柔顺、朴实厚道、诚实守信、与人为善的言传身教，成为孔繁森五个兄弟姐妹的道德规范和行为准则。

离五里墩不远的地方有一座文庙，也就是旧时祭祀孔子的场所，庙中还建有乡贤祠、名宦祠，都是为了纪念政绩卓越、贡献突出、名扬后世的当地官员而设立的祠堂。堂邑县还有一位名人武训，他兴义学、办教育、乐善好施，深受后人赞扬。这些，都对孔繁森的成长产生了积极影响。孔繁森从小就有一个梦想，要好好读书，长大以后做好官、办好事，做一个有作为、受人敬仰的人。

孔繁森从小爱学习，也善于学习。他喜欢看小人书、听故事，在学校是个品学兼优的好学生。义务管理孔繁森陈列馆的孔祥印老人回忆说："我跟繁森是小学同学，六年来一直在一个班里，放学后，我们经常在他家做功课，然后一起割草、做农活。那时他就乐于助人，谁有困难都会帮一把，每当放假，都是他推着地排车帮老师运送行李。"

1959 年 7 月，15 岁的孔繁森考入聊城地区技工学校，被分到电工 206 班。他最大的愿望就是掌握更多的科学知识，让家乡早日实现电气化，减轻父老乡亲的劳动强度，尽早改变家乡贫穷落后的面貌。他一头扎进"电"的海洋里，刻苦学习。在班里，他是有名的"三多两难"学生：看的书多，思考的问题多，做的试验多；提的问题难，做的作业难。老师喜欢这样的学生，同学们也很佩服他。在电工班，他每次考试都名列前茅，被同学们推选为学习委员，年年被评为三好学生。

在生活上，孔繁森严格要求自己，穿的衣服总是补了又补，补丁摞补丁。学校每月发给他 1.5 元钱的助学金，他除了花几毛钱买肥皂和学习用具，从不乱花一分钱。他自己生活俭朴，却经常慷慨帮助别人。有家庭困难的同学吃不饱，孔繁森就不断拿自己的饭票送给他人，自己却时常饿肚子，夜里饿得睡不着，就喝白开水充饥。

他还经常帮同学们洗衣服，尤其在夏天，上实训课时，由于劳动强度大，出汗多，同学们的衣服脏得快，孔繁森便在同学们休息后，将他们的脏衣服收起来，洗净晾干后再送给他们。对那些独立生活能力差、年龄小的同学，孔繁森更是积极主动地去帮助他们。老师和同学们提起孔繁森，都会由衷地竖起大拇指，"啧啧"赞赏！

参考资料

王巍：《我心中的孔繁森——口述孔繁森采访实录·阿里编》。

专题八
认识自我，健康成长

原文摘编

1.广大青年要做社会主义核心价值观的坚定信仰者、积极传播者、模范践行者，向英雄学习、向前辈学习、向榜样学习，争做堪当民族复兴重任的时代新人，在实现中华民族伟大复兴的时代洪流中踔厉奋发、勇毅前进。

——习近平在中国人民大学考察时讲话（2022年4月25日）

2.要加强意志和品德的磨炼，使顺境逆境都成为人生的财富，努力培养高洁的操行和纯朴的情感，以良好的品德去赢得人生和事业的成就。

——习近平在中国政法大学座谈会上的讲话（2017年5月3日）

3.全党要关心和爱护青年，为他们实现人生出彩搭建舞台。广大青年要坚定理想信念，志存高远，脚踏实地，勇做时代的弄潮儿，在实现中国梦的生动实践中放飞青春梦想，在为人民利益的不懈奋斗中书写人生华章！

——习近平在中国共产党第十九次全国代表大会上的报告（2017年10月18日）

案例39 "打不倒"的国画大师李苦禅

案例结构

"打不倒"的国画大师李苦禅	直面挫折
	挫折中的坚守与对现实的深刻启示

案例目标

1.了解李苦禅的艺术人生和取得的艺术成就，学习他面对挫折积极应对的良好品质，提升应对挫折的信心，学会在挫折中成长，让生命焕发光彩。

2.正确认识职业理想和现实的关系，直面困难和挫折，掌握应对挫折的方法，提高抗逆力。

案例摘要

李苦禅，一位出身贫寒却才华横溢的国画大师，其艺术生涯充满了挑战与坚持。他自幼对绘画充满热情，通过不懈努力，逐渐在国画领域崭露头角，并融合中西技法，形成了独特的大写意风格。

案例正文

直面挫折

李苦禅，一位直面挫折、坚韧不拔的国画大师。他的一生，充满了跌宕起伏的传奇色彩，而他的艺术之路，更是充满了坎坷与坚持。

李苦禅出生于一个贫农家庭，他自小便对绘画有着极高的兴趣和天赋。尽管家境贫寒，他也没放弃对艺术的追求，而是刻苦虚心学习，不断钻研创新，形成了自己独特的绘画风格。

李苦禅早年在北京求学，开始接触到西方绘画艺术。他虚心向徐悲鸿、齐白石等大师学习，不断汲取艺术养分。其画作逐渐展现出大写意的风格，融合了中西绘画的技法，成为中国画坛的一股清流。

然而，李苦禅的人生并非一帆风顺。他遭遇了感情的挫折和丧子的痛苦，这些打击让他一度陷入低谷，但他并未因此放弃对艺术的热爱和追求，他将这些挫折化作创作的动力，用画笔抒发内心的情感。

抗战期间，李苦禅更是展现出了坚定的爱国情怀。他坚决拒绝日寇的拉拢，离开学校以示抗议。他不仅在街头卖画筹集抗日经费，还秘密担任"敌后情报员"，冒险搜集情报并运送医疗药品至前线。被捕后，他遭受了严刑拷打，但始终坚贞不屈，痛骂侵略者。他的爱国精神和坚韧品质，令人敬佩。

新中国成立后，李苦禅任教于中央美术学院，却因不谄媚逢迎而遭到排挤。幸运的是，毛主席的出手相助让他得以重返热爱的教学岗位。此后，他更加专注于绘画艺术的研究及创作，将自己的艺术造诣推向了新的高峰。

晚年的李苦禅，不仅继续投身于艺术创作，还积极参与社会工作，弘扬中华优秀传统文化。他的艺术作品成了宝贵的文化遗产，其坚韧不拔的精神和爱国情怀被后人广为传颂。

李苦禅的一生，是一部充满挫折与坚持的传奇。他用自己的画笔和行动，诠释了什么是真正的艺术家和爱国者。他的坚韧品质和直面挫折的精神，值得我们每一个人学习和传承。

挫折中的坚守与对现实的深刻启示

国画大师李苦禅，以其艺术成就和坚韧品质为我们树立了榜样，其坚韧不拔、勇于探索及对文化传承的贡献，为我们提供了深刻的现实启示。

首先，要学习李苦禅坚韧不拔的精神。在学习和生活中，难免会遇到各种困难和挫折，但正是这些挫折锻炼着我们的意志和品质。我们应该像李苦禅一样，不畏艰难，勇往直前，积极面对挫折，从中吸取经验教训，不断提升自己。

其次，要培养自己的爱国情怀和社会责任感。作为学生，我们不仅是学习者，更是社会的一分子。我们应该时刻关注国家和民族的命运，积极参与社会实践和志愿服务，为国家和社会的发展贡献自己的力量。同时，也要关注身边的人和事，关心他人的需求，积极帮助他人，展现自己的社会责任感。

最后，要追求创新和突破。在学习和实践中，要敢于尝试新方法、新思路，勇于挑战传统观念和做法。通过不断创新和突破，可以更好地适应社会的发展需求，提升自己的竞争力，为未来的职业生涯打下坚实的基础。

参考资料

1. 中藏嘉禾：《「名家轶事」一生都在苦行，打不倒的国画大师——李苦禅》。
2. 聊城市政协网：《水城历史人物——李苦禅》。
3. 齐鲁壹点：《苦禅故里翰墨飘香，文化自信代代传承》。

案例 40　于传新：青春无问西东，岁月自成芳华

案例结构

于传新：青春无问西东， 岁月自成芳华	成才路上，选择技能
	苦练技能，过关斩将
	沉着应战，赢得比赛
	以梦为马，不负韶华

案例目标

1. 理解认识自我与心理健康、专业学习和职业发展的关系。
2. 掌握认识自我的正确方法，全面客观地看待自我，保持自立自强。

案例摘要

2018年夏天，经过家人推荐，向来对"动手"感兴趣的于传新，选择了聊城市技师学院建筑类专业。从此，自诩"逆风少年"的于传新，便与"技能成才"正式结缘。

入校后，理实一体的教学模式为于传新打开了一扇学习技能的大门。在老师的指导

下，他迅速吸收理论知识，同时也掌握了更多实际操作技能。学习一年之后，于传新迎来了人生的转折点，在班主任李雨婷老师的推荐下，进入学院砌筑社团参加训练，开启了自己的技能大赛生涯。

案例正文

成才路上，选择技能

2018年夏天，拿到中考成绩单的于传新皱起了眉头，成绩没有达到心中的预期，让他在接下来的填报志愿环节没有更多的选择，这个结果让他的心情瞬间跌落到了谷底。后来在家人的推荐下，他选择了聊城市技师学院建筑类专业。入校后，他迅速吸收理论知识，同时也掌握了更多实际操作技能。说起自己的这段经历，于传新的话语间透着一股坚毅："时间无法倒流，只有把握当下才不至于让自己更加遗憾。"

苦练技能，过关斩将

砌筑项目比赛要求参赛选手在规定时间内完成图样所示墙体砌筑，8h 的比赛不仅考验专业知识与操作技能，对选手的心理素质、体力与耐力更是一种考验。

2019年学院传来赛讯，要组织选拔优秀学生选手参加山东省砌筑项目省赛，于传新成为参加省赛的确定人选。在接下来的时间里，于传新在教师冯焕芹的指导和严格要求下，每天都坚持 8h 的砌筑项目训练。

于传新说，训练过程简直可以称为"魔鬼式的训练"，一铲灰、一块砖、一挤压这 3 个动作，他每天要重复 300 下，目的是把每一条砖缝快速处理干净。在这期间，他砌了 300多堵墙。要砌成一堵长 2m、高 1.5m 的墙，有时需要连续工作八九个小时。如果测量精度不符合，又得拆了重来。为了不影响手感，在练习时，于传新坚持不戴手套，指甲缝里常常掺入泥和砂浆，手上磨泡起茧成了家常便饭。

经过一段时间的苦练和钻研，四四方方的砖块渐渐在他手下组合成各式灵巧的形状和图案，从简单的字母数字组合到复杂的建筑图案应有尽有，特别灵动活泼。

功夫不负有心人。于传新一路过关斩将，从 2019 年省赛三等奖到 2020 年省赛一等奖，最终以扎实的基本功和过硬的心理素质出现在全国乡村振兴职业技能大赛上。

沉着应战，赢得比赛

说到这次全国乡村振兴职业技能大赛，于传新打开了话匣子，眼里泛着光，像极了小朋友买到了超级喜欢的玩具。"比赛时，误差 1mm 就扣 0.2 分，尺寸、高度、角度、平整度和水平程度都是考核内容，更何况是与全国的高手过招……"回忆起当时的比赛场景，于传新仍历历在目。

按照比赛规则，比赛期间，选手要在 8h 内，采用现场提供的材料，按照规定步骤独立完成指定题目的砌筑任务。赛程第一天安排参赛选手将比赛会用到的砖块提前切好，不仅要求速度更考验质量。和预想不同的是，比赛使用的切割机跟平时训练时用的切割机不一样，整个比赛中，他需要用到几百块砖，一块砖切不好就会影响比赛结果。

面对如此挑战，时间的流逝不允许于传新再纠结，他必须马上稳下来去适应这个新伙伴。凭着自己的经验他很快找到了切割机的操作要点，虽然在切砖的过程中出现了一点失误，但过硬的心理素质和技术实力还是让他顺利地完成了第一个赛程的准备工作。

最终，于传新砌出了一堵误差小、颜值高的墙，获得 2021 年全国乡村振兴职业技能大赛铜牌，成为这一项目的"国家级"工匠。

以梦为马，不负韶华

于传新获奖归来，荣誉和采访纷沓而至，这个有点腼腆的小伙子选择了躲在聚光灯后面继续努力。当问到他这次比赛印象最深刻的事是什么，他的神态变得不一样起来。他说印象最深刻的是那些对手们对于作品的精益求精，比赛要求墙体垂直度的精度控制在 5mm 以内，一位四川的选手竟然将精度控制在了 0，这让他感觉到了差距。

"备赛和参赛的过程，让我开阔了视野，看到了也学到了很多。比如，别的选手是怎样通过减少动作来节约时间更快完成作品，以及使用什么新技法和新工具。现在我觉得自己距离'工匠'的要求还差很远，而且理论知识还有明显不足。只有实操加理论完美结合，才能成为一个优秀的建筑工匠，所以我希望通过自己的努力，把自己的大赛经验传授给师弟师妹们，让我们学院培养出更多的优秀选手，获更多的奖牌。"于传新说。

提到将来的打算，于传新希望提升学历，走到更广阔的平台，学习更多知识，同时也让自己具备更优秀的能力，为乡村振兴、改变家乡面貌贡献力量。

"青春无问西东，岁月自成芳华。"在于传新看来，努力过的岁月，都是人生的宝藏；奋力拼搏的身影，才是青春最美的模样。

参考资料

聊城市技师学院网站：《繁星点点丨于传新：青春无问西东　岁月自成芳华》。

案例 41　从迷茫到担当——聊城市技师学院建筑工程系学生徐亚东

案例结构

从迷茫到担当——聊城市技师学院 建筑工程系学生徐亚东	成长之路
	如何积极行动

1. 了解徐亚东从迷茫到担当的成长历程，意识到认识自我、完善自我的重要性，全面准确地认识自我，学会接纳自我和完善自我。

2. 掌握认识自我的正确方法，能够全面、客观地看待自我，形成自尊自信、理性平和、积极向上的良好心态。

案例摘要

徐亚东，一位曾面临中考失利的中职生，在聊城市技师学院的心理健康教育与职业规划教师的指导下，实现了从迷茫到担当的华丽转身。他积极参与学校的各类活动，发掘自己的兴趣和潜力，同时，通过不断学习提升专业素养和综合能力。作为山东省抗疫行动优秀志愿者，他更是展现了职业院校学生的社会责任感和担当精神。

案例正文

成长之路

徐亚东，聊城市技师学院建筑工程系 2017 级学生，他的人生之路充满了认识自我与完善自我的探索与成长。

中考失利后，徐亚东一度对未来感到迷茫。幸运的是，他进入了一所注重学生心理健康教育与职业规划的学校。在这里，学校不仅为他提供了认识自我的心理健康量表和辅导方案，还通过职业规划课程，引导他找到自己的兴趣和发展方向。

在学校的心理健康教育下，徐亚东逐渐战胜了迷茫，开始以积极的心态面对学习和生活。他积极参加志愿服务活动，加入了孔繁森志愿服务队和聊城特战救援队，为社会贡献自己的力量。特别是在 2020 年的新冠抗疫行动中，他表现出色，被评为山东省抗疫行动优秀志愿者。

徐亚东的成长之路，是认识自我与完善自我的典范。他通过学校的心理健康教育，认识到自己的优势和不足，明确了自己的人生目标和追求。同时，他也通过学习和实践，不断完善自己，成为一名有社会责任感、有担当的优秀青年。

徐亚东的故事告诉我们，只有认识自我、完善自我，才能在人生的道路上越走越宽，实现自己的价值和梦想。

如何积极行动

作为学生，认识自我与完善自我不仅是个人成长的必经之路，更是实现职业梦想的关键所在。

首先，要勇于探索，认识自我。每个人都有自己的兴趣、特长和潜力，关键在于如何发掘。应该积极参加学校组织的各类活动，拓宽视野，增长见识。同时，要学会倾听内心的声音，了解自己的真正需求和追求。

其次，要不断学习，完善自我。知识是改变命运的重要"武器"，应该珍惜在校学习的时光，努力提升自己的专业素养和综合能力。此外，还要注重培养自己的创新思维和实践能力，以适应不断变化的社会需求。

最后，要积极投身社会实践，展现自我。通过参加志愿服务、实习实训等活动，可以将所学知识应用于实践，增强社会责任感，提升自己的综合素质。同时，在实践中发现自己的不足之处，及时调整和改进。

总之，作为学生，应该以积极的心态面对生活中的挑战和机遇，勇于认识自我、完善自我，努力成为对社会有用的人才。

参考资料

1. 山东教育报：《聊城高级工程职业学校：做实心理健康教育助学生向优而行》。
2. 齐鲁网：《47 秒 | 开学第一课！聊城 22 岁小伙走上讲台，讲述驰援湖北战疫故事》。

案例 42　奋勇拼搏，无悔青春——聊城大学龙舟队

案例结构

奋勇拼搏，无悔青春——聊城大学龙舟队	青春敢为人先
	奋发有为获佳绩
	激扬青春，为国争光

案例目标

1. 了解聊城大学龙舟队的组建过程，以及聊城大学龙舟队取得的成绩，感悟聊城大学龙舟队奋勇拼搏的精神。
2. 对自己的健康负责，养成健康向上的生活方式。

案例摘要

聊城大学龙舟队成立于 2002 年，龙舟队团支部 2016 年被团中央授予"全国高校活力团支部"称号。龙舟队全体成员紧紧围绕在团支部周围，充分发挥团支部的战斗堡垒作用，努力拼搏，奋勇争先，取得了骄人的战绩。聊城大学龙舟队在世界龙舟锦标赛、世界大学生龙舟锦标赛、亚洲龙舟锦标赛、中华龙舟大赛、中国龙舟公开赛等各类赛场上屡屡获奖，新华社、中新社、美联社、CCTV-1、CCTV-5、《世界日报》等百余家国内外媒体多次进行跟踪报道。这些成就不仅为聊城大学赢得了荣誉，也展示了中国青年的风采，为祖国增添了光彩。

青春敢为人先

赛龙舟是我国端午节的习俗之一，也是端午节最重要的节日民俗活动之一，在我国南方地区普遍存在，在北方靠近河湖的城市也有赛龙舟习俗。

赛龙舟是 2010 年广州亚运会正式比赛项目。2011 年 5 月 23 日，赛龙舟经国务院批准列入第三批国家级非物质文化遗产名录。

近二十多年来，赛龙舟在聊城非常盛行。自 2002 年 5 月 1 日聊城盛大启幕首届江北水城文化旅游节以来，东昌湖畔的聊堂路段便迎来了一项新地标——龙舟码头与观瞻台，它们成为城市文化新名片。紧随其后，每逢"五一"与"十一"黄金周，聊城都会举办热闹非凡的龙舟竞赛活动，这一传统迅速成为市民与游客共同期待的节日盛事。

聊城龙舟赛事的首次成功举办，直接催生了聊城大学龙舟队的诞生。这支队伍不仅承载着学校的荣誉，更在教育部认证的全国九所具备招收高水平龙舟运动员资格的高校中占据一席之地，且是山东省内唯一获此殊荣的高校。聊城大学龙舟队自组建以来，便分为男、女两队，他们以持之以恒的训练精神，积极备战，频繁亮相于国内外各项重大龙舟赛事的舞台，展现了聊城学子的风采与实力。

奋发有为获佳绩

自 2002 年聊城大学龙舟队诞生以来，该队伍始终作为地方政府与学校的杰出代表，活跃于各类龙舟邀请赛的碧波之上，展现了不凡的实力与风采。

2015—2018 年，聊城大学龙舟队中的青少年女子选手在中华龙舟大赛总决赛的舞台上连续 4 年摘得桂冠，实现了令人瞩目的"四连霸"壮举。特别是在 2017 年，她们不仅代表中国出征国际龙舟联合会举办的第 13 届世界龙舟锦标赛，一举夺得 3 枚金牌及 1 枚银牌，更在 1000m 直道赛中勇夺金牌，这枚奖牌标志着中国混合精英组在长距离项目上的历史性突破，意义非凡。同年，她们在国内的中华龙舟大赛中同样势不可挡，横扫青少年女子组各分站赛及总决赛，成就了前无古人的"七冠王"辉煌。

2019 年，聊城大学龙舟队的青年才俊们继续引领风骚，在上半年的中华龙舟大赛青少年男女组别中，他们领衔众队，于总计 30 枚金牌中豪取 24 枚，这一卓越成就不仅在国内龙舟界掀起了巨大波澜，更在全国高校乃至更广泛的体育领域内产生了深远影响，彰显了聊城大学龙舟队的非凡实力与卓越贡献。

2023 年 8 月 13 日，第 16 届世界龙舟锦标赛在泰国芭提雅落下帷幕。在最后一个比赛日中，代表中国参赛的聊城大学龙舟队在小龙舟 500m 直道项目中再获一枚金牌，最终，在参加的 U24 组别全部 7 个比赛项目中以 6 枚金牌、1 枚银牌圆满收官。聊城大学龙舟队作为其中唯一一支高校代表队，第三次代表中国参加世界龙舟锦标赛，以顽强的拼搏和优异的成绩向世界展现了中华优秀传统文化的精神魅力，生动诠释了中国青年的爱国情怀和同舟共济、自强不息、敢为人先的中华龙舟精神。

为备战此次比赛，聊城大学龙舟队的师生们展现了超乎寻常的毅力和奉献精神，他们

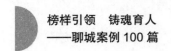

放弃了寒暑假的闲适与休憩，毅然选择投入紧张而高强度的训练之中。每天，他们都在东昌湖这片充满活力的水域上挥洒汗水，日复一日，坚持不懈，皮肤在日光的洗礼下，仿佛镀上了一层"黑珍珠"般的光泽，见证了他们努力的痕迹。

激扬青春，为国争光

历经 20 多个春秋的精心磨砺，聊城大学龙舟队今朝终显非凡锋芒。这份荣耀的背后，凝聚着学校对龙舟运动坚定不移的支持与推动，彰显着传承与弘扬中华民族璀璨文化的坚定决心。一代又一代的龙舟健儿，承袭了聊城大学"大局为重、同心协力、砥砺前行、无私奉献、勇于开拓、追求卓越"的宝贵精神，他们对龙舟运动的热爱如同磐石，历经四季更迭，寒暑不辍。

冬日严寒中，他们挑战极限，以坚韧不拔之志，在冰点下锤炼意志；夏日酷暑里，汗水浸透衣衫，化作盐粒，却浇不灭心中那团对胜利的渴望之火。无论是刺骨寒水冻结的战袍，还是烈日下汗水凝结的盔甲，都是他们不懈奋斗、勇于挑战的见证。正是这份对龙舟运动矢志不渝的热爱与坚持，铸就了他们乘风破浪、为国争光的不凡实力，让聊城大学龙舟队的名字在赛场上熠熠生辉。

参考资料

1. 大众网：《聊城大学龙舟队为什么这么牛？原因在这里！》。
2. 百度百科：聊城大学龙舟队。

案例 43　孔繁森：感恩思想引路人

案例结构

孔繁森	感恩思想引路人

案例目标

通过学习孔繁森在军营中的成长经历，感受徐诚对其人生成长的重要影响，从而正确认识自己，树立学习榜样，成为新时代有志青年。

案例摘要

在孔繁森的生命历程中，有 8 年是在军营中度过的。1961 年，年仅 17 岁的孔繁森穿上绿军装走进了军营，到济南军区总医院当战士，被安排在当时的医务处主任徐诚身边工作。徐诚对工作一丝不苟，对同事热情相助，不管是谁，只要有困难她都尽力帮助，慷慨解囊。她嘴上常挂的一句话是："钱这东西，生不带来死不带去，我参加革命前就一文钱也没有。"尽管徐诚并不愿意过多讲述自己的过去，孔繁森还是通过各种渠道了解到眼前这位老革命的不平凡的经历。

案例正文

徐诚有着令人肃然起敬的辉煌历史。淞沪抗战爆发后，18岁的徐诚与同学们一起走出安逸的校园，参加了上海战地服务团的救护工作。1938年8月，徐诚辗转到达延安，先后进入陕北公学和延安八路军卫生学校学习，毕业后被分配到延安拐峁医院（即当时的八路军军医院，后来的白求恩国际和平医院），任外科与妇产科医生，很快以其精湛的技术和周到热情的服务赢得了首长和同志们的信任，被誉为"军内一把刀""士兵的好大姐"，她还多次被评为陕甘宁边区劳动模范。她曾把无数个小生命迎到人间，其中包括刘伯承、贺龙等领导的孩子。

孔繁森到徐诚身边工作后不久，徐诚夫妇很快就喜欢上了这位来自鲁西北的勤快、热情、爱动脑子的小战士。徐诚经常加班加点，孔繁森总是等她忙完，给她端上热好的饭菜，这使徐诚非常感动。徐诚看到孔繁森很爱学习，就送给孔繁森一些医学书籍，指导他学习一些医疗知识，这为17年后孔繁森为藏族群众看病打下了基础。细心的徐诚不仅关心他的工作、学习，而且格外关照他的生活。一位家庭非常困难的战友退伍时，孔繁森把自己的一床新棉被送给了他，徐诚知道后，一边在院里表扬了孔繁森，一边拿出自己的一床新棉被送给了他。在孔繁森结束了8年的军营生活，准备返乡的那天早上，一直放心不下的徐诚把儿子叫到跟前，让他快去给即将离开济南的孔繁森送上一床棉被。孔繁森回聊城后，一直用着这床棉被。1979年他第一次进藏，行李卷中就带着这床棉被，后来，他又把这床被子送给了藏族孤寡老人。

孔繁森在军中8年，其中在徐诚身边工作4年，从17~21岁，正是他走向成熟逐渐形成人生观的关键几年，他亲眼看到了徐诚这个老共产党人的革命风范。

徐诚是个不知疲倦的人，她全身心地扑在工作上，视病人如亲人，每天到门诊巡视后都要到病房转一转，没有休过一个完整的周末，即使在春节，她也会把同志们赶回家中，自己值班，关心他人胜过关心自己。和她在一起工作的女同志外出或家中有事，都把孩子送到她家中。她自己生活极其俭朴，但对周围的同志却慷慨大方，不管是谁家中遇到困难，她都会把自己平时节省下的钱和物送上。

孔繁森在徐诚身边4年，不仅从她身上学到了宝贵的知识，而且与徐诚一家结下了深厚的感情。孔繁森退伍返乡的第二年，时常惦念着孔繁森的徐诚，就让儿子陪着老伴马从忻挤长途汽车，到聊城看望孔繁森。孔繁森每次到济南出差，必去看望徐诚。孔繁森每次来到徐诚家中，都像在徐诚身边工作时那样，什么都干，就是后来当了地委书记也是如此，在徐诚家里他无话不谈，和徐诚的3个孩子亲如兄弟姊妹。

参考资料

高同文：《徐诚：影响了孔繁森一生的女性》。

专题九
和谐交往，快乐生活

原文摘编

1. 要认真汲取中华优秀传统文化的思想精华和道德精髓，大力弘扬以爱国主义为核心的民族精神和以改革创新为核心的时代精神，深入挖掘和阐发中华优秀传统文化讲仁爱、重民本、守诚信、崇正义、尚和合、求大同的时代价值，使中华优秀传统文化成为涵养社会主义核心价值观的重要源泉。

——习近平在中共中央政治局第十三次集体学习时的讲话（2014 年 2 月 24 日）

2. 中华民族在长期实践中培育和形成了独特的思想理念和道德规范，有崇仁爱、重民本、守诚信、讲辩证、尚和合、求大同等思想，有自强不息、敬业乐群、扶正扬善、扶危济困、见义勇为、孝老爱亲等传统美德。中华优秀传统文化中很多思想理念和道德规范，不论过去还是现在，都有其永不褪色的价值。

——习近平在文艺工作座谈会上的讲话（2014 年 10 月 15 日）

3. 全党全社会要弘扬尊师重教的社会风尚，努力提高教师政治地位、社会地位、职业地位，让广大教师享有应有的社会声望，在教书育人岗位上为党和人民事业作出新的更大的贡献。

——习近平在全国教育大会上的讲话（2018 年 9 月 10 日）

案例 44　孝老爱亲传家风，助人为乐扬美名
——全国最美家庭李雪英一家

案例结构

孝老爱亲传家风，助人为乐扬美名——全国最美家庭李雪英一家	全国最美家庭
	孝老爱亲，珍视亲情，感恩回报

案例目标

1. 了解亲子关系的不同类型及成因，感悟亲情对自我健康成长和未来发展的重要作用。

2. 学会理解、尊重父母和其他长辈，正确看待和处理亲子冲突，提高维系和谐亲子关系的能力。

3. 树立感恩父母的意识，逐步养成感恩的品质，能够珍惜亲情，以实际行动感恩父母和其他长辈。

案例摘要

聊城李雪英家庭以其孝老爱亲、珍视亲情、感恩回报的美德荣获 2022 年全国最美家庭的称号，成为众多家庭学习的典范。

在李雪英家中，孝老爱亲的传统美德得到了充分展现。在这样的家庭氛围下，孩子们也学会了感恩和回报，他们尊重长辈、关心家人，用自己的方式表达着对家人的爱和感激，传承和弘扬了中华民族的传统美德。

案例正文

全国最美家庭

在阳谷县安乐镇刘庙村有一家人其乐融融，让人啧啧称叹，这就是李雪英一家，这是一个充满爱与亲情的温馨港湾。在这个家庭里，孝老爱亲的传统美德得到了很好的传承和发扬。李雪英作为家中的女主人，始终秉持着尊老爱幼的理念，用自己的实际行动关爱着家中的每一位成员。她细心照料年迈的公婆，为他们提供舒适的生活环境；耐心教育年幼的孩子们，引导他们学会尊重长辈、关爱他人。在她的带动下，整个家庭都弥漫着浓浓的亲情和温暖。

李雪英的丈夫也非常珍视亲情，他深知家庭的重要性，始终把家庭放在心中最重要的位置。他尊重妻子、关爱孩子、孝顺父母，用自己的行动诠释着对家庭的责任和担当。在父母的榜样作用下，孩子们也学会了感恩和回报。

在这个家庭中，每个人都学会了感恩，他们感恩父母的养育之恩，感恩家人的陪伴与支持，感恩社会的关爱与帮助。他们懂得珍惜亲情、珍视家庭，用自己的努力和付出回报家人的爱和关怀。

孝老爱亲，珍视亲情，感恩回报

作为职业院校的学生，我们应该从李雪英家庭的故事中汲取精神力量，将孝老爱亲、珍视亲情、感恩回报的理念融入我们的成长过程。

家庭是我们成长的摇篮，亲情是我们最宝贵的财富。李雪英家庭中的每个成员都深知亲情的珍贵，他们用心关爱彼此，用情温暖家庭。作为学生，我们也应该像他们一样，珍视与家人的相处时光，用心去感受家人的爱与关怀。无论在学校还是在家中，都应该时刻牢记家人的期望和嘱托，用实际行动回报他们的养育之恩。

感恩是一种美德，更是一种态度。在李雪英家庭中，每个成员都懂得感恩的重要性，他们感恩家人的付出与关爱，也感恩社会的帮助与支持。作为学生，我们也应该学会感恩，感谢父母的养育之恩，感谢老师的教诲之恩，感谢同学的陪伴之恩。我们应该用一颗感恩的心去面对生活中的点点滴滴，用感恩的心态去对待身边的每一个人。

孝老爱亲、珍视亲情、感恩回报，不仅是我们应该具备的品质，更是未来走向社会、成为有用之才的基石。只有具备这些品质，才能更好地理解家庭的意义和价值，才能更好地融入社会、回报社会。

参考资料

1. 今日阳谷：《孝老爱亲传家风，助人为乐扬美名！全国最美家庭李雪英一家》。
2. 聊城日报：《一家五口人，四口是党员——记省级文明家庭李雪英、刘伟山家庭》。

案例 45　亦师亦友共筑匠心之路——全国劳动模范李振月和许明月

案例结构

亦师亦友共筑匠心之路——全国劳动模范李振月和许明月	良师相伴，亦师亦友共筑辉煌篇章
	新时代劳动者的精神标杆与现实启迪

案例目标

1. 了解亦师亦友的劳模师徒李振月和许明月的事迹，了解相互学习、相互鼓励和共同创新的师生情。
2. 认识良师相伴、助力成长的重要性，学会化解师生冲突，促进师生和谐相处。

案例摘要

本案例是李振月和许明月这对全国劳模师徒在山东正泰工业设备安装有限公司的辉煌事迹。他们亦师亦友，共同在管道工领域追求卓越，为行业发展贡献智慧。李振月凭借勤奋和创新解决了卫生间渗漏问题，展现了工匠精神的真谛。许明月则在师傅的引领下，成长为优秀的管道工，发明了提高效率的敷管小工具。这对师徒不仅在工作中相互学习、共同进步，更在生活中相互关心、彼此支持，体现了新时代师徒关系的和谐与亲密。这对师徒的辉煌篇章不仅彰显了新时代劳动者的价值，也为社会进步和行业发展树立了典范。

案例正文

良师相伴，亦师亦友共筑辉煌篇章

在山东正泰工业设备安装有限公司，有一对特殊的师徒——李振月和许明月。他们是师徒，亦是益友，携手同行在管道工的世界里共同书写着劳动者的辉煌篇章。

李振月技术精湛，善于创新，以"勤于思、善于学、敏于行"为座右铭，不断追求卓越。他利用土建模板边角料制作堵洞模板，解决了卫生间渗漏问题，为工程质量的提升和成本的降低贡献了自己的力量。

许明月在师傅的引领下，逐渐成长为一名优秀的管道工。他热爱阅读，善于钻研，勇于实践，改进了给水暗管出墙工艺，发明了敷管小工具，大幅度提高了工作效率和合格率，赢得了业内的广泛赞誉。

这对师徒在工作中相互学习，共同进步；在生活中相互关心，彼此支持。他们不仅是师徒，更是朋友，是彼此成长道路上的良师益友。

他们用近20年的时间反复琢磨一件事——为施工项目更快更好地铺设管道。他们用实际行动诠释了工匠精神的真谛，不断追求卓越，为行业发展贡献了自己的智慧和力量。

李振月和许明月是全国劳动模范的代表，是新时代劳动者的楷模。他们共同书写着劳动者的辉煌篇章，为我们树立了学习的榜样。

新时代劳动者的精神标杆与现实启迪

李振月和许明月这对全国劳模师徒，以他们的奋斗和成就为我们展现了新时代劳动者的风采，具有深刻的现实意义。

首先，他们的事迹彰显了新时代劳动者的价值。作为工人代表，他们凭借勤奋和才华，不仅赢得了荣誉，更实现了自我价值。这告诉我们，无论身处何种岗位，只要心怀梦想、脚踏实地，就能书写不平凡的人生。

其次，他们弘扬了工匠精神。他们精益求精，追求卓越，用实际行动诠释了工匠精神的真谛。这种精神是推动社会进步的重要力量，值得每个人学习和传承。

最后，他们的事迹体现了师徒传承的力量。在相互学习和交流中，他们共同成长、共同进步，展现了新时代师徒关系的崭新面貌。这种关系不仅有助于技艺传承，更有助于培养年轻一代的责任感和使命感。

总之，李振月和许明月师徒的事迹激励着我们，要勇于追求梦想，传承工匠精神，发挥师徒传承的力量，共同创造更加美好的未来。

参考资料

1. 中国劳动关系学院：《李振月：秉承工匠精神，常怀感恩之心》。
2. 张天宇：《师徒劳模20年，接力续写"管道故事"》。

案例 46　三槐家风传千古

案例结构

三槐家风传千古	手植三槐立家风，忠恕仁厚传千年
	宽厚清廉的"平世宰相"
	三槐"碑墓區"，家风泽万代

案例目标

1. 了解莘县"三槐堂"王氏家族的来历，学习王祜正直无私的品德。

2. 领悟和学习"平世宰相"王旦一生从政清廉、为人宽厚、胸襟坦荡的品德。

3. 了解山东省聊城市重点文物保护单位王旦墓的情况，传承廉洁清正、忠恕仁厚的家风文化。

案例摘要

上下五千年源远流长的历史文化滋养了伟大的中华民族，培育了勤劳勇敢、仁爱智慧的王氏家族。王氏家族人口众多，数千年来人才辈出，励志自强，建功立业，英豪遍神州，美名扬天下。

三槐王氏是如今王姓人中较大的一支，"三槐堂"是王氏子孙繁衍较大的支派。冠以"三槐堂"堂号的家谱目录占有堂号的王氏家谱总数的 40% 左右。而三槐堂王氏家族发源地正是莘县东鲁街道办事处群贤堡村，也是北宋著名宰相王旦墓所在地。北宋大文学家、书法家、画家苏轼所撰《三槐堂铭》中盛赞"国之将兴，必有世德之臣"，说的就是王旦和他的父亲王祜。2017 年 11 月 18 日，第十三届世界王氏宗亲恳亲联谊大会在莘县隆重召开，世界各地王氏企业翘楚、社会精英和宗亲代表齐聚莘县，拜谒祖陵，研讨体会"手植三槐立家风，忠恕仁厚传千年"的真正内涵，弘扬中华优秀传统家风文化。

案例正文

手植三槐立家风，忠恕仁厚传千年

谈起以北宋名相王旦为代表的三槐家风，历史学家们几乎是人人称道。说是家风，实际上内涵丰厚、包罗万象，囊括了为人处世、干事创业的方方面面。关于三槐王氏的家风特点，宋代大文学家苏轼用"忠、恕、仁、厚"四个字进行了高度概括。具体来讲，"忠"是指爱国敬业；"恕"是指宽宏处世；"仁"是指爱民为民；"厚"是指厚德载物。纵观王旦

的仕宦生涯，从政品性可谓守道正直，这和其父王祐的言传身教息息相关。

三槐王氏入居莘县的第一代叫王言，世称"三槐王氏始祖"，王言曾担任黎阳令。王言的儿子王彻状元及第，但王彻虽然很有文才，却没有官运，官职最大做到"左拾遗"，可惜英年早逝。直到第三代，王彻的儿子王祐入仕，这个家族才迎来了发展良机。

据《宋史·王祐传》记载，王祐才华出众，当时的皇帝宋太祖赵匡胤很赞赏他的才能和品行。当时宋太祖的弟弟赵光义的岳父符彦卿镇守大名府（大名府当时包括现在的莘县），由于符彦卿治理地方不好，又有人密报符彦卿密谋造反，宋太祖便对他起了疑心，就派王祐去稽查，授意他灵活行事，可以借机除掉符彦卿，回来后还许给王祐宰相的职位。王祐经过稽查，发现事实与密报不符，于是以实相报，并拿自家百口性命来担保符彦卿无罪，还对宋太祖谏言："五代之君，多因猜忌杀无辜，故享国不永，愿陛下以为戒。"

符彦卿因为王祐的正直无私如实禀报没有受到任何处分，世人都说王祐因为这件事积下了功德。后来宋太祖把王祐改派至襄州，在赴襄州任职前，王祐在居住的宅院里亲手种了3棵槐树，他说："吾子孙必有为三公者。"后来果不出其所料，他的儿子王旦在宋真宗时做了宰相，这便是"三槐王氏"名称的由来。

肯定一个家庭或家族的家风，就是对该家庭或家族历史地位的全面认可。三槐王氏能够成为影响深远的望族，族中陆续出了王祐、王旦、王素、王质、王巩、王靖、王震、王伦、王楠等位高爵显的高官自然是一个重要原因，但更重要的是这些人身上都有一种世传不衰的优良品质。一个人、一个家庭乃至一个家族在历史上的知名度和影响力，往往就是由这种优良品质决定的。

宽厚清廉的"平世宰相"

在宋真宗当皇帝的20多年里，先后有12个人出任宰相，其中包括大家耳熟能详的政治家和诗人、以刚直著称的寇准。12位宰相中数王旦在位时间最长，总共12年。王旦担任宰相的时间几乎贯穿了宋真宗作为皇帝正常执务的全过程。也正因为王旦的稳健，在长达十余年的时间里，宋朝走向了鼎盛。王旦为官清廉，在任用人才上"进贤退不肖"。君臣关系和谐，宋真宗很器重他。而王旦本人为人宽厚，胸襟大度。

北宋时期著名科学家、政治家沈括在《梦溪笔谈》中记载，有一次家人告诉王旦，家里的肉都被厨师偷吃了。王旦问，"家里一天需要多少肉？"家人说一斤，但厨师会偷吃半斤，王旦说，以后每天准备一斤半肉，人们都说王旦宽厚。王旦有"平世宰相"的美誉，后来皇帝钦赐"全德元老之碑"的篆额，由欧阳修撰写神道碑。

三槐"碑墓匾"，家风泽万代

目前，"三槐王"祖先留给莘县三件宝：三槐堂石碑、一代名相王旦之墓和三槐堂匾。现在，存放在莘县文管所内的三槐堂石碑字迹已模糊不清，但隐约能辨出石碑记录了莘县城内三槐堂的建设年月、规模和风格等诸多信息。在莘县城区东北角的群贤堡村东北方向，有一个足有2m高的土丘格外显眼，前面的红砖小屋内立着一块墓碑。黑色的墓碑正面清晰地显示"宋相王文正公旦子明墓"10个阴文字，指明这里就是北宋一代名相王旦的墓地，北面不远处还有其父王祜及王旦哥哥王懿之墓。正是这座墓地,让五湖四海的三槐王氏后裔魂牵梦绕,不断来此祭拜祖先,传承良好家风。

参考资料

1. 聊城日报:《聊城三槐堂:忠恕传家远　仁厚继世长》。
2. 聊城新闻网:《莘县三槐堂　王姓渊源长》。

案例 47　寻子 24 载,帮扶千万家——第八届山东省道德模范郭刚堂

案例结构

寻子 24 载,帮扶千万家——第八届山东省道德模范郭刚堂	一家有难全村支援
	一个人的铁骑长征
	投身公益,回馈社会

案例目标

1. 了解郭刚堂 24 年寻子坎坷经历,学习他珍爱亲情、执着坚韧的情怀和高尚品质。
2. 了解郭刚堂感恩社会的故事,学习他感恩社会、回馈社会、爱心助人的博爱情怀。

案例摘要

郭刚堂家住聊城经济技术开发区蒋官屯街道办事处李太屯村,现任聊城市天涯寻亲志愿者协会会长、山东省百姓宣讲团宣讲员。

1997 年 9 月 21 日,郭刚堂年仅 2 岁半的儿子郭新振在山东聊城李太屯村被拐,从此他踏上了漫漫寻子路,开始了自己的"寻子铁骑人生"。他以山东聊城的家为起点,北到漠河,南到海南,20 多年的时间里,骑坏了 10 辆摩托车,走遍了除西藏外的 30 多个省、市、自治区,风餐露宿寻子苦旅近 50 万 km。功夫不负有心人,2021 年 7 月 11 日,时隔 24 年后,他终于与失散的孩子郭新振团聚。

一路辛酸一路泪,一路正气一路歌,在寻找自己孩子的同时,郭刚堂还帮助很多家庭寻找离散的亲人,他用父爱、博爱感动了整个中国,他用 20 多年的坚韧诠释了父爱如山,他以博爱情怀帮助别人,用满腔的热情唤起大家手牵手握紧爱,共筑安定有序的和谐社会。他的事迹被改编成《寻找》《失孤》等影视作品。

案例正文

一家有难全村支援

1997年9月21日下午6时，忙碌了一天的郭刚堂驾驶着拖拉机回到家中，却发现自家门口围满了乡亲。村里一位老人拉住他的手告诉他，他的儿子郭新振被人贩子拐走了。老人的话犹如晴天霹雳，让郭刚堂慌了神，寻子心切的他突然给在场的乡亲们跪下，边磕头边求乡亲们帮忙寻找孩子。

乡亲们积极行动起来，当晚就发动500多人，到各个路口、汽车站、火车站去找人。当天乡亲们还凑了4万多元，让郭刚堂去寻找孩子。从此，郭刚堂的生活彻底被改变，本来乐观豁达的27岁小伙，像是变了个人。郭刚堂回忆说，在那些年里，生活没有乐趣可言，充满了自责、抱怨和压抑，那时候每天只做两件事——挣钱和寻子。

寻子路上，他遇到了很多遗失孩子的家长和走失儿童，每到一个地方，都会收集很多寻亲信息。为了帮助更多像他一样的人，他特地花钱制作了一条几百米长的宣传海报，将他遇到的数千个被拐孩子的照片信息打印在上面。20多年来，郭刚堂在寻找自己孩子的路上，替数十个家庭找回了被拐的孩子。2011年春节，他邀请4个社会流浪儿童来聊城过年，至今，仍有3个孩子一直在他身边生活！

一个人的铁骑长征

一晃一年多过去了，为了寻找孩子，郭刚堂花掉了所有的积蓄，又欠下了20多万元外债，却仍没有找到儿子。有一次，走在陡峭山路上的他突遇大雨侵袭，饥寒交迫下产生了一死了之的极端想法，但冥冥之中仿佛听到风雨中夹杂着孩子的呼唤，他猛然清醒。此后他下定决心，抛弃绝望，选择坚强。

浓浓的亲情激励郭刚堂再次踏上寻子路。他将儿子两岁生日的照片放大，印在一张 $1m^2$ 大小的油布上，制成一面旗子插在摩托车后座上，并用大大的楷体字写着"儿子，你在哪里！爸爸找你回家！"摩托车上还有一个大大的箱子，里面装的是聊城的手工艺特产葫芦烙画，一路走一路摆摊挣点路费，就这样一个人寻遍了全国30多个省、市、自治区，行程近50万km。

这些年，郭刚堂每年有一多半的时间在路上，在一张用旧了的中国地图上，上百个城市被红、黑、黄、绿各色彩笔密密麻麻地圈出来，那都是他走过的地方。每到一个城市、乡镇或村庄，都去中心地带摆出儿子的照片。沿途，他向遇到的人们打听，不放弃任何一个机会。

投身公益，回馈社会

在郭刚堂看来，这么多年的风餐露宿、风雨漂泊都是值得的。他坦言自己之所以能够坚持下去，是因为千千万万好心人的鼓励。更多的时间，他积极投身公益活动，踏踏实实地做一些力所能及的事情，为社会回馈自己的一份力量。

2012 年起，郭刚堂在光岳楼东北角经营了一家商铺，出售聊城的传统手工艺品，并联系到一些残疾人，为他们提供住所和餐饮，请来技术精湛的老艺人教授他们制作技艺，让他们通过劳动赢得社会的尊重。

同年，他创办了天涯寻亲网，又于 2014 年筹建了天涯寻亲志愿者协会。协会不仅帮助被拐卖的妇女儿童，像阿尔茨海默病患者，健忘、智障、精神疾病等离家人员也是协会的帮扶对象，给相关部门提供有效信息数千条，帮助几百个家庭找到了亲人，感动了整个中国。

致力寻亲，普及壮大公益力量。他与志愿者策划实施"城市之眼"项目，发动爱心出租车加入助力寻亲的大军之中；针对老年人非正常意愿走失，他倡导天涯寻亲志愿者协会与各地救助站建立信息对接平台。

他们深入社区，开展"关爱银发，守护幸福"项目，为老年人统一发放老年定位贴、老年黄手环，建立老年人档案，并为老年人家属普及如何赡养老人及防走失常识。

2021 年年初，郭刚堂所在的公益组织推行"橙色守护，共建文明"项目，对聊城市环卫工人进行口罩、手套及其他募捐的物资发放，同时对接聊城大学学生志愿者，向有需求的环卫工人子女进行学习课业辅导和学习方式方法的交流。通过物资发放形式建立沟通、互动，让他们在工作岗位上发现非正常走失人员时及时提供帮助。

通过这些年的经验积累，郭刚堂发现对于所有失亲家庭，寻亲也好，寻家也好，最重要的是如何打开心结。所以，他通过直播互动的形式，让成千上万遭遇不幸、意外的家庭从抱怨、愤恨，甚至偏激的想法里走出来，回归正常生活。

开播几个月，粉丝达十几万，直播间最多同时在线近 3 万人。他还应邀参加全国公安系统打拐座谈会。郭刚堂的坚韧和公益之心让社会感受到他身上强大的温暖力量。

参考资料

聊城文明网：《第八届全省道德模范丨郭刚堂：寻子 24 载，帮扶千万家》。

案例 48　孔繁森：珍视亲情，心怀大爱

案例结构

孔繁森：珍视亲情，心怀大爱	珍视亲情
	家风里的红色传承
	西藏的老人就是我的老人

案例目标

1. 增进对中华传统文化的认同，传承孝敬父母、仁爱共济的中华优秀传统美德。
2. 感受孔繁森同志珍视亲情、心怀感恩的人间大爱。

案例摘要

孔繁森离别家乡，先后两次进藏，用一腔热血筑起了民族团结的丰碑。其实，毅然决然二离桑梓奔赴西藏的背后，是一个知人冷暖、有情有义的孔繁森。

案例正文

珍视亲情

"夜静四无邻，犬声扰我心。思乡思亲友，更思老母亲。"

"每当我看到这些孤寡老人，就像见到远在家乡的老母亲。"

——摘自孔繁森1988年的日记

1986年，农历正月十五，时任聊城地委行署办公室副主任的孔繁森想带母亲去看花灯。但母亲高龄，行动不便，他便向人借了一辆地排车。时任聊城艺术馆摄影部主任的陈明远与孔繁森私交甚好，他当时去拍花灯，看到孔繁森用地排车推着老母亲看花灯，马上用照相机记录下来。

1988年，孔繁森二次进藏前，孔繁森向母亲辞行。看着87岁、瘫坐在轮椅上、生活完全不能自理的老母亲，孔繁森声音颤抖地说："娘，儿又要出远门了，到很远很远的地方去，要翻好多座山，过好多条河。"

"三儿啊，咱不去不行吗？"年迈的母亲颤巍巍地问。

"不行啊，娘，咱是党的人，得给公家办事啊。"孔繁森的声音哽咽了。

"那就去吧，俺知道公家的事误了不行。多带些衣服、干粮，路上别喝冷水……"

孔繁森再也抑制不住内心的痛苦，"扑通"跪在母亲面前流着眼泪磕了一个头。

当时，阿里地委办公室工作人员李玉建看到这里，忍不住哭出声来。不了解西藏、从没出过远门的老母亲哪里能想到，他儿子去的地方，艰苦得让人难以想象。

"小梁，不知为什么，我头痛得怎么也睡不着觉，我是在海拔近6000公尺（1公尺＝1m）的地方给你写的信。万一我发生了不幸，不要给我家乡讲，更不能让我母亲和家属孩子知道。你要每月以我的名义给我家写一封报平安的信。我在哪里发生的不幸，就把我埋在哪里。切记，切记！"（摘自孔繁森1994年2月27日的日记）

1994年2月，一场50年不遇的暴风雪袭击阿里，数以万计百姓受灾，50多万头牲畜冻饿而死。孔繁森率工作队踏着齐腰深的积雪，深入受灾最严重的革吉、改则两县，把每户牧民的受灾情况一一记在笔记本上，挨家挨户分发救灾物品和救济款。2月27日凌晨3点，孔繁森感到头痛欲裂、心慌气短、四肢无力，由于连日超负荷的工作和长时间的高原反应，让有着医学知识的他预感到了死神的来临。他艰难地支撑着身体，在笔记本上给公

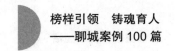

务员梁福兴写下了遗书，字里行间充满了革命英雄主义的情怀和对老母亲、妻子和孩子的无限深情。

家风里的红色传承

聊城市堂邑镇五里墩村，孔繁森生于斯长于斯。

正屋里侧房间内，摆放着一张木桌、一张木椅和一张简陋的木板床，虽经修葺翻新，仍然散发着特有的时代痕迹。墙上的老照片，是孔繁森 1991 年 12 月从西藏回家探亲，为 90 岁的老母亲祝寿时和家人及亲朋好友的合影。

在五里墩村，全村人都是一个姓氏。村里住的多是孔氏后裔，"温良恭俭让""仁义礼智信""忠孝廉耻勇"传统民风深入人心。

孔繁森的父母都是农民，他们温和柔顺、朴实厚道、诚实守信、与人为善，这也成了孔家五兄妹的道德规范和行为准则。

孔繁森小时候经常让母亲讲故事，不管是孟母三迁、岳飞精忠报国，还是苏武牧羊他都喜欢。耳濡目染，孔繁森立志长大后要做一个办好事、有作为、受人敬仰的人。

忠厚传家远，诗书继世长。对于山东人而言，这是耳熟能详的一副对联，其所彰显的文化根性深植于山东人的血脉之中。

时至今日，五里墩村的发小、故友与老乡聊起孔繁森的点滴往事，"奉献""忠诚""无私"等词镌刻在他们脑海中。

1993 年，孔繁森的妻子到西藏探亲，去的路费由自己筹措。由于看病，妻子将返程的路费花光，只好向孔繁森要钱，他东挪西借才勉强凑了 500 元，而回程机票是 800 元。妻子不忍心让丈夫为难，就自己找熟人借了一些。

由于生活拮据，为了资助震灾中认识的孤儿，孔繁森甚至到血库献血。在外人眼里，这几乎难以想象。

这一年，孔繁森进藏工作期满，但他继续留在西藏，担任了阿里地委书记。外出调研时，饿了就吃口风干的牛羊肉，渴了就喝口山上流下来的雪水。条件虽然艰苦，孔繁森却很乐观，并风趣地对随行人员说："快尝尝，这是上等的矿泉水，高原没有污染，等我们开发出来了，让外国人花美元来买！"

坐落于五里墩村的孔繁森精神教学基地内，从走廊到室内，孔繁森以西藏阿里为题材的摄影作品分外醒目。"一个人爱的最高境界是爱别人，一个共产党员爱的最高境界是爱人民。"正是有了对人民的爱，才会以苦为乐，扎根高原。

精神的力量可以穿越时代。聊城孔繁森精神教学基地作为山东重点推进打造的四个党性教育基地之一，自 2021 年 7 月启用以来，坚持以习近平新时代中国特色社会主义思想为指引，多元开发孔繁森精神主题特色课程，吸引了青海、西藏等民族地区干部及山东省委党校、山东省民委等省内党员干部前来培训学习。

"进入新时代，我们坚持用孔繁森精神教育引导干部，着力打造'繁森故里石榴红'工作品牌，切实担负起传承、弘扬孔繁森精神的责任和使命。"聊城市委主要负责同志说。

西藏的老人就是我的老人

孔繁森到阿里不久，下乡到噶尔县门土区的困难群众家里看看实际情况。村里一栋低矮的土坯房里，住着一位年近 80 岁的孤寡老人。一进门，孔繁森就亲热地双手握住老人枯瘦的手说："波啦（大娘），地委派我来看您老人家啦！"

听说是地委书记来了，老人抱住孔繁森的胳膊哭起来。孔繁森意识到了什么，就随手拿起身旁的酥油壶，一摇，空的。再一细问，原来老人已经八天没有酥油茶喝了。

孔繁森又来到另一户人家，这家也只有一个孤寡老人，名叫单增卓玛，偏瘫，脸色苍白地侧卧在一张没有褥垫的破床上。老人见有人来，硬是挣扎着爬起来，头磕着床沿哭着说："求求你们了，我病了好些天，没有人来看我……"

孔繁森快步走上前，扶起声泪俱下的老人，他的心像被针扎一样疼，他握住单增卓玛的手流着泪说："波啦呀，我来晚了，让您老人家吃苦啦……"

当着老人的面，孔繁森批评了当地干部并责成区里的干部立即办妥三件事：一、速派医生来给老人看病；二、3 天之内给两位老人做两个床垫子，要用毛毡加厚的；三、赶快解决两位老人的生活问题。

从此，两位孤寡老人的事一直挂在孔繁森的心上，每次路过都去看望，哪怕他知道有人路过这个区，也总是少不了给两位老人面粉、水果和钱。

一天，地委副书记桑珠才旺下乡回来，告诉他其中一位老人几天前已病故。孔繁森听说后，愣了好长时间，一直没说话，心情特别沉重。

远在西藏的孔繁森，最挂念的就是家中年近九旬的老母亲，怎奈远隔千山万水，无法在老人膝下尽孝，便把对老母亲的爱全部倾注在藏族老人身上。他在拉萨的通讯员崔建勇回忆：一次下乡调研时，发现了几位无人赡养的老人和无人照顾的孩子，好像生病了，他马上打开自己随身携带的药箱给老人和孩子们进行身体检查，并为老人们拿药、贴止痛膏、按摩，还把他身上仅有的钱、食物和穿的外套送给了老人和孩子。事后，我问他："这样做你图个啥？"他说："不图啥，家家都有老人和孩子，我家也不例外，但自古忠孝不能两全，我也特别想念她们，也就在西藏尽孝吧！"

孔繁森经常说："西藏的老人，就是我的老人。"他不是说说而已，在西藏后来的日子里，他对西藏老人嘘寒问暖，送去生活日用品，送钱接济老人，他实实在在把西藏老人当作自己的老人对待。

心忧百姓，亲民爱民。孔繁森在行动中将人民对美好生活的向往，作为自己的奋斗目标。西藏的老人是他的老人，西藏的孩子是他的孩子，西藏的土地是他的家乡。孔繁森把自己当公仆，被阿里人民称为"活菩萨"。在西藏，"孔繁森式的干部"至今仍然是群众对人民公仆的最高称誉。

参考资料

1. 高杉：《孔繁森的初心可以这样讲》。
2. 吴文立：《新时代孔繁森精神研究》。

专题十
学会学习，终身受益

1. 学习是立身做人的永恒主题，也是报国为民的重要基础。梦想从学习开始，事业从实践起步。当今世界，知识信息快速更新，学习稍有懈怠，就会落伍。有人说，每个人的世界都是一个圆，学习是半径，半径越大，拥有的世界就越广阔。

——习近平在欧美同学会成立 100 周年庆祝大会上的讲话（2013 年 10 月 21 日）

2. 想象力、创造力从哪里来？要从刻苦的学习中来。知识越学越多，知识越多越好，你们要像海绵吸水一样学习知识。既勤学书本知识，又多学课外知识，还要勤于思考，多想想，多问问，这样就能培养自己的创造精神。

——习近平在北京市少年宫参加"快乐童年放飞希望"主题队日活动时强调（2013 年 5 月 29 日）

3. 要勤学，下得苦功夫，求得真学问。知识是树立核心价值观的重要基础。古希腊哲学家说，知识即美德。我国古人说："非学无以广才，非志无以成学。"大学的青春时光，人生只有一次，应该好好珍惜。为学之要贵在勤奋、贵在钻研、贵在有恒。鲁迅先生说过："哪里有天才，我是把别人喝咖啡的工夫都用在工作上的。"大学阶段，"恰同学少年，风华正茂"，有老师指点，有同学切磋，有浩瀚的书籍引路，可以心无旁骛求知问学。此时不努力，更待何时？要勤于学习、敏于求知，注重把所学知识内化于心，形成自己的见解，既要专攻博览，又要关心国家、关心人民、关心世界，学会担当社会责任。

——习近平在北京大学师生座谈会上的讲话（2014 年 5 月 4 日）

案例 49　人生因奋斗而精彩——
全国劳动模范许明月

人生因奋斗而精彩—— 全国劳动模范许明月	终身学习，持续发展，谱写工匠人生
	树立终身学习与持续发展之志

案例目标

1.了解许明月吃苦耐劳、勤奋好学、精益求精的良好品质，以及主动学习、持续发展的精神。

2.认识学习的重要性，端正学习态度，坚定"我要学好""我能学好"的信心，树立终身学习的意识。

案例摘要

许明月，以终身学习与持续发展的精神，从普通水暖安装工人成长为行业专家，2020年荣获全国劳动模范的称号。他坚持学习，钻研技术，创新工具与方法，带领团队创造卓越业绩。他感恩师承，传承劳动与工匠精神，为社会进步贡献力量。许明月的案例彰显了终身学习与持续发展的重要性，激励我们以他为榜样，热爱学习，注重实践创新，追求卓越，为实现个人梦想与社会进步而努力。

案例正文

终身学习，持续发展，谱写工匠人生

许明月的成长之路，是对终身学习理念的生动诠释。

从学徒工干起的许明月深知学习的重要性，总是把责任铭记心中，认真从师傅那里学习技术，遇到问题，不懂就问，不会就学，吃不透不罢休，学不会不算完，直到把技术原理和技术规范全部学透、做好为止。这种对知识的渴望和对技术的执着，使吃苦耐劳的许明月得以迅速成长。

由于责任感强、技术过硬，表现积极、良好，2005 年，许明月成为公司的一名水暖班组长。作为工地管道施工的第一负责人，许明月意识到终身学习的重要性。他利用业余时间积极学习设计原理和技术规范，发明了一些提升施工水平和工作效率的新工具、新技术。这些创新不仅提高了工作效率，也为公司节约了大量成本。

在许明月的带领下，他所在的团队参与、组织施工的工程多达 60 余项，建筑面积超80 万 m^2，完成产值过亿元。他们打造的精品工程多次荣获"泰山杯"殊荣。这些成绩的背后，是他对学习的坚持和对技术的不断创新。

许明月非常感恩师傅李振月的教导。作为全国劳动模范，李振月不仅教会了他技术知识，更传授给他对工作的热爱和对技术的追求。许明月深知，正是师傅的悉心教导和自己的不懈努力，让他能够取得今天的成就。

许明月的故事告诉我们，终身学习不仅是一种态度，更是一种生活方式。只有不断学习、不断进步，才能适应社会的发展和变化，实现个人的持续发展。在未来的道路上，许明月将继续保持平常心、上进心，用自己的实际行动诠释终身学习的精神。他相信，在不断学习和进步的过程中，他将带领团队创造出更多的精品工程，为社会的发展贡献自己的力量。

树立终身学习与持续发展之志

许明月的事迹具有深远的现实意义，它不仅是对个人职业发展的生动展示，更是对终身学习和持续发展理念的有力诠释，提醒我们在快速变化的社会中，必须不断学习、进步，才能适应时代的需求。

职业院校的学生，应以许明月为榜样，树立终身学习与持续发展的理念。要热爱学习，不断充实知识和技能；注重实践与创新，将所学应用于实际，勇于挑战自我；向身边的榜样和导师虚心请教，汲取智慧；同时，培养劳动精神和工匠精神，热爱劳动，追求卓越。通过不懈努力，为社会进步贡献力量。

参考资料

1. 澎湃新闻：《【最美聊城人】许明月——人生因奋斗而精彩》。
2. 聊城日报：《全国劳模的"三件宝"》。

案例 50　一寸光阴不可轻——国学大师季羡林

案例结构

一寸光阴不可轻——国学大师季羡林	漫漫求学路
	立志读尽人间书
	心如明镜勤自勉

案例目标

1. 了解季羡林的求学路、季羡林的人生观及所取得的成就。
2. 树立正确的人生观及终身学习意识，为职业发展奠定基础。

案例摘要

季羡林出生于贫困的农民家庭，受环境所影响，在6岁之前几乎没有接受教育，在6岁之后到济南投靠叔父，高中毕业后以优异成绩考入清华大学，留学德国哥廷根大学并获得博士学位。

案例正文

漫漫求学路

童年岁月（1911—1917 年）：季羡林于 1911 年 8 月 6 日出生于山东省清平县（现归临清市）的一个小村庄。在当时的环境下，私塾是没有的，接受教育对于季羡林来说是一种奢望，据季羡林回忆，"我那一个家徒四壁的家就没有一本书，连带字的纸条子也没有见过"。季羡林这一辈中只有季羡林一个男孩，济南叔父家有一个女孩，在封建社会里，家里唯一的男孩意味着要传宗接代，光大门楣。在季羡林 6 岁的时候，即 1917 年，他离开父母，离开家乡，被叔父接到济南，这是季羡林一生中关键的一个转折点。

游学求知（1917—1935 年）：1917 年季羡林到济南投靠叔父，在小学期间季羡林的成绩总在甲等三四名和乙等前几名之间盘旋。1923 年季羡林小学毕业，考进正谊中学，在正谊中学读了两年半就毕业了，这段时间，据季羡林回忆，"懵懵懂懂，模模糊糊，在明白与不明白之间，主观上不勤奋，客观上又非勤奋不可；从来不想争上游，实际上却从未沦为下游"。在山东大学附设高中季羡林开始勤奋学习，两年 4 次考试中，考取了 4 个甲等第一，此是为"有志者，事竟成"。季羡林在谈到自己的经验和诀窍时回答说："没有的，如果非要说点什么不行的话，那我只能说两句老生常谈：书山有路勤为径，学海无涯苦作舟。勤苦二字就是我的诀窍。"高中毕业后，季羡林报考了大学，北京大学和清华大学都录取了他，最终，季羡林选择了清华大学，进入西洋文学系。

留学哥廷根（1935—1946 年）：在 1935 年 8 月 1 日，季羡林离开了家，从北平（现在的北京）乘火车到德国。在德国柏林，季羡林被派到哥廷根大学。1935 年 10 月 31 日，季羡林从柏林到了哥廷根，原本打算住两年，结果一住就是 10 年。季羡林在哥廷根大学学习希腊文学、梵文、吐火罗文等课程。学习梵文并非一帆风顺，这是一种在现在世界上已知的语言中语法最复杂的古代语言，季羡林不畏苦难，暗下决心"一定要跳过这个龙门"。1945 年，季羡林离开德国回到中国。1946 年，前往北京大学东方语言文学系任教。

立志读尽人间书

"人类千百年以来保存智慧的手段不出两端：一是实物，比如长城等；二是书籍，以后者为主。在发明文字以前，保存智慧靠记忆；文字发明以后，则使用书籍。把脑海里记忆的东西搬出来，搬到纸上，就形成了书籍，书籍是贮存人类代代相传的智慧的宝库。后一代的人必须读书，才能继承和发扬前人的智慧。人类之所以能够进步，永远不停地向前迈进，靠的就是能读书又能写书的本领。"这是季羡林先生对读书的看法。他深知知识对于个人成长和社会进步的重要性，因此始终保持着对读书的热爱和追求。他认为，通过读书可以汲取前人的智慧和经验，从而为自己的成长和发展提供有力的支撑。

季羡林先生注重读书的方法和态度。他倡导的是一种目标导向、规划先行的阅读理念。在他看来，选择性阅读至关重要，唯有那些能够滋养心灵、激发深层思考的书籍，才值得我们去投入时间与精力。此外，他格外强调阅读需持之以恒，不可浅尝辄止或急功近利，因为唯有这样，我们才能深刻体会到知识海洋的浩瀚与深邃，领略到它独有的魅力。

对于季羡林先生而言，读书不仅是一场心灵的旅行，更是一种心灵的享受。在字里行间，他能够深刻感受到知识的力量如同潺潺溪流，滋养着心田；智慧的火花则如同璀璨星辰，照亮着前行的道路。这种由阅读带来的愉悦与满足，让他沉醉其中，乐此不疲。因此，他热情呼吁每个人都要以一颗虔诚而敏感的心去阅读，去细细品味书中的每一个字、每一句话，让阅读成为生命中不可或缺的一部分，成为追求精神富足与升华的重要途径。

心如明镜勤自勉

季羡林先生在书中写道："我只有一点明白易懂简单朴素、迹近老生常谈又确实是真理的道理。我引一首宋代大儒朱子的诗：

少年易老学难成，一寸光阴不可轻。

未觉池塘春草梦，阶前梧叶已秋声。

明白易懂，用不着解释。这首诗的关键有二：一是要学习，二是要惜寸阴。"

季羡林先生说过："我非常平凡，没什么了不起的。如果我有优点的话，我只讲勤奋。"季羡林的勤奋是十分有名的，数十年来，每天凌晨4点钟刚过，他就点亮了燕园第一盏灯，人家说他是"闻鸡起舞"，他说"不，是鸡闻我起舞。"他始终如一地坚持着早起的习惯，即便是身处异国他乡的访问行程中，也未曾有丝毫懈怠。他深知凌晨至早餐前这段宁静无扰的黄金时段之宝贵，便充分利用这三四个小时，全身心投入科研探索与文章撰写之中。此外，他还独具慧眼，发掘出诸多被常人忽视的"时间碎片"：无论是穿梭于路途中的步行、骑行、乘车，还是翱翔于万米高空的飞行时光，他都能将这些看似零散的时刻转化为思考的契机，甚至直接动笔记录灵感。在繁忙的会议日程中，他同样展现出了高效利用时间的智慧。面对接踵而至的会议邀请，他总能巧妙安排，不仅充分利用会前会后的间隙时间，就连会议进行中，也能在听取发言时，仅用一侧耳朵捕捉关键信息，而将剩余的心力倾注于文章的构思与撰写上。

季羡林先生学贯中西，汇通古今，在语言学、文化学、历史学、佛教学、印度学和比较文学等诸多领域都颇有建树，堪称我国学术界的一代宗师。他精通梵语、巴利语、吐火罗语、英语、德语、法语、俄语等多种语言，是世界上仅有的几位从事吐火罗语研究的学者之一。从20世纪80年代后期开始，他极力倡导东方文化研究，主编大型文化丛书《东方文化集成》，约500余种、800余册；他十分关心我国古代典籍的保存和抢救工作，在20世纪90年代亲自担任《四库全书存目丛书》总编纂，为弘扬国学作出了突出贡献。

参考资料

1. 季羡林：《要把读书当回事》。

2. 梁志刚：《纪念季羡林诞辰107周年 | 季先生教书治学的一生》。

案例 51　规格严格，功夫到家——工程院院士王子才

案例结构

规格严格，功夫到家——工程院院士王子才	明确目标，主动学习
	坚守一线，扛起航天强国的责任
	报国志，责任担当

案例目标

1. 了解王子才院士争做读书人的志向，以及在航天强国中的责任担当。
2. 掌握正确的学习方法，只有通过学习，才能改变命运，担起祖国的伟大复兴之责。

案例摘要

　　王子才 1932 年出生于山东聊城一个普通的农民家庭。贫困艰难的生活，让王子才的家里人意识到读书的重要性，唯有读书，才可能改变命运。凭借学校的助学金王子才完成了中学学业，并在 1951 年以优异成绩考入哈尔滨工业大学。从毕业留校任教到进行科研攻关，王子才在系统仿真、现代控制理论及其应用等领域成果斐然。由他一手创建的哈尔滨工业大学控制与仿真中心为我国的国防事业提供了强有力的技术支持。2001 年，凭借在飞行仿真转台、复杂大系统仿真技术、现代控制理论与应用三方面的突出贡献，王子才当选中国工程院院士。王子才院士说："只有把个人的发展融入科技强国的伟大事业之中，才能更好地实现自己的价值。祖国和人民的需要就是我们的科研目标。"

案例正文

明确目标，主动学习

　　王子才 1932 年出生于山东聊城一个普通的农民家庭。由于家境贫寒，次年王子才便跟随全家"闯关东"，一路北上到了辽宁抚顺，父亲在煤矿打工谋生。但由于积劳成疾，其父于 1943 年因痨病不治去世，家庭的重担全都交给了年长近 20 岁的两个哥哥身上。

　　"知识改变命运。"在困境与挑战交织的生活中，王子才的家庭深刻领悟到知识的力量，坚信唯有教育方能成为改写命运之钥。因此，家人倾尽全力，将王子才推上了"读书

人"的宝贵道路，使之成为家族中独一无二的希望之光。然而，王子才的求学之路并非坦途，而是布满了时代的荆棘。在那个动荡年代，百姓生活困苦，王子才的中学时光也因此蒙上了阴影。1948 年，面对生活的重压，他不得不暂时放下书本，随母返回聊城老家，依靠微薄的田地维持生计。尽管这段日子很艰难，但身处解放区的安宁环境让他有了喘息之机，通过辛勤劳动不仅强健了体魄，更在心中种下了"共产党乃国家救星"的坚定信念。随着解放战争的胜利，抚顺在共产党的领导下焕发了新生，人民生活水平显著提升。王子才也得以重返抚顺，与亲人团聚，并在国家的助学政策支持下，重启了中断的学业。他倍加珍惜这来之不易的机会，最终以优异的成绩叩开了哈尔滨工业大学的大门，开启了人生新的篇章。

坚守一线，扛起航天强国的责任

在王子才留校执教的第三个年头，他迎来了职业生涯的一个重要转折点——被选派至南京军区，投身于歼击机起落控制系统的科研前沿。在这一年里，他专注于攻克歼击机返航着陆刹车控制系统的技术难关，并成功将其从蓝图变为现实。这段南京之旅，对王子才而言，是一次深刻的理论与实践深度融合的旅程。他深刻体会到，书本上的知识虽为基石，却往往构建于理想化的框架之中，而面对复杂多变的实际工程问题，则需将理论灵活运用于实践，并在此过程中不断修正、完善。这正是工程科学技术的魅力所在，它要求科研人员不仅要精通理论，更要勇于实践，通过无数次的试验与验证，推动技术的边界向外拓展，实现真正的创新与突破。

从校园讲台到科研前沿，王子才院士在系统仿真、现代控制理论及其应用等方面取得了辉煌成就。在控制理论研究领域，他研究开创了一系列新的方向。由他一手创建的哈尔滨工业大学控制与仿真中心为我国的国防事业提供了强有力的技术支持。2001 年，是对王子才院士科研生涯的一次高度认可与肯定，他因在飞行仿真转台技术革新、复杂大系统仿真领域的深度探索，以及现代控制理论与应用实践的卓越贡献，荣膺中国工程院院士称号。

"众多科研项目中，最难忘的是为天宫一号和神舟八号飞船在太空首次对接进行技术可靠性验证和风险评估。任务可谓光荣而艰巨，当时承受了巨大的压力。""两个高速运行的飞行器对接，控制稍有偏差就可能'擦肩而过'。"历经几年科研攻关，王子才率领的科研团队研制出九自由度运动模拟系统，这套用于模拟交会过程的地面仿真设备，验证了交会对接的精准定位。为了保障交会对接任务的安全无误，总装备部在发射升空前特别组建了交会对接地面实验评估专家团队，并任命王子才为组长，负责全面评估该技术的可靠性及潜在风险。专家组依托科学严谨的评估体系，结合多年累积的仿真实验精准数据，进行了深入而客观的剖析。这一评估过程不仅验证了地面仿真的高度可信度，还清晰揭示了交会对接过程中可能遇到的风险因素，为任务的成功执行提供了坚实的数据支撑与决策依据。2011 年 11 月 3 日 1 时 43 分，中国自行研制的神舟八号飞船与天宫一号目标飞行器在距地球 343km 的轨道牵手成功，创造了举世瞩目的中国奇迹，为我国建设空间站奠定了关键技术基础。

报国志，责任担当

在长达半个世纪的教育与科研征途中，王子才院士不仅个人成就斐然，荣获了众多科研荣誉，更以无私的奉献和卓越的智慧，培育了一代又一代的杰出人才，桃李满天下。"我对人才的体会是人第一、才第二，团队选用的都是人品好，能够踏踏实实、全心全意做事的人。"谈及选人用人，他有自己的体会，"真正的科学家，在自己的发展历程中，追求个人东西相对来说要少一些，我们现在培养人，要特别注意培养青年人的奉献精神。"

合抱之木，生于毫末；九层之台，起于累土。结合自己数十年科研生涯带来的深刻感触，王子才这样勉励青年科研工作者："坚守科研方向，脚踏实地，不浮躁、不急功近利；结合国家重大需要，解决国家卡脖子技术难题。只有把个人的发展融入科技强国的伟大事业之中，才能更好地实现自己的价值。祖国和人民的需要就是我们的科研目标。"

朝为田舍郎，暮登天子堂。从烽火连天的战争年代怀揣的报国梦想，到和平安宁时期的默默耕耘与付出，再到改革开放浪潮中的锐意进取与攻坚克难，王子才院士一直迎难而上、勇往直前，他完美诠释了"规格严格，功夫到家"的治学精神。他不仅是国家责任的坚实担当者，更是老一辈科学家群体的杰出代表，他们以实际行动展现了求真务实、心系国家、无私奉献的爱国情怀与崇高品德。这份精神力量，如同璀璨灯塔，照亮了新时代科技工作者前行的道路，激励着他们不断攻坚克难、勇攀科技高峰，成为推动社会进步与国家发展的重要力量源泉。

参考资料

1. 光明日报：《"祖国和人民的需要就是我们的科研目标"——访哈尔滨工业大学自动控制、系统仿真专家王子才院士》。
2. 中国自动化学会：《"口述历史"系列访谈——我国自动控制、系统仿真专家王子才院士》。

案例 52　活到老学到老的孙大石

案例结构

活到老学到老的孙大石	勤奋自学读懂人生
	探索创新艺术成功之路

案例目标

通过了解孙大石先生的个人学习经历，理解终身学习是每一个社会成员为适应社会发

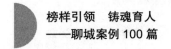

展和实现个体发展的需要，学习与人的生命共始终。

案例摘要

孙大石所走过的艺术道路，是一条不断探索、不断创新、不断成功之路，他的艺术作品，是他艺术思想和艺术实践相融合的结晶。孙大石没有师承，没有学生，更没有其他特殊关系，他靠自己的创作实力奠定了在中国山水画界的地位。

案例正文

孙大石先生青年从军，抗战结束后旅居美国等地，在美国期间他开创了布上水墨画先河。1982 年回国定居北京，受到国家领导人接见。其写意水墨山水画既有传统功力又有时代的韵味，富有创新意识，被画界誉为"放出异彩的天才""水墨画的鬼才"。曾任中国美术家协会理事，文化部侨联主席，中国画研究院研究员，中央文史研究馆馆员，全国政协第六、七、八届委员，中国华侨文学艺术家协会会长，享受国务院特殊津贴。孙大石力主国画革新，有《中国绘画的现代观》等论文发表；作品多次被国家领导人作为国礼赠送外国领导人，曾在日本、美国、韩国等地举办个展十余次，多次参加欧美各地巡展，并且作品被多国博物馆、美术馆收藏，是 20 世纪后半叶推进中国画改革进程中一位重要的艺术大家。

勤奋自学读懂人生

"少年立志在四方，足迹踏遍远重洋。看破人间天下事，泥土仍是老家香。"回国之后，孙大石创作了大量描绘祖国大好河山、歌颂祖国建设风貌的作品。孙大石不但用画笔来倾注他的爱国情怀，更用一件件感人肺腑的事例来回报祖国母亲对海外赤子的爱。1990年以来，他捐资上百万元与高唐县政府合资修建了仿古式孙大石美术馆，把自己创作和收藏的数百幅书画精品、近百件珍贵文物和全部藏书都无偿捐给县政府，为家乡的子孙后代留下了无价的精神财富。目前孙大石美术馆已成为高唐县书画名城的重要窗口单位、青少年爱国教育的重要基地、鲁西文化事业上的一颗璀璨的明珠。

为了促进家乡教育事业的发展，他在高唐一中、高唐二中捐资设立永久性奖学金，每年奖励全校前十名优秀高考生（其中包括一名优秀高考美术生）。目前数百名得奖学生有的已成为国家栋梁之才，有的已出国深造，有的在攻读硕士或博士研究生。他们常给孙先生来信，汇报自己的学习和工作情况。孙大石每当读到一封封莘莘学子的来信，心灵就感到莫大的安慰。孙大石的学历不高，他深知没有文化的痛苦，更深知文化的重要性。1998 年他捐资百万元，在他的故乡——三十里铺镇孙庄，修建了孙大石希望小学，并为学校装配了微机教室，这是在当时城市小学也难以达到的标准。

探索创新艺术成功之路

早在 20 世纪 50 年代初期，孙大石就步入了职业画家的行列。他广泛涉猎各个画种，吸收各种艺术手法，融会贯通，为己所用。孙大石的作品具有中西合璧、创新脱俗、激情四射的风格，他是我国台湾地区最早主张国画改革与创新的呐喊者与实践者。他不重复别人的画风，也不重复自己的画风。《山庄云涌》是一幅神来之笔的作品，他完全摆脱了具象的束缚，进入到纯粹的绘画精神世界。山水画巨作《台湾横贯公路胜景》《山水通景》，既有胸藏千壑、笔吞万川之势，又有精心收拾、苦心布局之妙。他拿着上帝之笔，从容指挥着万水千山的变化。他在美国 8 年，除了多次举办个展和讲学外，在西洋画创作上也有了新的飞越，并独创了布上水墨画。这 8 年是他在绘画道路上进行中西结合的探索时期。

在孙大石数百万字的日记中，有一半以上的文字在谈他的创作经历、体会、经验和绘画的各个方面，《孙大石画语录》一书就是从他日记中精选出来的，是他艺术实践和艺术思想的结晶。他认为："作画要讲究气势，有了气势画面才有生命力，有生命力的作品才能震撼人心……笔落纸须心坎发出，无自感不能感人，心不定落笔不稳，神不凝则气韵不能生……倘若人格扫地，毫无修养，自不能产生伟大、感人的传世作品，此可断言。艺术的优劣大多表现在人格的高低上，绘画到了最后，就是思想感情的发泄和人格的较量。"

孙大石坚信，时间是最好的过滤器和最公正、最伟大的评论家，真正的画家只靠作品来说话。一个健康的社会自有公正存在，自有大批有良心、有道德、有眼力的艺术家、评论家和观众存在。李可染先生在展览座谈会上赞扬孙大石的画"既有传统精神，又有创新意识，不拘成法，气势逼人，纵情挥洒之间，尽显阳刚之美，可谓独具风骨"。李苦禅先生看了孙大石的画作后欣然提笔赞道："上帝造万物，画者亦能造万物，画自家画即开辟自家蹊径也。"

著名画家杨力舟在《孙大石写生画集》的序中，以"纵笔快意千仞峰，落落不群浩然气"为题写道："他不断探索，高论博学，新作迭出。恣意挥写，波澜壮阔……慷慨激昂的谈吐和他的大写意的豪迈画风是那样的一致。我常常为他执着和激情的艺术家秉性所感动。"著名山水画家秦岭云和著名美术评论家刘曦林、杨悦浦也多次写文章赞其已获得的艺术成就。"横扫竖抹拖拉滚，笔行纸上似有神。干湿浓淡气韵在，个中自有中华魂。"此诗为孙大石先生所作，那种"个中自有中华魂"的精神极具个性地显现出孙大石先生对待艺术的豪迈之情。

> **参考资料**

高唐书画艺术网：《阳刚之美 独具风骨——孙大石先生的艺术人生》。

案例 53 钳台铸就"金蓝领"—— 山东省首席技师张则强

> **案例结构**

钳台铸就"金蓝领"—— 山东省首席技师张则强	主动学习，筑梦基石
	高效创新，技术领航
	传承技艺，引领未来

案例目标

1. 了解张则强的故事，从学习态度、学习目标等方面培养主动学习的品质。

2. 认识主动学习、高效学习的重要性，探寻适合自己的高效学习方法，不断提升高效学习的能力。

案例摘要

张则强，中通客车的高级钳工技师，以卓越技艺赢得"山东省首席技师"等殊荣。他自学不辍，紧跟技术前沿，在钣金、钳工等领域成就斐然，多次解决技术难题，提升生产效率，荣获多项大奖。更难能可贵的是，他热心技能传承，通过培训、攻关小组和视频教程等方式，无私传授技艺给新员工，助力企业人才培养。张则强是主动学习、勇于创新和乐于传承的典范，他的故事激励着更多人追求卓越，为行业发展贡献力量。

案例正文

主动学习，筑梦基石

在当今时代洪流中，主动学习已成为推动个人职业生涯破浪前行的核心引擎。张则强，这位中通客车的钳工精英，以其非凡的职业轨迹，深刻诠释了主动学习的力量与魅力。自聊城市技师学院钳工专业毕业，踏入中通客车的那一刻起，张则强便踏上了一条自我挑战与超越的不凡之路。

他深知，在这个日新月异的行业中，停滞不前即意味着倒退。因此，张则强将主动学习视为职业生涯的灯塔，不仅深耕于钳工技艺的每一个细微之处，更以开放的心态拥抱新知，对新技术、新工艺保持着高度的敏感与渴望。他常常向老一辈工匠求教，汲取他们的智慧与经验，同时，也不忘自我充电，通过研读《钣金工艺学》《现代焊接技术》等专业典籍，将理论知识与实践操作紧密融合，不断攀登技能高峰。

此外，张则强还是一位善于利用资源、紧跟时代步伐的学习者。他充分利用互联网、行业期刊等多元化信息渠道，时刻关注行业动态与技术革新，确保自己的知识体系始终处于行业前沿。这种对知识的渴求与追求，让他在面对复杂多变的钣金工作时，总能游刃有余，展现出非凡的专业素养与创新能力。

更难能可贵的是，张则强将培训视为成长的加速器。每当企业举办各类技能培训与交流活动，他总是积极参与，全身心投入。他深知，每一次培训都是一次宝贵的学习机会，都是对自己能力的一次全面提升。因此，他总是认真聆听讲师的讲解，详细记录每一个关键点，并在培训结束后进行深入反思与总结，将所学所得转化为推动工作的强大动力。这种将学习融入日常、将知识转化为实践的能力，让他在职业生涯中不断取得新的突破与成就。

高效创新，技术领航

在通往成功的征途上，高效学习无疑是一把锋利的钥匙，而张则强正是用这把钥匙，在职业技能的殿堂中开启了辉煌篇章。他不仅在追求技能卓越的道路上展现出惊人的高效学习能力，更以其独特的智慧与勇气，书写了属于自己的传奇。

张则强拥有一种化繁为简的魔力，面对复杂的技术难题，他总能巧妙地将任务拆解，明确每一个小目标，从而有条不紊地推进学习进程。这种策略不仅提升了他的学习效率，更让他在面对挑战时显得从容不迫。同时，他深知"学而不思则罔"，因此，在学习的每一个阶段，他都会进行深入的总结与反思，不断优化学习方法，确保学习成果的最大化。

在钣金工作的世界里，张则强是细节的守护者。他坚信，每一个微小的细节都蕴含着成功的关键。从工件的排版下料到钣金焊装的精细操作，他都以近乎苛刻的标准要求自己，力求在每一个环节都达到完美。这种对细节的极致追求，不仅确保了产品质量的卓越，也让他在同事间赢得了极高的赞誉。

然而，张则强的故事远不止于此。在高效学习的同时，他更是一位勇于创新的开拓者。面对技术瓶颈，他从不畏惧，反而以更加饱满的热情投入新技术、新方法的探索中。在模具制作领域，张则强凭借不懈的努力与实践钻研，成功研制出客车顶侧大型弯曲模具，极大提升了生产效率。这些创新成果不仅为企业带来了巨大的经济效益，更为他个人赢得了无数的荣誉与尊重。

传承技艺，引领未来

在技艺的殿堂中，张则强不仅是技艺的巅峰代表，更是技艺传承与新人培育的光辉典范。他深知技艺传承的深远意义，其超越了单纯的技术传递，更蕴含了职业精神与责任感的薪火相传。因此，他无私地将自己的经验传授给新人，不仅传授技艺精髓，更以身作则，展现工匠精神的魅力，激励新员工追求卓越，勇于担当。

为了系统地培养青年员工，张则强发起了高级技能钣金攻关小组，精心设计实战导向的培训课程，并亲自示范操作技巧。同时，他还创新性地制作了视频教程，为新员工搭建了理论与实践的桥梁，使学习更加直观高效。在他的悉心指导下，新员工们迅速成长，不仅掌握了扎实的技能，更深受工匠精神的熏陶，树立了崇高的职业追求。

张则强的传帮带工作不仅为企业培养了一批批优秀的技能人才，更为企业的长远发展奠定了坚实的基础。他的事迹充分展示了技艺传承的深远影响，以及导师与新人共同努力下技艺之树常青的可能性。张则强的故事激励着更多人投身于技艺的传承与创新之中，共同书写技艺传承的辉煌篇章，为企业的发展注入源源不断的活力与希望。

参考资料

齐鲁网:《山东省首席技师张则强　手工准确度到毫米》。

案例 54　孔繁森：终身学习，多才多艺

案例结构

孔繁森	终身学习，多才多艺

案例目标

1. 了解孔繁森同志平时再忙也不放松学习的事迹，理解终身学习的重要性。

2. 树立正确的学习观，树立终身学习意识，逐步形成自主学习的习惯；学会有效学习，提高适应社会发展变化的能力。

案例摘要

很多人都知道孔繁森如何关心群众，如何艰苦朴素、勤政廉洁，但很少有人知道孔繁森其实是一个多才多艺的人。他干一行，爱一行，专一行，对生活充满希望，对工作充满热情。无论是分内的工作，还是业余爱好，他都用心去做，用力去干。他很有悟性，善于动脑，干啥都有一股韧劲，包括业余爱好。有些事别人当作闲情逸致，他却近乎专业水平。

案例正文

孔繁森是一个多才多艺的人，他懂医学，会看病；懂烹饪，会烧菜；懂花卉，会养花种草；懂音乐，能歌善舞，尤其是少数民族歌舞。他的嗓音纯厚嘹亮、饱含激情，他的歌声发自肺腑、发自心房。

孔繁森还特别喜爱摄影，每每下乡，总是带着相机，有时为了拍到一个理想的镜头，不惜时间、不惜路程。他的遗物中，最多的就是照片。他的摄影作品无论创意、取景，还是摄影技术、技巧，几乎都是专业水平。他曾给人描述过他抢拍到的一组"鹰犬争兔"的照片："野兔在地上跑，猎犬在后面追，头顶一只老鹰在飞扑，兔子被老鹰叼走刚离开地面，猎犬扑向空中，想从老鹰口中夺下野兔……这一组照片，说不定能获全国摄影大赛一等奖。"说起这些他特别兴奋。

孔繁森还能写诗。他没受过专业的训练，但一些诗写得合辙押韵，而且极富内涵，有滋有味。他写的《咏红柳》诗："无垠戈壁绿一层，历尽沧桑骨殷红，只因根生大漠下，敢笑翠柏与青松。"又如："夜静四无邻，犬声扰我心，思乡思亲友，更思老母亲。"看得出来，他是用心在写，用情在写。

孔繁森平时再忙也不放松学习，包括学藏语。同时还教育干部既要善于工作，又要抓紧学习，成为多面手，好好地为群众办事。他在日记中写道，当一名领导干部，就应当是

一名"通才"。这里说的"通才"，不是"万金油"，而是指知识广博、眼界开阔、思维敏捷、魄力宏大的人。"通才"应该是一个真正的杂家，知识不仅要多，而且要广。多而不泛、杂而不乱，施展的机会越多，发挥的作用就会越大。

参考资料

1. 高杉：《孔繁森的初心可以这样讲》。
2. 吴文立：《新时代孔繁森精神研究》。

专题十一
规划生涯，放飞梦想

原文摘编

1.人民创造历史，劳动开创未来。劳动是推动人类社会进步的根本力量。幸福不会从天而降，梦想不会自动成真。实现我们的奋斗目标，开创我们的美好未来，必须紧紧依靠人民、始终为了人民，必须依靠辛勤劳动、诚实劳动、创造性劳动。我们说"空谈误国，实干兴邦"，实干首先就要脚踏实地劳动。

——习近平在同全国劳动模范代表座谈时的讲话（2013 年 4 月 28 日）

2.我们一定要在全社会大力弘扬劳模精神、劳动精神，大力宣传劳动模范和其他典型的先进事迹，引导广大人民群众树立辛勤劳动、诚实劳动、创造性劳动的理念，让劳动光荣、创造伟大成为铿锵的时代强音，让劳动最光荣、劳动最崇高、劳动最伟大、劳动最美丽蔚然成风。要教育孩子们从小热爱劳动、热爱创造，通过劳动和创造播种希望、收获果实，也通过劳动和创造磨炼意志、提高自己。

——习近平在庆祝"五一"国际劳动节暨表彰
全国劳动模范和先进工作者大会上的讲话（2015 年 4 月 28 日）

3.全社会要崇尚劳动、见贤思齐，加大对劳动模范和先进工作者的宣传力度，讲好劳模故事、讲好劳动故事、讲好工匠故事，弘扬劳动最光荣、劳动最崇高、劳动最伟大、劳动最美丽的社会风尚。

——习近平在全国劳动模范和先进工作者表彰大会上的讲话（2020 年 11 月 24 日）

案例 55　金胜举：弧光点亮青春，焊枪铸就匠心

案例结构

金胜举：弧光点亮青春，焊枪铸就匠心	坚守初心，忠诚党的教育事业
	为党育人，当好技术革新的播种机
	以爱为帆，助力学生梦想起航
	潜心研究，教科研成果显著
	服务社会，践行党员责任

案例目标

1. 了解金胜举老师在创新生产工艺、开展技术攻关、培养高技能人才方面的建树。

2. 学习金胜举老师精益求精、追求极致、内心笃定，以及耐心、执着、坚持的职业精神。

案例摘要

金胜举，聊城市技师学院高级实习指导教师、高级技师。自 1997 年参加工作至今，20 多年间坚守在教育一线，时刻牢记为党育人、为国育才的初心使命，先后荣获学院十佳师德标兵、聊城好人（敬业奉献类）、聊城市突出贡献中青年专家、齐鲁首席技师、山东省优秀实习指导教师、山东省技工教育优秀教师、全国优秀实习指导教师、第 45 和 46 届世界技能大赛山东省选拔赛优秀指导教师等荣誉称号。作为一名焊工实习指导教师，金胜举多次指导学生获省、市级技能大赛一等奖、二等奖，尤其是 2021 年指导学生褚天亮参加山东省职业院校技能大赛获得第一名，2022 年又在全国职业院校技能大赛上获得一等奖，刷新了聊城市职业技能大赛的最好成绩。

案例正文

坚守初心，忠诚党的教育事业

金胜举同志自踏入聊城市技师学院的大门以来，始终坚守共产党员的初心，忠诚于党的教育事业。他深知，教育不仅是传授知识的过程，更具有塑造人格、培养能力的神圣使命。因此，金胜举同志始终将党的教育方针贯穿于教学工作的始终，用实际行动践行党的教育政策。在日常教学中，他坚持以学生为本的教学理念，注重培养学生的实践能力和创新精神。他不断更新教学内容和教学方法，积极探索适合学生特点的教学模式。他关注学生的个体差异，因材施教，注重培育学生的劳模精神、劳动精神、工匠精神，传授最新专业技术，帮助学生全面提高，全方位提升。除了教学工作外，金胜举同志还积极参与学校的各项活动和志愿服务，他的付出和奉献赢得了师生们的广泛赞誉和尊重。

为党育人，当好技术革新的播种机

金胜举时刻以一名党员的标准严格要求自己，为工作尽心尽力、爱岗敬业、无私奉献。作为一名教师，他时刻牢记使命，教书育人。"是学校培养了我，我是踏着前辈们的足迹成长起来的，现在我要当好技术革新的播种机。"金胜举说。

就是出于这样的责任心，金胜举把自己多年的实践经验和创新体会毫无保留地奉献出来，甘愿做一名培养高技能人才的"园丁"。

在工作中，金胜举刻苦钻研焊接技术，练就过硬本领，将技能传授给学生。为了让学生尽快掌握焊接操作技能，他经常手把手地教学生，然后让学生反复练习，每个焊完的工件都认真、细致地检测，对不合格的焊缝进行分析并及时给学生反馈。金胜举还利用周末时间开展"金蓝领高级工、技师、高级技师""企业新型学徒制培训"工作，历年来先后培养焊工中、高级技能人才 1600 余人，金蓝领技师、高级技师 500 余人，其中多数成为鲁西化工、中通客车等大中型企业技术骨干，5 人被评为市级技术能手。

以爱为帆，助力学生梦想起航

在完成正常教学、培训之余，金胜举将大部分精力都投入指导学生参加技能竞赛上，10 多年来，他从没有假期，无论严寒酷暑，每天都和学生们在一起。为了使学生熟练掌握焊接操作技能，他制订严格的训练计划，认真研究赛项规程和技术文件，带领学生"冬练三九，夏练三伏"，尤其是在暑假集训期间，焊接车间内温度高达 40 多摄氏度，他依旧每天指导学生训练长达 10 多个小时，有时候甚至到凌晨 2 点多。一分耕耘，一分收获，10多年坚持不懈的努力，金胜举指导的学生一次又一次在省赛中获得优异成绩，他的努力付出得到了业界的一致认可。

潜心研究，教科研成果显著

教学之余，金胜举积极投身教科研工作中，协助多个大中型企业开展技术革新和攻关30 多项。2021 年，协助天津市大千管业有限公司解决了朱雀二号火箭中增压器补偿器及发动机泵摇摆软管的焊接工艺及相关技术参数难题，使产品的安全性得到极大保证，对火箭的顺利发射起到了重要作用。他历年来主持及参与完成实用新型专利 4 项，撰写国家级论文 3 篇，积极主持参与完成教科研课题 5 项。2024 年 2 月，金胜举作为项目主持人带领团队成员积极申报"齐鲁技能大师特色工作站"，建成后将带领团队成员积极开展专业技能传、帮、带等活动，争取为聊城市乃至全省培养更多更优秀的高技能人才，为加快"六个新聊城"建设贡献更多力量。

服务社会，践行党员责任

作为一名共产党员，金胜举学习践行孔繁森精神，在做好教学工作的同时，带领"金属缝纫师社团"的同学们主动开展焊接义务维修工作，无偿给学院各系部焊接维修桌、椅400 余次；在系党支部的带领下还深入附近社区开展焊接维修服务工作。"虽然牺牲了大量业余休息时间，放弃了节假日和寒暑假，但能为群众解决燃眉之急，我觉得挺有意义。"金胜举说。

在金胜举看来，一个共产党员，要始终坚守为人民服务、为社会奉献的信念。

"一花独放不是春，万紫千红春满园。"面对众多的成绩和荣誉，金胜举从来没有半点骄傲和自满，而是深感责任重大。他始终保持共产党员初心使命、兢兢业业，将自己多年的实践经验和创新体会毫无保留地传授给学生，甘愿做一名培养高技能人才的"园丁"。

参考资料

聊城市技师学院：《焊花与汗水"凝聚"的辉煌——记 2022 年全国职业院校技能大赛"焊接技术"赛项一等奖获得者褚天亮和指导老师金胜举》。

案例 56 "归雁"变身"领头雁"——于集镇太平新村党总支书记周润秋

案例结构

"归雁"变身"领头雁"——于集镇太平新村党总支书记周润秋	女研究生回村当起带头人
	"沙窝窝"变成"金窝窝"

案例目标

1. 了解周润秋从大学走向职场，从职场走向家乡农村，带领村民共同致富的成功经历。
2. 学习周润秋坚强的职业适应能力和勇于担当的优良品质。

案例摘要

中国人民大学毕业的硕士研究生、在济南市企业里工作了近 10 年的管理人员、村的党总支书记，三个看似毫不相关的身份如今却集于一人之身，从学校走向职场，从职场走向官场，她就是周润秋。2021 年 6 月，毕业于中国人民大学的女硕士周润秋通过"归雁计划"回到自己的家乡，当选聊城市旅游度假区于集镇太平新村的党总支书记、村委主任。

她理性务实、勇于担当，主动适应农村工作。太平新村有 1500 亩（1 亩 = 666.67m²）杨树林，林下的土地之前都是闲置的，周润秋却从"荒地"里看到了致富的"密码"。她带领大家一起发展林下经济，发展锦鲤、鸭子养殖等"副业"。目前，林下养鸭产业培育出了高达 32 万只的鸭苗，林下锦鲤养殖为原本没有工作的村民带来了固定收入。现在，太平新村又开始试种林下菌菇、林下草药，原来的"沙窝窝"逐渐变成了村民发展产业的"金窝窝"。周润秋被评为 2022 年度聊城市"巾帼十杰"。

女研究生回村当起带头人

2021年5月，周润秋积极响应聊城市"归雁兴聊"的号召，回到家乡干起了带头人。太平新村地处位山灌区沉沙池区，遍地黄沙，种不了粮，村里没有集体收入，周润秋回村后，带着村民们开拓创新，发展林下经济，把贫穷的"沙窝窝"变成了致富的"金窝窝"。

回村近两年，村集体从零收入，到现在产业渐成规模，周润秋这一路走来，有挫折，有困难，有收获，也有喜悦……"从中国人民大学读研毕业后，我在济南定居、创业，也有着稳定的生活，一开始的时候，家人是不支持的，他们觉得我两地来回跑太辛苦了，也担心没有经验会不会做不好这份工作。最终我还是带着对家乡的情怀回到了这里。"周润秋说，当她克服重重困难，一点点认真做事，并且得到群众的支持和认可的时候，一切的付出都是值得的！

"沙窝窝"变成"金窝窝"

位山灌区是黄河第二大灌区、山东省最大的灌区，黄河流经带来大量泥沙，让沉沙池上的群众饱受困扰。而太平新村正处在沉沙池的中心地带。"正因为这样特殊的地理位置，我们村这30年来进行了两次整村搬迁。在我的印象中，从小我们村就一直在种树，进行防沙治沙，村域内所有的土地都用来种树，种不了粮食，这样的经济效益其实是很有限的。"周润秋说。

村庄要发展，必须靠产业，而太平新村的出路就在于找到适合自己发展的产业。可一听说要发展产业，村民们有的支持，有的却担心和顾虑，"咱村里这沙土地，祖祖辈辈的也没种出个花样来，再发展新产业，咱能折腾得起吗？"

成功不是一蹴而就的，近几年的时间里，周润秋请教了专家，带领村民们试种了耐阴蔬菜、灵芝等10余种作物，经历了反复的失败和试验，最终在羊肚菌的种植上看到了希望。选择菌菇是因为它的自然属性适合在这里生长，同时它的市场前景也比较可观。目前，太平新村已规模种植菌菇100多亩，建设了65个林下大棚，年产值预估达到260多万元。可观的效益也引来了越来越多的年轻人返乡创业。

如今的太平新村，已然是一座四面环林、三面环水，自然生态非常优美的村庄。在未来，他们还将一二三产融合式发展，力争把村庄打造成为集红色文化、黄河文化、原生态乡村旅居为一体的黄河沿线特色乡村、聊城乡村振兴齐鲁样板村！

齐鲁网：《聊城市旅游度假区：革命精神在延续　美丽乡村新发展》。

案例 57 "艺术是我的生命"——
聊城市豫剧院原院长章兰

案例结构

"艺术是我的生命"——聊城市豫剧院原院长章兰	正直做人，踏实演戏
	院兴我荣，院衰我耻
	勇创精品，打造品牌

案例目标

1. 了解章兰立足自身、苦练技艺、正直做人、终成名家的成功从艺经历。

2. 学习和领悟章兰不忘初心，勇担责任，带领团队把握时机、奋发有为、服务群众的品格，树立为人民服务的职业观和成才观。

案例摘要

章兰，国家一级演员，出身梨园世家，具有很高的艺术天赋，加上童稚熏陶，功底扎实。7 岁随父登台，14 岁挑梁主演，从风华花旦，到沉稳青衣，直至两鬓染霜，半个世纪一天都没离开过舞台。她的嗓音高音区清亮不浮，大调稳重磊落，花音修饰巧妙婉丽，韵味十足，极具感染力、亲和力。几十年如一日坚持送戏下乡，有时一天连演三场，嗓音不沙、不哑、不疲、不变。章兰曾荣获第十届中国戏剧梅花奖、今日中国豫剧十大名旦金奖等 30 余次各级奖励，并被文化部授予"优秀专家""全国艺德标兵"的称号。

案例正文

正直做人，踏实演戏

章兰的父亲章兆麟是国内著名花脸演员，其唱腔高亢洪亮，气韵铿锵，台风严谨大气，被誉为"一声雷"。受父亲熏陶，章兰也喜欢上了戏曲艺术。章兰师从著名豫剧表演艺术家马宝珍，老师对她十分严格，从基本功到表演，一招一式都不容马虎。

章兰的表演朴实无华，她塑造的人物丰满生动、个性鲜明，使观众过目难忘。她曾购买大量豫剧前辈、同行的音像制品，从中汲取营养。《陈三两》是章兰的拿手戏之一，这部戏的唱腔便是她在吸收前辈经验的基础上自己设计的。章兰边演、边改、边创，吸收借鉴了其他演员的长处，自创了"轻声"唱法，形成了自己的演唱风格。

在多年演出生涯中，章兰从未因屡获殊荣而丢掉豫剧演员的本色，"哪怕获得再高的艺术成就，我也和其他演员一样是在给老百姓唱戏。哪怕场下只有一位观众，我也要把戏唱好。"这是她常挂在嘴边的一句话。

剧团常到乡下进行公益演出，同事考虑到她的年龄和身体，劝她不必每场都登台，她却说："只要打我的旗号，我就必须对得起观众。"

"艺术是我的生命，不能掺假。"虽然年岁已高，章兰始终没有放松过练功，没有放弃任何到基层演出的机会。由于在艺术造诣上勇于攀登，章兰得到了众多基层群众和同行的认可。河北梆子演员许荷英对章兰这样评价："章兰老师功力深厚，我们都非常喜欢她的戏。"

院兴我荣，院衰我耻

章兰不仅是一位杰出的豫剧表演艺术家，还致力于剧院的全面管理。章兰刚接任聊城市豫剧院院长时，院里管理混乱，工作环境脏、乱、差，人心涣散、积怨甚多。面对这种状况，章兰通过广泛谈心，认真听取大家的意见和建议，加强政治思想教育，使全院牢固树立了"院兴我荣，院衰我耻"的思想。

为拓宽演出市场，她带领院团先后和聊城双力集团、农村信用社、土地局、公安局等单位联合，排演了快板、小品、表演唱等不同形式的文艺节目——《双力情缘》《环保卫士》《爱岗敬业的环卫工》《水城最可爱的人》《喜从天降》《信用社就是讲信用》《鲁西腾起一条龙》等，成了要戏有戏，要歌舞有歌舞，要小品有小品，适应多种文化需求的"文化超市"，收到了不错的效果。

聊城市豫剧院的工作人员说，每年 2/3 以上的时间，章兰都在基层演出。农村有过年听戏的传统，章兰有近 10 个春节都在基层度过。每次只要有演出，章兰必定登台。几十年来她带领豫剧院共演出 1.4 万场戏，亲自登台主演的戏每年不下 120 场，足迹遍及鲁、豫、晋、冀、陕、甘等省区市。

勇创精品，打造品牌

在艺术上，章兰坚持创新。多年来坚持一年排演 2~3 台新戏，不断丰富演出剧目。聊城市豫剧院每年都会抓住金正月银二月的时机，在晋、冀、鲁、豫等地进行演出，走一地，响一片，为基层群众送去精神食粮。

1989 年，由章兰主演并获得梅花奖的现代戏《路边店》，演进北京中南海。由于她对艺术的精益求精，该剧连演 21 年，至今已演出 1000 余场。

2005 年，章兰主演的历史剧《大明贤后》，投入市场后连续演出 380 余场，场场爆满，先后获得中国第十届戏剧节表演大奖、全国地方戏优秀剧目（南北片）展演优秀表演奖等，该剧还于 2010 年入选第九届中国艺术节并荣获文华表演奖和优秀剧目奖。

2011 年，聊城市豫剧院推出新戏山东梆子《萧城太后》。章兰在剧中饰演太后萧燕燕，从 16 岁演到 50 多岁。为演好这个角色，章兰把剧本和词谱随身带着，一有时间就马上拿出来背台词和琢磨角色。

如今，聊城市豫剧院和章兰的知名度在全国十分响亮，每年的演出台口都需要提前半年预定。

聊城市豫剧院在章兰的带领下，走出了一条用现代理念经营、市场化跨越发展的全新道路，为院里今后的发展奠定了坚实的基础，同时也为兄弟院团的改革发展树立了榜样。

参考资料

中国文化报:《"艺术是我的生命"——记聊城市豫剧院院长章兰》

案例 58　巾帼智慧筑梦汇就小康村——"中国好人榜"聊城莘县孔春焕

案例结构

巾帼智慧筑梦汇就小康村——"中国好人榜"聊城莘县孔春焕	身体力行，勤劳致富
	实干为民，创新发展
	心系群众，纾困解难

案例目标

1. 了解孔春焕立足本村实际，扎根乡村，不忘初心，带民致富，同追梦想，实现乡村振兴的创业经历。

2. 学习和领悟孔春焕热爱劳动、勤劳致富、勇担责任的品格，树立正确的劳动观。

案例摘要

有这样一位女性，她扎根乡村，却始终不忘初心，带民致富，同追梦想，在激烈的社会竞争中，她咬着牙挺过一次次难关，用生命的激情和纯粹的内心去温暖一座村庄，创出一片辉煌，荣登"中国好人榜"，她就是孔春焕，一位地道的农民大姐，1965 年出生于张寨镇桑庄村，莘县朝城镇西关村人，2014 年至今任村党支部书记、村委主任，她还有一个身份，即山东泰华面业有限公司总经理。近年来，她先后被评为全县"三八红旗手""十大杰出女性""劳动模范""优秀共产党员"和"最美莘县人"，获"中华孝亲敬老之星""聊城市第六届道德模范""聊城乡村之星""山东好人之星"等荣誉称号，并于 2017 年 11 月荣登"中国好人榜"；连续两届当选县人大代表。孔春焕的事迹充分展现了她的创业精神、社会责任感和领导才能，她为当地经济社会发展作出了重要贡献。

案例正文

身体力行，勤劳致富

孔春焕生活简单，衣着朴素，浑身散发着鲁西大地女性憨厚朴实的气质。她很健谈，满腔热情，工作积极，言辞里张口闭口全是村子里的大事小情，很多事情都需要她出面调停处理。每天只休息 4 ~ 6h，全村的人都对她肃然起敬。

1995 年，30 岁的孔春焕不顾身边人的置疑，创办了自己的企业，后发展为山东泰华面业有限公司，经营粮食收购和小麦粉的加工、销售。因为她好强的性格和认真、踏实做事的态度，企业发展态势良好，逐步壮大。

2007 年，她的公司被莘县工商局评为"重合同守信用"企业。孔春焕一直认为，她之所以有今天，是父老乡亲给予了她莫大的支持，因此，她也一直用自己的实际行动积极回报家乡父老。

自 1999 年以来，她先后拿出 30 多万元为村里铺设了第一条沥青路、修建了一座新桥。逢年过节，孔春焕都要带着礼物和现金到村里的几户孤寡老人家去探望。在 2014 年村"两委"换届选举时，孔春焕在党员和群众的呼声中脱颖而出，成功当选为朝城镇西关村党支部书记。

实干为民，创新发展

几十年来，在发展自己企业的同时，孔春焕用自己的勤劳闯出了一片希望，也为村里的百姓带来了福祉。她深知家乡百姓的贫困，村上 100 多户人家几乎都是以土地为生，尤其是被选为村党支部书记之后，孔春焕更是满怀热忱，想得最多的就是带领乡亲们共同致富。

为了带领全村群众致富，2015 年孔春焕号召全村进行以蔬菜大棚为主的农业结构调整。她积极将政策传达给村民，村民大都对蔬菜大棚感兴趣，但因资金不足没有村民敢尝试种植。为了做给群众看、带着群众干，孔春焕率先流转土地，自建了 50 个冬暖式大棚、60 个大工棚，再以原价承包的方式分期转包给群众。为确保蔬菜质量打出品牌，她先后 5 次到寿光蔬菜基地考察市场和请教专家，多次自掏腰包租赁大巴组织全村种菜户去蔬菜基地参观学习。

2018 年夏季，她带领村民首次种植露地黄瓜，帮农户产生直接效益达 16000 元 / 亩，一年给全村带来经济效益 600 多万元。后来，她又想方设法流转村里的土地，打算种植果园。那段时间，孔春焕病倒了，但她躺在病床上依然惦记着筹建果园的事，刚拔下吊瓶，她就驱车直奔青州桃园基地。半个月后，村西头的荒地上一棵棵桃树和葡萄树拔地而起。为解决蔬菜和瓜果的后期销路，她又组织新建了 20 余亩的蔬菜交易市场，使蔬菜销售和市场实现了无缝对接。通过孔春焕的不断支持与发动，西关村的蔬菜大棚规模从无到有、从小到大，逐渐成为全村增产增收的支柱。

心系群众，纾困解难

"全村的变压器严重老化，存在安全隐患；机井年久失修需要重打；村里缺少群众娱乐健身广场"，这是新老书记交接会上的会议记录。孔春焕前脚还未上任，一堆麻烦问题接踵而来。"村两委班子要为农民办实事、办真事"，这是孔春焕上任之后说的第一句话。

为了消除西关村的陈规陋习，孔春焕更是百计千心。她联合镇里做好宣传工作，在村里通过制订村规民约等方式推进移风易俗、厚养薄葬等观念。她率先拿自己家族的事作示范，在她的努力下，村民的传统观念逐步转变，黑白事大操大办、炫富攀比等陈规陋习逐渐消失。

孔春焕上任以来，时刻把群众装在心里，为群众办好事解难事，把对群众的承诺一项项落到实处。孔春焕现在想得最多的是如何带领乡亲们共同致富，也用实际行动获得了群众的一致赞扬。

孔春焕因为胃病做了个小手术，但始终放不下全村的事，刚出院就一如既往地起早贪黑，到田地里转一圈，跟群众打成一片，商讨村里的未来发展。

"为什么我的眼里常含泪水？因为我对这土地爱得深沉……"艾青诗中曾这样表达自己对土地的热爱。孔春焕用行动同样诠释了自己对家乡热土剪不断的情愫，我们为有这样的女支书表示由衷的敬意。

参考资料

中原新闻网：《聊城莘县孔春焕：带领群众致富路上大步走》。

案例 59 孔繁森：阿里的怀念

案例结构

孔繁森	阿里的怀念

案例目标

通过学习孔繁森的经历，学会正确认识自己，树立正确的职业理想，实现人生价值。

案例摘要

1994年11月29日，孔繁森在考察途中，不幸因车祸去世，年仅50岁。孔繁森逝世后，家人悲痛欲绝，在料理后事的时候，发现他口袋里的8元6角钱，和一张白纸。

案例正文

"为国为民流尽最后一滴汗，滴尽最后一滴血，死后，别人洒下的泪滴，数一数，就是人生的珍珠……"孔繁森曾在日记里这样写道。

1994 年 11 月 29 日，考察途中突遇车祸的孔繁森被送往最近的托里县医院。12 点 50 分，大夫遗憾地告知救治无望。顿时，达娃次仁专员和同志们不约而同地"扑通"一声跪下，声声哀求："救救我们的孔书记！只要能救活，什么条件我们也答应。"但一切都无济于事了……

噩耗传出，在阿里，在拉萨，在北京，在山东聊城，在堂邑镇五里墩……成千上万个声音在呼唤着同一个名字——孔繁森。

噩耗传回阿里，从机关到部队，从学校到企业，从干部到职工，从普通百姓到个体工商户，只要认识孔繁森或听说过孔书记的人，无不悲痛。阿里地区的首府所在地狮泉河，这个常住人口不足 4000 人的小镇，前来参加孔繁森书记遗像告别仪式的竟达 2500 多人。数不清的哈达堆得像洁白的雪山，许多人站在孔繁森书记的遗像前泣不成声，低沉的哀乐在滞重的空气中回荡，一幅幅挽联，倾诉着人们的无限哀思和崇敬之情：

高风亮节，光明磊落如日月行空；

抚孤恤贫，爱民胜子似甘霖济世。

一尘不染，两袖清风，视名利安危淡似狮泉河水；

二离桑梓，独恋雪域，置民族事业重如冈底斯山。

改则县玉扎乡多吉书记悲痛地说："我们这里最苦，孔书记却来过多次，我们吃过他送的药、花过他送来的钱，有的群众还穿着他从自己身上脱下的衣服。一个多月前，他还来过我们这里，怎么会一下就没了呢？"

革吉县曲仓乡的几户牧民从收音机里听到孔书记遇难的消息后，一行人发疯一样奔向区委，找到区委书记嘎玛钦绕，急切地问："这是真的吗？这是真的吗？我们不相信！"嘎玛钦绕哽咽着说："是真的，这是真的。"顿时，一群人在区委大院里哭成了一团。

参考资料

高杉:《孔繁森的初心可以这样讲》。

第三篇

哲学与人生

专题十二
立足客观实际，树立人生理想

原文摘编

1. 回顾党的百年奋斗史，我们党之所以能够在革命、建设、改革各个历史时期取得重大成就，能够领导人民完成中国其他政治力量不可能完成的艰巨任务，根本在于掌握了马克思主义科学理论，并不断结合新的实际推进理论创新，使党掌握了强大的真理力量。中国共产党为什么能，中国特色社会主义为什么好，归根到底是马克思主义行，是中国化时代化的马克思主义行。这是历史的结论。

——习近平在中共中央政治局第六次集体学习时的讲话（2023年6月30日）

2. 中国共产党坚持一切从实际出发，带领中国人民探索出中国特色社会主义道路。历史和实践已经并将进一步证明，这条道路，不仅走得对、走得通，而且也一定能够走得稳、走得好。我们将坚定不移沿着这条光明大道走下去，既发展自身又造福世界。

——习近平在中国共产党与世界政党领导人峰会上的主旨讲话（2021年7月6日）

3. 坚持实事求是，就要深入实际了解事物的本来面貌。要透过现象看本质，从零乱的现象中发现事物内部存在的必然联系，从客观事物存在和发展的规律出发，在实践中按照客观规律办事。坚持实事求是不是一劳永逸的，在一个时间一个地点做到了实事求是，并不等于在另外的时间另外的地点也能做到实事求是，在一个时间一个地点坚持实事求是得出的结论、取得的经验，并不等于在变化了的另外的时间另外的地点也能够适用。我们要自觉坚定实事求是的信念、增强实事求是的本领，时时处处把实事求是牢记于心、付诸于行。

——习近平在纪念毛泽东同志诞辰120周年座谈会上的讲话（2013年12月26日）

案例60 青春无悔献祖国——
"刘胡兰"式革命烈士孙秀珍

案例结构

青春无悔献祖国—— "刘胡兰"式革命烈士孙秀珍	一块墓碑让人肃然起敬
	一幅作品还原痛心往事

案例目标

1. 理解唯物论的基本观点，认识到客观实际是人生理想的基础和出发点。了解孙秀珍烈士的革命故事，理解她如何在客观实际的基础上，坚定信念，英勇就义，实现自己的人生理想。

2. 树立正确的人生理想，将个人理想与国家、民族的命运紧密结合起来，实现自我价值与社会价值的统一。

案例摘要

1947年，年仅18岁的孙秀珍以无畏之姿献身于革命事业。岁月流转，至今已逾70载，其英勇事迹在东阿黄河之滨依旧口耳相传，未曾淡忘。在东阿县鱼山镇鱼中村的一片幽静桃林之中，孙秀珍烈士的墓碑静谧而庄严。桃林外的柏油路边，一块精心设计的展板赫然在目，其上精炼概述了这位被誉为"刘胡兰精神传承者"的革命先驱的光辉事迹。她，以生命践行了"为国捐躯，视死如归"的崇高誓言。随着战争的硝烟渐行渐远，孙秀珍革命烈士纪念碑孤独而坚定地伫立于鱼山脚下的茂密林海，仿佛一位沉默的讲述者向世人低语那段烽火连天的历史篇章。黄河岸边传唱的英雄颂歌不仅是对过往的缅怀，更是对未来的鼓舞，激励着每一代人勇往直前，在人生的征途上不懈奋斗，无惧挑战，继续前行。

案例正文

一块墓碑让人肃然起敬

岁月流转70余载，提及孙秀珍之名，鱼中村的村民心中依旧洋溢着自豪之情，将她视为村落荣耀的象征。

回溯至1929年3月，孙秀珍诞生于东阿县林马村的一户贫寒农家。命运多舛，9岁之际，她接连失去了双亲的庇护，幸得邻村鱼山村善良的贫苦农民房燕多伸出援手将她收养，给予了她一个温暖的归宿。

为了生计，房家租下一叶扁舟，在滚滚黄河之上摆渡为业。鱼山渡口，作为连接河西与县城的交通要冲，每日人来人往，商贾云集，各路人士在此汇聚，言谈间不乏对国家兴亡、民族未来的深刻探讨。在这样的环境中，年幼的孙秀珍时常随家人至渡口帮忙，她静静地聆听着过往行人的高谈阔论，心灵之窗因此而逐渐敞开，对外界的广阔天地充满了无限的好奇与憧憬。

1943年，东阿县委与抗日县政府携手于鱼山周边区域积极筹建农民协会，推行减租减息政策，广泛动员民众投身于抗日救亡运动。年仅14岁的孙秀珍，以其非凡的勇气与远见，成功说服了家中长辈，率先投身农会，迅速成长为农民队伍中的活跃分子。随着农会工作的深入及抗日斗争的蓬勃发展，孙秀珍对共产党的认识日益深刻。她深刻意识到，唯有紧跟共产党步伐，遵循共产党与八路军指引的道路，方能摆脱亡国灭种的危机，为贫苦大众开辟一条光明之路。于是，她以党内先进典型为标杆，勤勉工作，刻苦学习，时刻以高标准自我约束。终于，在 1944 年 11 月 7 日这一天，孙秀珍经过不懈努力光荣地成为一名中国共产党党员。

成为共产党员后，孙秀珍的工作热情越发高涨，她不畏艰难，不惧辛劳，在传递情报、宣传抗日思想及动员民众参与抗日斗争的各项任务中，总是身先士卒，冲锋在前。贫苦农民出身的她深谙百姓疾苦，因此始终与人民群众紧密相连，她的亲民姿态与和煦态度赢得了广大群众的喜爱与尊敬，被亲切地称为"无架子的八路军贴心小干部"。这份来自群众的深厚情感让孙秀珍深刻体会到了人民群众对党的坚定拥护与深厚爱戴，同时也让她深感作为一名共产党员的荣耀与肩上责任的重大。

1947 年 10 月，孙秀珍在不幸被俘后展现出了无畏的英勇，献出了宝贵的生命。随后，在同年 11 月 3 日，中共东阿县第六区政府隆重举办了盛大的万人纪念集会，旨在颂扬孙秀珍烈士的壮举，并向她致以最深切的怀念与敬意。会后，区党委的负责同志亲自前往烈士长眠之处，庄重地树立了"孙秀珍烈士之墓"，以此永恒铭记她的不朽功勋。

一幅作品还原痛心往事

孙秀珍不幸地遭遇了敌人的残酷活埋。在东阿县烈士陵园的展览空间内，一幅震撼人心的壁画细腻地再现了 70 多年前那段沉痛的历史片段，让人仿佛穿越回那段时光。

1947 年 6 月 30 日，刘邓大军以雷霆万钧之势驾舟横渡黄河，毅然决然地向大别山挺进，这一壮举标志着解放战争战略反攻的壮丽篇章正式拉开帷幕。然而，就在这一关键时刻，国民党新五军利用刘邓大军南渡的间隙，趁机侵犯黄河南岸，与解放区形成隔河对峙的紧张态势。时至同年 10 月 8 日凌晨，国民党东阿县的保安大队与警察局侦缉队悄然无声地渡过了黄河，潜入周庄船厂，企图实施破坏活动，给解放区带来威胁。

鱼山村不幸成为敌军侵扰劫掠的必经之路。一日清晨，枪声骤然响起，惊扰了沉睡中的孙秀珍。她本欲疾步前往区委汇报情况，奈何晨光已破晓，四周已被敌军重重包围。未及远行，她不幸落入敌手。

敌军在鱼山村内逐门逐户进行地毯式搜查，将那些来不及藏匿的村民强行驱赶至山顶，企图通过高压手段迫使村民供出村里的干部与共产党员。然而，鱼山村的群众以无声的抵抗彰显了他们对敌人的愤怒与不屑。敌军见状，将房燕多揪出，随即对其施以残酷的殴打，棍棒与枪托无情地落在他的身上，场面惨不忍睹。

此刻，孙秀珍亦被敌人押送至人群中。目睹房燕多遭受非人折磨，她内心激荡，毅然推开身旁的乡亲，挺身而出，直面敌人，大声宣告自己即为共产党干部，并坚决要求敌人停止对无辜百姓的残害。敌军先是企图以谎言诱骗，继而又转为恐吓威胁，要求孙秀珍指认在场的党员干部。但她始终坚守原则，未吐露半字。

气急败坏的敌军企图通过残酷的刑罚迫使孙秀珍透露他们所渴望的信息。在严刑之下，孙秀珍遭受了惨烈的折磨，肌肤绽裂，鲜血浸透了她的衣物。即便被囚禁于国民党东阿县监狱，历经数次严酷审讯，孙秀珍依旧保持着坚不可摧的意志，未吐露丝毫情报。敌人穷尽手段却未能从其口中获取所需，转而策划在东阿县城集市之日，将孙秀珍公开游街，企图以此胁迫她屈服。

在熙熙攘攘的市集人群中，孙秀珍展现出了非凡的勇气与正义。她高声宣讲当前的革命形势，激昂地号召乡亲们行动起来，共同推翻国民党反动统治，迎接即将到来的全国解放。她的英勇行为深深震撼了在场的每一个人。然而，这并未能阻止敌人的残忍行径。仅过了半个多月，丧心病狂的敌人竟将年仅 18 岁的孙秀珍活埋于东阿城南公路西侧的杨树林中，她的青春与生命永远定格在了那一刻。

参考资料

赵艳君：《捐躯赴国难　鱼山慰英灵——追忆东阿"刘胡兰"式革命烈士孙秀珍》。

案例 61　从梦想到现实的奋斗之光——残奥会冠军贾红光

案例结构

从梦想到现实的奋斗之光——残奥会冠军贾红光	那束光照进了心里
	勋章

案例目标

1. 了解贾红光凭借不懈的努力和坚定的信念，成功克服了身体的局限的故事。

2. 通过贾红光的故事认识到实现理想就要脚踏实地、艰苦奋斗，努力将人生理想变成现实。

案例摘要

贾红光是一位身残志坚的游泳健将，凭借坚定的信念和不屈的斗志将曾经的梦想化为现实。他从小因意外失去左臂及右臂的大部分，但游泳让他看到了生命中的光。通过日复一日的刻苦训练，他克服重重困难，最终在各大赛场上摘得金牌，实现了从残疾人到世界冠军的华丽转身。他的故事告诉我们，只要有梦想并为之努力，就一定能够跨越障碍，将理想变为现实。

案例正文

那束光照进了心里

在山东日照的海之韵游泳中心，碧波荡漾的赛道上，贾红光犹如锐利的剑鱼，划破水面，双腿强健有力地拍打着，身后留下一串串晶莹的水花，展现着残疾人游泳健将独有的速度与激情。他的故事是一段从逆境中崛起而将梦想照进现实的壮丽史诗。

回溯往昔，贾红光曾是一位因意外失去左臂及右臂大部分的少年，自卑与敏感如影随形，他的世界似乎被阴霾笼罩，不愿与外界接触，害怕每一道异样的目光。然而，命运的转折点出现在2008年的北京之行，残运会的火花点燃了他心中的希望之火——游泳，成为他生命中那束指引方向的光芒。

他说："曾几何时，我的愿望简单而朴素，仅求在乡间寻得一席之地，自给自足，不成为父母的负担。"但游泳为他开启了新世界的大门，让他窥见了无限可能。他毅然决然追随这束光，将心中的梦想化作现实的力量。归乡后，聊城成了他追梦的新起点。贾红光迅速与当地残联取得联系，踏上了游泳训练的征途。面对起步晚与条件艰苦的现状，他凭借超乎常人的坚韧与对游泳的无限热爱逐渐在竞技场上崭露锋芒。他深知，时间不等人，唯有将每一分努力都倾注到极致，方能缩短与他人的距离。于是，日复一日，他在水中挥洒汗水，每日训练时长超过5h，不断突破自我极限。

岁月流转，贾红光在泳坛的辉煌成就璀璨夺目，累计斩获奖牌60余枚，其中金牌近半，足迹遍布全球10多个国家与地区，参与了上百场国际赛事的角逐。尤为值得一提的是，2022年，他更以奥运火炬手的身份在北京天坛传递了冬季残奥会的圣火，这份荣誉不仅是对他个人努力的认可，更是对他将梦想变为现实的最佳诠释。

勋章

当世人的目光聚焦于2021年东京残奥会的荣耀时刻，贾红光以非凡的毅力与不懈追求屹立于世界之巅的领奖台上。面对身体的局限，他以一种近乎仪式感的坚持，先是尝试以残缺的臂膀触碰奖牌缎带未果，随后优雅地躬身90°，以头顶轻托，终将那份荣耀挂于胸前。此时，五星红旗在赛场高高飘扬，国歌奏响全球，标志着贾红光心中那遥远而坚定的理想终在此刻璀璨绽放。

贾红光的理想之路是一条由汗水与泪水铺就的漫长征途。自幼遭遇不幸，失去左臂及右臂的大部分，他曾在自卑与逃避中徘徊。但游泳这项运动如同晨曦中的一缕阳光穿透了阴霾，照亮了他前行的道路，让他窥见了将不可能变为可能的希望之光。

被问及何时开始接纳并超越身体的局限时，贾红光笑容中带着几分释然："是从我初次触碰到那块沉甸甸的铜牌之时——那是2009年，在中国残疾人游泳锦标赛的舞台上。"这块铜牌不仅是对他努力的认可，更是他人生转折的里程碑，标志着他从自我怀疑走向自信满满，继而坚定地踏上了追梦之旅。

追梦之路从不平坦，贾红光深知这一点。初入游泳队，每日上万米的训练量与高强度的体能训练几乎将他压垮，但他咬紧牙关，一次次突破自我极限。伤痛成了他坚持与成长的烙印，从擦伤到磕绊，从流血到撞伤，每一道伤痕都是他对理想执着追求的见证。

备战里约残奥会期间更是挑战与磨砺并存。腰部重伤如巨石般压在他的心头，但面对梦想的召唤，他选择了坚持。即便出水后几乎无法站立，他仍凭借顽强的意志与不屈的精神为自己再添一枚铜牌。这一刻，贾红光不仅证明了自己的实力，更向世界展示了残疾人运动员的坚韧与尊严。

参考资料

1. 海报新闻：《人间 | 打破世界纪录的游泳残奥冠军贾红光：体育是一扇窗，让我看到了生命的光》。

2. 聊城新闻网：《榜样的力量 | 水城"游"出残奥会冠军——记山东残疾人体育标志性人物贾红光》。

案例62　国家非遗临清贡砖

案例结构

| 国家非遗临清贡砖 | 得天独厚自然条件与遵循客观规律的完美融合 |
| | 匠人精湛工艺与主观能动性的完美结合 |

案例目标

1. 通过学习临清贡砖的历史和文化，体会独特的地理位置和自然环境对临清贡砖制作的影响，以及匠人们在制作临清贡砖过程中所展现出的精湛技艺和敬业精神。

2. 理解临清贡砖的制作历程充分展示了如何在实践中坚持"一切从实际出发"，尊重并利用客观规律，同时积极发挥主观能动性进行工艺创新与文化传承。

3. 激发对工匠精神的尊重和追求，增强对传统文化的认同感和自豪感，树立坚定的文化自信。

案例摘要

临清贡砖，作为明清两代皇家建筑的主要用材，其独特的质地与耐用性使之成为中国传统工艺的一颗璀璨明珠。临清地区特有的"莲花土"和京杭大运河的运输优势为贡砖的制作与运输提供了得天独厚的条件。匠人们通过精湛的制作工艺、严格的质量把控和独特的烧制方式确保了贡砖的高品质。在现代社会，临清贡砖不仅作为建筑材料使用，更成为文化的象征，传承着中华民族的优秀传统文化。

案例正文

临清贡砖作为千年皇家建筑瑰宝，以其独特质地与文化底蕴闪耀于历史长河。民谣传颂"临清砖筑北京城，紫禁之巅有其影"，见证了明清皇家建筑的辉煌。其制作繁复，历经选土、碎土、澄泥至烧制等多道精细工序，凝聚了匠人的智慧与汗水。如今，临清贡砖制作技艺已列入国家级非物质文化遗产，成为传统工艺瑰宝，传承人景永祥更将其精髓传承后世，让这一古老技艺在新时代焕发新生。临清贡砖作为文化符号，承载着工匠精神与民族智慧，值得我们珍视与传承。

得天独厚自然条件与遵循客观规律的完美融合

临清，这块承载着深厚历史与自然恩赐的沃土，孕育了举世瞩目的瑰宝——临清贡砖。黄河之水悠悠流淌，其携带的泥沙在此地悄然沉积，幻化出独特的"莲花土"，其土质细腻非凡，富含自然赋予的矿物质，为贡砖的铸就奠定了无可替代的基石。

匠人们深谙顺应自然法则、实事求是之道，他们巧妙利用临清独有的自然资源，历经无数次匠心独运的探索与尝试，终于创造出蕴含独特工艺与深厚文化底蕴的临清贡砖。这些砖块不仅质地坚如磐石、历久弥新，更是凝聚了古代匠人的智慧与心血，成为明清皇家建筑的御用材料，见证了皇权的辉煌与建筑的永恒。

临清贡砖的辉煌篇章亦与其得天独厚的地理位置及运河的畅通无阻紧密相连。坐落于河北、河南、山东三省交汇之处，京杭大运河穿城而过，赋予了临清作为明清时期重要漕运枢纽和商贸集散地的独特地位。这一地理位置的优越性极大地促进了贡砖的流通与市场的拓展，为临清贡砖的繁荣兴盛铺设了坚实的道路。

在制作过程中，匠人们始终秉持尊重自然、遵循古法、实事求是的原则，精心挑选莲花土为原料，历经碎土之细、澄泥之纯、制坯之精、烧制之严等多道工序，最终打造出既坚硬耐用又蕴含文化底蕴的贡砖。这份对自然的敬畏、对传统的坚守和对客观规律的深刻洞察，使得临清贡砖历经沧桑依然熠熠生辉，成为不朽的历史见证。

匠人精湛工艺与主观能动性的完美结合

临清贡砖之所以能享誉全球，其精髓不仅根植于天赋异禀的自然条件，更在于匠人们卓越的制作工艺与主观能动性之间的精妙融合。这种融合赋予了临清贡砖跨越时空的魅力与价值，使其在历史长河中历久弥新。

临清贡砖的制造历程实为匠心独运与智慧火花的交相辉映。从泥料的澄净、滋养，到砖坯的成型、晾晒与检验，直至最终的窑火淬炼，每一环节都是匠人心血与智慧的结晶。他们凭借世代传承的技艺与不断积累的经验，对每一道工序都进行精细入微的把控，力求完美无瑕，确保每一块贡砖都能达到顶尖的品质标准。

匠人们的创造力与主观能动性在此过程中得到了淋漓尽致的展现。他们不仅坚守传统工艺精髓，更勇于探索、敢于创新，不断推动临清贡砖制作技艺的向前发展。无论是根据天气变化灵活调整晾晒策略，还是在烧制过程中精准掌握火候与时间，都体现了匠人们高超的技艺与敏锐的洞察力。

更为难能可贵的是，匠人们在追求技术革新的同时，亦不忘对传统文化的传承与弘扬。他们深刻理解到临清贡砖不仅是物质文明的产物，更是精神文化的载体。因此，在制作过程中，他们巧妙地将传统文化元素融入其中，使每一块贡砖都蕴含着丰富的文化内涵与历史底蕴，成为连接过去与未来的桥梁。

正是这样的匠心独运与主观能动性的完美结合，赋予了临清贡砖独特的魅力与无限的生命力，使其在历史的洪流中熠熠生辉，成为不朽的经典之作。

参考资料

1. 山东省临清市地方史志编纂委员会：《临清市志》。
2. 海报新闻《"聊城手造"献礼冬奥——国家级非遗临清贡砖烧制技艺文创产品（砖雕）开发纪实》。

案例 63 "当代保尔"张海迪

案例结构

"当代保尔"张海迪	身残志坚，积极面对童年
	树立理想，热心服务人民
	充实自己，乐于帮助别人
	远离喧嚣，追逐文学之梦
	矢志不渝，奋战残联事业

案例目标

1. 了解张海迪身残志坚、刻苦自学、追逐梦想、实现梦想的成功经历。
2. 理解张海迪在追逐人生理想之路上的艰辛、执着和泪水、汗水。

案例摘要

张海迪，1955 年 9 月 16 日出生，山东文登人，中国著名残疾人作家，哲学硕士。曾任全国政协常委、中国残疾人联合会主席、中国作家协会委员、山东省作家协会副主席。5 岁时因患脊髓血管瘤，高位截瘫。15 岁时随父母下放聊城莘县一个贫穷的小村子，为了学习医学知识，她克服了残疾带来的种种困难。1983 年她开始文学创作，经过不懈的努力，成功地出版了《轮椅上的梦》等著名小说。1983 年 3 月 7 日，共青团中央在北京举行命名表彰大会，授予张海迪 "优秀共青团员" 称号。在 2009 年当选为 100 位新中国成立以来感动中国人物之一。2017 年 6 月 19 日，获国际残奥委会主席参选提名。2018 年 9 月 16 日，担任中国残疾人联合会第七届主席团主席。

身残志坚，积极面对童年

5 岁之前的张海迪和许多小朋友一样有着幸福快乐的童年，父亲张坦夫是济南市文联的干部，母亲毕江娇也从事着文化方面的工作，一家三口的日子过得和谐、甜美。

然而，天有不测之风云，1960 年的一个阳光明媚的早晨，幼儿园的小朋友在操场上玩得兴高采烈，老师召集小朋友进教室上课时，跑在前面的张海迪突然摔倒在地。老师急忙跑去扶起她，可是张海迪再也站不起来了。

父母得知消息后，如遭晴天霹雳，匆忙赶来将张海迪送到了医院，医生诊断为脊髓血管瘤。张海迪躺在床上不能动弹，母亲就在旁边给她讲保尔·柯察金的故事，为她读海伦·凯勒的《我的人生故事》和《假如给我三天光明》。在父母的关心和鼓励下，张海迪的心态慢慢平复下来，她开始思考如何走好未来的路。她把每天都看作是生命的开始，尽管前路坎坷，但她依然要好好地活下去。

病情让张海迪无法上学，她只能在家里自学。她从拼音开始学起，结合查字典，慢慢认识了不少字。遇到不认识的字，她也能结合字的形态和上、下文的意思"猜"出来。有时躺在病床上不能坐起来，张海迪也不愿意浪费时间，于是她借助一面镜子，通过光的反射来看书。

就这样，张海迪躺在床上阅读了大量的书籍，母亲从图书馆借来的书很快就被她"一扫而空"。父母给她买来了义务教育阶段的教材，每天教张海迪写字，上午给她讲解内容，下午让她自学消化。几年内，张海迪就自学完了小学的课程，不仅具备了较强的阅读能力，而且通过每天写日记打下了坚实的写作基础。

树立理想，热心服务人民

1970 年，15 岁的张海迪跟随父母来到了聊城市莘县的尚楼村，当地农村的学校缺少老师，于是张海迪申请当了一名小学音乐老师，教孩子们唱歌。

村民们看病不太方便，身体不适时无法及时就医，往往小病拖成了大病，于是张海迪决心帮助他们。她让父母买来了《人体解剖学》《针灸学》《内科学》等医学教材和相关模型，先从针灸学起，每天练习找穴位。将经脉等理论知识烂熟于心时，她开始在自己身上练习手感。

一天晚上，村里一名小伙子突然腹痛难忍，正在家人手足无措之际，张海迪说："让我来试试！"她拿出银针在病人身上扎了几下，奇迹出现了，小伙子马上往厕所跑，出来后肚子竟然不疼了。初战告捷，让张海迪有了信心。后来父亲调任莘县县委宣传部副部长，张海迪也随父母进城生活，但还是不断有人找她看病。再之后因医师资格的问题而停止了行医，但张海迪已为万余人次无偿地治过病。在此过程中，张海迪赢得了群众的尊重，也让她感觉到了自己对社会和人民的价值，树立了对生活的信心。

充实自己，乐于帮助别人

张海迪进县城后，被安排在莘县广电局从事无线电修理工作，倔强的张海迪不想被别人当作闲人，凭着超强的学习能力，她很快掌握了专业技术，成为部门的骨干，经常有人慕名而来，请她帮忙修理电器。工作之余，张海迪没有放松学习，自学完了中学课程以后，她开始自学外语。几年下来，她掌握了英语、德语、日语甚至世界语，能流利地用英语、日语对话。县里有需要翻译的资料和外事接待任务时，都会想到请张海迪前去救急。

张海迪以超乎常人的毅力从痛苦的泥潭中走了出来，开始逆风飞翔，她坚持不懈地自学，充实了自己，同时也帮助了别人。

在莘县，很多人都知道有张海迪这么一位身残志坚的姑娘，但她被全国人民所熟知还是因为一次机缘巧合的报道。1981 年 12 月 29 日，《人民日报》的头版醒目地刊登了《瘫痪姑娘玲玲的心像一团火》的通信稿，报道引起了强烈反响，张海迪的人生轨迹因这篇 1000 余字的报道而发生改变。1983 年 3 月，《中国青年报》对张海迪做了深入的跟踪报道，刊登了《张海迪之歌》的长篇通讯。文章引起了许多人的关注，就连邓小平都为张海迪题词，号召全国青年都像张海迪一样，做"四有"新人。其他媒体迅速跟进，各种报道铺天盖地，一时间全国掀起了"学习张海迪"的热潮，张海迪也频频应邀出席各种会议和表彰活动。

远离喧嚣，追逐文学梦想

来自全国各地的信件如雪花般地飞过来，邮递员每天都要扛过来几麻袋邮件，上门求见的人群更是络绎不绝，每天少则几百人，多则上千人。张海迪感受到了成为公众人物的烦恼，盛名之下，张海迪开始怀念过去平静的生活。是追求唾手可得的名利，还是遵循自己的内心生活？张海迪选择了后者，她推掉了许多活动，闭门谢客，渐渐淡出了公众视线。

远离热闹喧嚣的光环后，张海迪把全部精力放在了文学创作上面。潜心笔耕 20 余载，终于结出了丰硕的成果，她翻译了数十万字的作品。张海迪创作的自传体长篇小说《轮椅上的梦》被译成韩文和日文出版，并被改编成电影《我的少女时代》在全国上映。张海迪不仅担任了这部电影的编剧，还在其中有本色演出。张海迪的散文集《生命的追问》几经再版仍供不应求，荣获了"五个一工程"图书奖，这是散文体裁首次获此殊荣。

2002 年，张海迪的 30 万字长篇小说《绝顶》再次横空出世。这部历经 4 年，几经删改的作品，一经推出就引起了轰动，被列为向"十六大"献礼的重点图书。张海迪共创作了数百万字的作品，她很喜欢山东省作家协会会员这个身份，她不愿意因一些外在的因素而影响到人们对她作品的评价。

鼻癌治愈出院后，张海迪开始在吉林大学攻读哲学专业的研究生。1993 年，她完成论文答辩，获得哲学硕士学位。依靠自学最终能成为一名研究生，张海迪很为自己感到自豪。

矢志不渝，奋战残联事业

虽然张海迪的作品不断问世，也一直在从事残疾人方面的工作，但她本人极为低调，鲜有她个人的消息见诸报端。直到 2008 年，张海迪被推举为中国残疾人联合会主席，同时担任全国政协常委，张海迪才时隔多年再次出现在大众面前。

作为中国残疾人群体的当家人，张海迪深感责任重大，她在发言中说道："残疾人兄弟姐妹在困境中要有信心。我会尽最大的努力，帮助你们把生活越过越好。"因为工作上经常接触残疾人群体，加上自己的亲身经历，张海迪对许多贫困残疾人非常关注，她对这些人的痛苦和无奈感同身受。

张海迪还担任了康复国际主席，她在联合国不断发声，积极呼吁国际社会共同合作保障残疾人的权益，她把这份大爱传递给了全世界的残疾人。

参考资料

网易号：《上世纪八十年代的风云人物——中国当代保尔张海迪》。

案例 64　孔繁森：两次进藏，历时十载

案例结构

孔繁森	两次进藏，历时十载

案例目标

1. 理解坚持客观规律性与主观能动性的辩证统一、一切从实际出发和实事求是的内涵。
2. 了解孔繁森的事迹，立足客观实际，追求人生理想。

案例摘要

1979 年开始，孔繁森两次进藏工作，勤政为民，促进当地经济社会发展和民族团结。1992 年年底，孔繁森第二次援藏工作结束后，被任命为阿里地委书记。为了摸清情况，探索带领群众脱贫致富的路子，他跑遍了全地区 106 个乡中的 98 个，行程 8 万多千米，与藏族群众结下了深厚友谊，被称为"新时期的雷锋""90 年代的焦裕禄"。他的英雄事迹和崇高精神激励和影响着广大中华儿女投身改革开放事业，自发到祖国和人民最需要的地方去，到最困难、最艰苦的地方去干事创业。

案例正文

号称"世界屋脊"的西藏高原，高寒缺氧，气候恶劣。民主改革前，藏族群众的生产与生活长期处在原始状态。民主改革后，阿里发生了巨大变化，但由于历史和自然的原因，当地的经济发展仍较缓慢，群众生活仍比较困难。那里更需要年富力强的优秀干部。

1979 年，国家要从内地抽调一批干部到西藏工作，时任中共聊城地委宣传部副部长的孔繁森欣然赴藏。他并非不知道西藏天高地远，并非不知道那里生活艰苦，并非不知道远离家乡和亲人意味着什么，但他更清楚地知道，这是祖国和人民的需要，这是党的召唤。"我是党的干部，服从组织安排。"孔繁森在回答自治区领导时坚决而干脆地回答道。

在西藏岗巴县担任县委副书记的三年里，为了在农牧区推广家庭联产承包责任制，带领群众脱贫致富，他几乎跑遍了全县的乡村牧区，每到一地就访贫问苦，宣传党的政策，和群众一起收割、打场、挖泥塘，与当地群众结下了深厚的情谊。有一次，他骑马下乡，从马背上摔下来，昏迷不醒。当地的藏族群众抬着他走了 30 里（1 里 = 500m）山路，把他送到医院抢救。当他从昏迷中醒来时，看到很多藏族群众守护在身边。1981 年，孔繁森奉调回山东离开岗巴时，藏族同胞依依不舍地含泪为他送行。

光阴似箭。1988 年，工作几经调动的孔繁森已担任聊城地区行署副专员。这时，又一次严峻的考验摆在他面前。这一年，山东省在选派进藏干部时，认为孔繁森在政治上成熟，便准备让他带队。组织上问他有什么困难，他还是那句话："我是党的干部，服从组织安排。"

其实孔繁森心里很清楚，家里确有不少困难：自己的身体状况不如从前了；年近九旬的老母生活已不能自理；三个孩子尚未成年，需要有人照看；妻子动过几次手术，体弱多病。自己一走，全家生活的重担又要压在妻子一人肩上。

1988 年，孔繁森第二次进藏后任拉萨市副市长，分管文教、卫生和民政工作。任职期间，他跑遍了全市 8 个县区的所有公办学校，在他和全市教育工作者的共同努力下，拉萨的适龄儿童入学率从 45% 提高到 80%。进入阿里地界，孔繁森的调查研究也开始了。孔繁森和地委、行署其他领导成员分头带队到基层调查，为了进一步摸清阿里的情况，他一个县、一个区、一个乡地跑。在阿里不到两年的时间里，从南方的边境口岸到藏北大草原，从班公湖到喜马拉雅山谷地，全地区 106 个乡，他跑了 98 个，行程 8 万多千米。经过对沿途措勤、改则和革吉三个县的实地调查，孔繁森透过这些地方贫困落后的现状看到了当地蕴藏的巨大优势，即丰富的畜产品和矿产。

1994 年年初，正当孔繁森带领全地区人民为实现阿里发展的宏伟蓝图而奋斗时，一场罕见的特大暴风雪席卷了阿里高原。立即行动起来！到灾区去，到群众中去，组织抗灾，恢复生产，重建家园。在孔繁森的带领下，地委、行署迅速组织了 10 多个工作组分赴各灾区。顶风冒雪，孔繁森背着他每次下乡都随身携带的小药箱，走村串户，慰问受灾群众，给被冻伤的牧民们看病。他早年在部队医院当过兵，粗通医术。来西藏工作后，为了解决当地缺医少药的困难，他做了大量工作。每次下乡，他都要买上几百块钱的药，给农牧民看病治病。

经过两个月的艰苦奋战，阿里地区的各族干部群众在地委和行署的领导下，终于战胜了雪灾，全地区没有冻死或饿死一个人。但这场雪灾毕竟也给阿里造成了严重的经济损失。

雪灾和连续几年的旱灾、风灾使孔繁森深深感到：光靠救济不能从根本上消除自然灾害的威胁，只有尽快建立起抗灾防灾基地，才能使群众具有抵御自然灾害的能力。他在地委、行署联席会议上提出了这一想法，得到大家一致赞同。

在北京的 20 多天里，孔繁森先后跑了 10 多个部门。人们无不为他的一片赤诚所感动。最终，阿里的灾情引起有关负责同志的重视，破例为阿里解决了一大笔救灾款和项目资金。

在孔繁森等地委、行署一班人的带领下，阿里的经济有了较快发展，国民收入超过 1.1 亿元，比上年增长 6.87%。1994 年，全地区国民生产总值超过 1.8 亿元。

参考资料

1. 高杉：《孔繁森的初心可以这样讲》。
2. 吴文立：《新时代孔繁森精神研究》。

原文摘编

1. 实践表明，生态环境保护和经济发展是辩证统一、相辅相成的，建设生态文明、推动绿色低碳循环发展，不仅可以满足人民日益增长的优美生态环境需要，而且可以推动实现更高质量、更有效率、更加公平、更可持续、更为安全的发展，走出一条生产发展、生活富裕、生态良好的文明发展道路。

——习近平：《努力建设人与自然和谐共生的现代化》，《求是》（2022年第11期）

2. 一个大国的崛起，绝不可能是轻轻松松、一帆风顺的，必然要经历一番艰苦的磨炼和斗争。全党必须清醒认识前进道路上进行伟大斗争的长期性、复杂性、艰巨性，坚持底线思维，增强忧患意识，发扬斗争精神，提高斗争本领。

——习近平：《新发展阶段贯彻新发展理念必然
要求构建新发展格局》，《求是》（2022年第17期）

3. 要正确对待一时的成败得失，处优而不养尊，受挫而不短志，使顺境逆境都成为人生的财富而不是人生的包袱。广大青年人人都是一块玉，要时常用真善美来雕琢自己，不断培养高洁的操行和纯朴的情感，努力使自己成为高尚的人。

——习近平在中国政法大学考察时的讲话（2017年5月3日）

案例 65 "聊·胜一筹！"品牌转型记

案例结构

"聊·胜一筹！"品牌转型记	品牌发展，一路高歌猛进
	品牌建设，奋斗永无止境
	品牌前景，迈入高铁时代

案例目标

1. 通过了解"聊·胜一筹！"品牌的发展过程，懂得世界是普遍联系和永恒发展的，学会用联系和发展的观点认识和处理人生道路中的各种问题，坚定信心，脚踏实地走好人生路。

2. 掌握马克思主义哲学关于发展的观点，理解一切事物都有一个不断发展和完善的过程。

案例摘要

聊城，坐落于黄河与京杭大运河的交汇地带，享有"两河明珠"的美誉。其独一无二的自然条件如同自然赋予的恩泽，滋养了这片土地，使之物产丰饶，生机勃勃。聊城在众多农业领域均有着卓越成就，被誉为"香瓜的沃土""双孢菇的摇篮""阿胶的故乡""鸭梨的天堂""圆铃大枣的乐园"和"黄河鲤鱼之乡"，更因其蔬菜产业的辉煌成就被冠以"中国蔬菜第一市"的美誉。近年来，聊城市着力于塑造一个全新的农产品区域品牌——"聊·胜一筹！"，这一品牌的诞生深深植根于聊城丰富的农业资源之中。然而，在市场化进程中，品牌面临着转型升级的需求，这一转变恰恰印证了马克思主义哲学关于世界普遍联系和永恒发展的观点。

案例正文

在每一个闪耀的品牌光环之下都有着一段段深刻而动人的成长轨迹，"聊·胜一筹！"品牌亦不例外。其发展历程可追溯至 2015 年 11 月底，为积极响应国家品牌强农的号召，推动现代农业的蓬勃发展，聊城市凭借其得天独厚的农业资源优势，毅然踏上了打造"聊·胜一筹！"这一聊城农产品区域公用品牌的征途。该品牌的定位精准而鲜明，旨在将聊城市精心培育的优质农产品推向全国乃至世界舞台，让更多人了解并信赖。该品牌不仅传递了产品安全可靠的承诺，更彰显了聊城农产品的高品质与独特魅力，使每一位消费者可放心享用这份来自聊城的自然馈赠。

品牌发展，一路高歌猛进

植根于深厚的农业资源底蕴，"聊·胜一筹！"品牌自创立之初便展现出蓬勃的增长态势。2016 年 4 月，聊城市在北京隆重举行了农产品区域公用品牌发布会，正式向世人展示了"聊·胜一筹！"作为聊城农业整体风貌的标志性形象。次年，该品牌凭借卓越品质，成功携手包括北京、上海在内的超过百家企业及机构，构建起跨越南北的农产品供销网络，让聊城的优质农产品走进了京沪两地千家万户的餐桌。2018 年，"聊·胜一筹！"在第十八届中国新疆国际农业博览会上大放光芒，不仅紧密对接国家"一带一路"倡议，更在次年踏上了国际化征程，将多样化的特色农产品推向世界舞台，极大地提升了品牌的国际影响力和声誉。

进入 2021 年 9 月，对"聊·胜一筹！"而言，是一个新时代的启航点。聊城市政府高瞻远瞩，将品牌的运营重任托付给实力雄厚的国兴集团，由聊城市国兴聊胜一筹品牌运营管理有限公司（简称"公司"）运营管理。这一转变象征着品牌运营模式从政府引领向国企专业化管理的跨越，为品牌的未来发展注入了强大的新动力，开启了转型升级的新纪元。

在此战略框架下，公司采取"四轮驱动"的发展策略，即强化品牌管理、深化品牌传播、促进品牌提升与推进市场化运营并行不悖，坚持"产品为核、质量为基、文化为魂、创新为驱、市场为向"的运营思路，全方位推进"聊·胜一筹！"区域品牌建设迈向更高水平。这一转型深刻践行了马克思主义哲学关于事物发展永无止境、旧事物必为新事物所取代的普遍原理，预示着品牌将在新的起点上实现质的飞跃。经过不懈努力，该品牌不仅显著增强了自身的核心竞争力、市场影响力和行业带动力，还成为聊城市乡村振兴与农业现代化战略的坚实支撑。数载光阴，公司构建起更加完善的品牌架构，塑造了更加鲜明的品牌特色，使"聊·胜一筹！"这张亮丽名片更加光彩夺目。

品牌建设，奋斗永无止境

在全新运营模式的引领下，公司凭借其雄厚的资本实力、前瞻的管理理念及广泛的市场网络，为"聊·胜一筹！"品牌开辟了广阔的发展蓝海。国有企业运营的独特优势在于其能够精准把握市场脉搏，力求经济效益与社会效益的同步提升，这一理念在品牌资源优化配置、营销策略创新、形象重塑等方面得到了深刻体现。品牌不仅在国内市场收获了高度的认可与好评，还紧跟全球化浪潮，通过实施国际化战略，显著增强了产品的国际竞争力，实现了品牌价值与全球市场布局的全面提升。

公司在传承品牌既有优势的同时，勇于突破，持续创新，对品牌运营与销售模式进行了系统性升级。公司采取了线上线下融合的全渠道营销策略，既稳固了传统宣传、对接、销售渠道的基石，又积极开辟线上电商平台与线下门店联动的新格局，极大地扩大了品牌的影响力，提升了品牌价值，并实现了销售业绩的显著增长。此外，公司还前瞻性地与高科技数字平台融托优选建立了紧密的战略合作关系，运用区块链等尖端技术，构建智能化电商平台，实现精准营销的多场景覆盖与多维度渗透，为品牌发展注入了强大的科技驱动力。

品牌前景，迈入高铁时代

随着济郑高铁的通车，聊城迎来高铁时代，这一历史性跨越为"聊·胜一筹！"品牌的飞跃式发展开辟了更加广阔的天地。展望未来，公司规划聚焦于构建农文旅深度融合的区域电商网络、推进税务服务数字化、打造乡村大数据平台矩阵及经济数据统计集成系统等多个核心领域，旨在建立一系列数字乡村大数据平台集群，并培育具有本土特色的数字经济生态系统。通过整合农文旅资源，运用综合电商平台激发城市消费潜能，促进农产品市场内外双循环机制的建立，加速聊城向数字化时代的转型，为聊城城乡数字经济一体化的发展注入强劲动力。

即将启动的"预制菜集散中心"项目作为连接田间地头与消费者餐桌的重要纽带，将打造一条贯穿农业、工业、服务业的全产业链创新模式，精准捕捉市场脉搏，大幅提升农产品的附加值。同时，规划中的"国际跨境电商产业园区"项目，拟携手全球领先的跨境电商伙伴，为"聊·胜一筹！"品牌插上全球化的翅膀，实现品牌价值的跨越式增长，进一步拉长并优化聊城农业产业链，助力聊城农产品打破地理界限，走向海内外。

品牌强农是推进农业强国建设的必由之路。"聊·胜一筹！"品牌作为聊城农业市场拓展的先锋力量，正为农业高质量发展注入强劲动力。随着聊城高铁时代的全面开启，"聊·胜一筹！"品牌将汇聚更强大的势能，精准高效地将聊城的优质农产品送达每一个家庭的餐桌，让更多人感受到聊城美食的独特魅力与精致风味。

参考资料

1. 大众网：《"聊·胜一筹！"，聊城精致农产品的耀眼名片》。
2. 聊城新闻网：《品牌助振兴，榜样传力量！2024"聊·胜一筹！"品牌榜样企业展播》。

案例 66　冠县统筹推进"绿富同兴"

案例结构

冠县统筹推进"绿富同兴"	冠县田马元村：早熟大樱桃引领致富路
	冠县兰沃乡：古梨树资源变身旅游金名片

案例目标

1. 通过冠县田马元村和兰沃乡两个地方"治沙和致富"相结合的案例，充分认识聊城市将生态文明建设和经济建设统筹推进的发展之路。
2. 掌握用联系的观点看问题中的系统和要素的关系，善于把各部分、各要素联系起来考察，立足整体，统筹全局，实现整体功能大于部分功能之和。

案例摘要

近年来，聊城市坚持把防沙治沙、促进生产作为重要民生工程，将改善生态环境与促进农民致富相结合，立足整体，统筹全局，走出了一条沙化有效治理与林果产业发展的"双赢"之路。冠县田马元村已成为全国最大的早熟大樱桃生产基地，全村果树种植面积达到 4000 亩（1 亩 = 666.67m²），年产优质果品 6500t，人均纯收入 4 万元以上。地处黄河故道风沙区的冠县兰沃乡，依托丰富的古梨树资源，建起了中华第一梨园生态旅游景区，成为鲁西较大的平原森林景区。

案例正文

冠县田马元村：早熟大樱桃引领致富路

在冠县的田马元村，昔日贫瘠的沙海已蜕变为生机勃勃的绿洲，演绎了一场关于希望与智慧的华丽转身。村民们以非凡的勇气和智慧，依托早熟大樱桃种植开辟出一条独具特色的乡村振兴之路，生动诠释了"整体优化，全局统筹，促进整体效能超越部分之和"的深刻哲学内涵。

田马元村，一个曾被黄河故道风沙侵袭、生态脆弱的角落，面对自然的挑战，村民们没有退缩，而是选择以更加坚定的步伐探索出路。他们深刻认识到，要扭转命运就必须从实际出发，精准施策，找到一条符合自身特点的发展路径。

经过深思熟虑与科学规划，村民们巧妙利用当地独特的自然优势——适宜的气候与土壤，将目光聚焦于早熟大樱桃这一特色产业上。这一战略抉择不仅着眼于经济振兴的迫切需求，更蕴含了对生态环境修复的深谋远虑，实现了发展与保护的双赢。

为了提升樱桃的品质与产量，村民们积极拥抱现代农业技术，引进优质品种，改良土壤，优化灌溉系统，每一步都凝聚着他们对美好生活的向往与追求。同时，通过建立合作社模式，实现资源共享、成本降低、市场拓宽，进一步增强了产业竞争力。

随着时间的推移，田马元村的蜕变令人瞩目。沙土之地披上了绿装，樱桃林成为村民的"绿色银行"，不仅带来了可观的经济收入，还极大地改善了村庄的生态面貌，营造出人与自然和谐共生的美好画卷。

田马元村的故事是对"整体思维，统筹协调，促进整体最优"哲学思想的生动实践。它启示我们，面对挑战与困境，唯有坚持系统观念，将各个部分、各个要素有机结合起来，才能实现整体效益的最大化，走出一条既符合自身实际又利于长远发展的可持续之路。

冠县兰沃乡：古梨树资源变身旅游金名片

兰沃乡坐落于历史悠久的黄河故道风沙区域，其独特之处在于蕴藏着丰富的古梨树遗产。近年来，这片土地巧妙地将自然资源转化为发展动力，以古梨树为核心，精心编织了一幅生态旅游的绚丽画卷——中华第一梨园生态旅游景区。这一华丽的转身，不仅彰显了兰沃乡人民对自然遗产的尊重与智慧利用，更深刻体现了"整合要素，统揽全局，实现整体效能超越单一之和"的哲学思考。

昔日，兰沃乡的古梨树虽默默伫立，其价值却未得充分展现。随着乡村振兴的浪潮涌动，这片古老的梨树林迎来了新生。兰沃乡人民以敏锐的洞察力挖掘出古梨树背后蕴含的文化与经济潜力，决心将其打造成为推动地方发展的金名片。

在精心策划与科学布局下，兰沃乡启动了一场以古梨树为主题的生态旅游改革。他们不仅致力于古梨树的保护与复壮，更通过创意策划将梨花盛开的美景、果实累累的丰收景象融入丰富多彩的旅游活动中，如盛大的梨花节、亲子采摘节等，让游客在亲近自然的同时感受浓厚的文化底蕴。

生态旅游的蓬勃发展，为兰沃乡带来了前所未有的经济活力。它不仅直接提升了古梨树资源的经济价值，还间接拉动了餐饮、住宿、交通等相关行业的繁荣，为当地居民开辟了广阔的就业与增收渠道。更重要的是，旅游业的兴起促使兰沃乡不断完善基础设施，提升环境质量，构建了一个更加宜居宜游的乡村生态体系。

兰沃乡的实践案例是对"统筹协调，整体推进，实现综合效益最大化"哲学理念的生动诠释。它告诉我们，在乡村振兴的征途中必须树立全局观念，善于将各类资源、要素有机融合，通过科学规划与创新实践，激活乡村发展的内生动力，实现经济、社会、生态的全面协调可持续发展。

参考资料

1. 胡浩亮：《聊城：日新月异田马园》。
2. 大众网：《聊城市冠县兰沃乡：围绕"中华第一梨园"推进一二三产业融合》。

案例 67　新时代聊城交通的发展飞跃

案例结构

新时代聊城交通的发展飞跃	聊城铁路的崛起：发展观指引下的跨越与变革
	发展观引领的聊城公路"半小时经济生活圈"
	高铁时代的到来：聊城发展观下的交通新纪元

案例目标

1. 了解聊城交通建设和发展的历程。
2. 理解发展的普遍性，用发展的观点看问题。

案例摘要

聊城铁路与公路建设的跨越式发展，是发展观在交通领域生动实践的缩影。以济郑高铁开通为标志，聊城迈入高铁时代，融入全国高铁网络，为经济社会发展注入强大动力。同时，聊城公路"半小时经济生活圈"的构筑，也体现了发展观在提升交通便捷性和促进区域协调发展方面的指导作用。这些成功案例展示了聊城在坚持发展观指导下，通过不断创新与发展实现交通事业的跨越式进步，为区域经济社会的高质量发展奠定了坚实基础。

案例正文

聊城铁路的崛起：发展观指引下的跨越与变革

自20世纪以来，聊城铁路建设便深植于军事与经济双重需求的土壤，逐步构建起区域交通的初步框架。而邯济铁路等线路的落成，如同血脉般为这片土地的经济注入了勃勃生机。

随着时代车轮的滚滚向前，发展理念日益精进，聊城铁路建设亦踏上了加速前行的征途。此阶段，聊城不仅着眼于铁路网络的广泛铺展，更聚焦于既有线路的深度改造与升级，力求在提升运输效能与服务品质上实现双重飞跃。同时，聊城积极融入区域一体化发展大局，通过强化与其他地区的交通互联互通，编织出一张紧密的经济合作网络，共谋发展，共享繁荣。

京九铁路的贯通无疑是聊城铁路发展史上一座耀眼的里程碑。它不仅为聊城开辟了前所未有的发展通道，更以实践印证了发展理念在铁路建设中的核心引领作用。京九铁路的建成犹如一股强劲的东风，让聊城的经济之舟再次扬帆起航，驶向更加辉煌的未来。

步入新时代，聊城铁路建设继续秉承发展理念的精髓，向着更高水平、更深层次迈进。济郑高铁、京九高铁、聊泰铁路等一系列重大项目的规划与实施，不仅极大地提升了聊城的交通枢纽地位，更为区域经济的高质量发展插上了腾飞的翅膀。聊城铁路的每一次跨越与蜕变都是发展理念在实践中不断深化与创新的生动展现，书写着属于这座城市的辉煌篇章。

发展观引领的聊城公路"半小时经济生活圈"

聊城公路建设的蓬勃兴起，深刻展现了发展观在交通领域实践的生动图景。回溯往昔，聊城公路的初创之路历经坎坷。改革开放初期，受限于有限的通车里程与低标准路况，聊城公路网络成为制约经济社会腾飞的桎梏。然而，随着发展理念的深入人心与时代浪潮的推进，聊城公路事业迎来了前所未有的发展机遇。

步入20世纪90年代中期，聊城公路发展步入崭新阶段。济聊、聊馆两条高速公路的横空出世，不仅突破了交通瓶颈的枷锁，更将聊城无缝对接至全省乃至全国的高速交通网络，开启了便捷高效的出行新纪元。此阶段的发展，深刻彰显了发展观中全局谋划与前瞻布局的智慧。

跨入21世纪，聊城公路建设迈入快车道。在发展观的指引下，聊城前瞻性地提出构建"半小时经济生活圈"的宏伟蓝图，致力于通过优化国道、省道干线公路网络，实现市域内各区县间及与周边地区的快速通达，为经济社会发展铺设了坚实的道路基石。这一战略的实施不仅巩固了聊城的交通枢纽地位，更促进了区域经济的深度融合与协同发展。

近年来，聊城公路事业持续以发展观为航标，加速推进交通基础设施的现代化进程。青兰高速、莘南高速等重大项目相继落地，不仅拓宽了聊城的交通动脉，更增强了城市的辐射力与吸引力。同时，农村公路网的全面升级，特别是"村村通公路"目标的实现，为乡村振兴战略的实施注入了强劲动力，点亮了农村发展的新希望。

展望未来,聊城公路建设将继续秉承发展观的核心要义,不断探索交通建设的新路径、新模式。预计到 2025 年,聊城公路网络将更加完善,通车里程将再创新高,为聊城经济社会的高质量发展构筑起更加坚实的交通支撑体系,继续书写交通强国建设的新篇章。

聊城"半小时经济生活圈"的构建,不仅是发展观在交通建设领域的璀璨成果,更是推动区域协调发展、增进民生福祉的生动实践。

高铁时代的到来:聊城发展观下的交通新纪元

2023 年 12 月 8 日,对于聊城而言是载入史册的光辉一天,济郑高铁在这一天正式启航,标志着聊城长达数年的"高铁梦"终得圆满,正式步入"高铁经济"的崭新纪元。

这一里程碑式的交通成就,不仅是聊城交通发展史上的重大飞跃,也是发展理念在交通建设领域深化的鲜明例证。济郑高铁的贯通,不仅极大地缩短了聊城与全国各大经济板块的时空界限,更为聊城的高质量发展插上了腾飞的翅膀。

在开放共赢的发展观引领下,聊城以开放的胸怀和前瞻的视野,积极融入国家高铁网络体系。济郑高铁的开通不仅让聊城在东西轴线上紧密联结济南、郑州两大都市圈及山东半岛、中原两大城市群,更在南北方向上拓宽了与华北、华南等广阔区域的合作桥梁,为聊城的经济社会发展开辟了更加广阔的空间和无限可能。

高铁不仅重塑了聊城的交通格局,更在深层次上激发了城市的转型活力。它加速了人流、物流、信息流的高效流通,为聊城的经济社会繁荣注入了源源不断的活力源泉。同时,高铁经济效应的显现,也带动了相关产业链的蓬勃发展,为当地创造了更多元的就业机会和更优质的民生福祉。

展望未来,聊城将秉持发展理念,持续深化交通基础设施建设,加强与周边地区的互联互通,促进区域经济一体化进程。通过构建更加完善、高效、便捷的交通网络,聊城将不断拓宽发展视野,深化区域合作,推动经济社会实现更高质量、更可持续的发展。

参考资料

1. 聊城日报:《聊城交通发展:接入区域发展高速网络》。
2. 聊城晚报:《领略 40 年交通变迁:聊城看世界,从山高水远到贴地飞行》。

案例 68 "齐鲁工匠"张之栓

案例结构

"齐鲁工匠"张之栓	跨界挑战,技艺蜕变
	创新引领,传承匠心

案例目标

通过张之栓的故事思考张之栓是如何实现从"舞者"到"工匠"的蜕变，从而学会脚踏实地，注重量的积累，实现质的飞跃。

案例摘要

张之栓，中国共产党党员，国网山东省电力公司聊城供电公司员工，从舞蹈专业大学生成长为"齐鲁工匠"、山东省技术能手、齐鲁首席技师、正高级工程师，并纳入山东省高层次人才库。工作 10 余年他始终坚守初心，用实际行动践行着"精益求精，精雕细琢"的工匠精神，在技能大赛、传技带徒、发明创造等方面为社会作出了突出贡献；曾荣获聊城市"彩虹杯"职业技能大赛第一名、计量专业技能竞赛第一名、农电工岗位知识及技能竞赛第一名；2019 年担任山东省总工会举办的"十强产业"用电信息采集智能终端安装调试竞赛教练，获团体一等奖。依托创新工作室积极发挥传、帮、带作用，累计培养技师 217 人、高级工 346 人、聊城市首席技师 3 人，有 2 人获得"富民兴聊"劳动奖章。

张之栓积极创新钻研，获得《一种高空防坠工具及使用方法》等国家专利证书 10 项，论文发表成果 2 项，率先利用智能化图像采集与视觉识别技术对拆回电能表进行精细化管理，配合厂家将新技术、新工艺推广应用到实际工作中，始终把授业解惑和解决生产中的疑难问题作为不懈的追求和奋斗目标。

案例正文

跨界挑战，技艺蜕变

在山东省第六届"齐鲁工匠"荣耀榜单揭晓之时，国网山东省电力公司聊城供电公司新城供电中心计量班的一位杰出成员——张之栓，以其非凡的成就吸引了社会各界的瞩目。这位昔日舞台上翩翩起舞的舞蹈专业学子，如今已华丽转身，成为电能计量领域一颗璀璨的技术新星。

张之栓的人生轨迹是一段跨越艺术与科技的奇妙旅程。大学时代，他以曼妙的舞姿编织梦想，诠释艺术之美。然而，命运的转折让他意外踏入了电力行业的广阔天地，面对陌生的专业知识，他并未感到迷茫或退缩，反而以一种近乎执着的勇气，开启了自我重塑的征程。

他决心从一名舞者蜕变为电力行业的技术精英。工作之余，张之栓沉浸在书海与实践中，从安全规程的细枝末节到专业技能的深邃奥义，无不倾注了他的心血与汗水。无论是酷暑还是严寒，他总是身着标志性的蓝色工装，头戴安全帽，身影活跃在电能计量的第一线，用实际行动诠释着对职业的热爱与执着。

经过数载春秋的不懈努力，张之栓不仅在专业技能上实现了质的飞跃，更在各类技能大赛中屡创佳绩。从聊城市"彩虹杯"职业技能大赛的桂冠，到计量专业技能竞赛和农电工岗位知

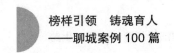

识及技能竞赛中的多次夺魁，他的每一次成功都是对自我极限的超越。同事们对他的称呼也从昔日的"舞蹈才子"转变为"技术大拿"，他成为团队中不可或缺的技术支柱与智慧源泉。

创新引领，传承匠心

然而，张之栓的蜕变之路并未就此止步，他深知工匠精神的核心在于不断突破与创新。于是，他踏上了电力技术创新的征途，勇于挑战陈规，积极拥抱前沿科技，将最新的技术理念融入实践。经过无数个日夜的钻研与试验，他成功研发出多项具有自主知识产权的创新产品，并荣获国家专利认证，为电力行业带来了革命性的变革。

这些创新成果不仅精准解决了营销作业与计量管理中的痛点问题，还显著提升了企业的运营效率和服务质量，为企业的发展注入了强劲的创新动力。其中，张之栓主导研发的电能表智能拆卸装置尤为引人注目，它实现了电能表更换过程中的零停电目标，大幅缩短了用户停电时间，同时优化了作业流程，提升了工作效率，赢得了业界的高度赞誉。

在追求卓越技术的同时，张之栓亦不忘传承与育才之责。他创建了"张之栓工匠创新工作室"，并担任国网聊城供电公司的内部培训师，以实际行动践行"传帮带"精神。在这里，他倾囊相授，将自己的技术精髓和宝贵经验传递给年轻一代，为他们搭建起成长的阶梯，激发了团队的创新活力，为企业的可持续发展奠定了坚实的人才基础。

"荣获'齐鲁工匠'称号，既是对我过去努力的认可，也是对未来责任的期许。"张之栓感慨道，"我将以此为契机，持续提升自我，深化技术创新，发挥榜样力量，引领更多同事走向卓越，共同为公司的发展注入源源不断的新动力。"他的故事是一段从艺术舞者到电力工匠的华丽转身，更是一曲关于梦想、坚持与创新的壮丽颂歌，激励着每一个人勇于挑战自我，不懈追求更高更远的目标。

参考资料

大众网:《张之栓：舞者有"匠心"》。

案例 69　孔繁森：坚守初心使命的人民公仆

案例结构

孔繁森	坚守初心使命的人民公仆

案例目标

通过学习孔繁森在面临人生选择时做出的决定，增强党性修养，坚定理想信念。

案例摘要

孔繁森 17 岁参军，1966 年加入中国共产党，部队复员后回到聊城老家工作。1979 年，国家要抽调一批干部赴西藏工作，时任聊城地委宣传部副部长的孔繁森主动报名，并请人写下"是七尺男儿生能舍己，作千秋鬼雄死不还乡"的条幅以示决心。在担任日喀则地区岗巴县委副书记的 3 年间，他跑遍了全县的乡村、牧区，与藏族群众结下了深厚的情谊。

案例正文

孔繁森精神体现着中国共产党人高贵的精神品质。孔繁森把理想追求融进改革开放和社会主义现代化建设的火热潮流之中，在日新月异的形势下始终保持着党的优良传统和作风。在严峻的自然条件和历史考验面前，他光明磊落做事，干干净净做人，坚持不懈地实践着中国共产党人的初心和使命。孔繁森精神是中国共产党革命精神在新时期的表现，是老西藏精神在新时期的继承与发展。

信念坚定、献身使命的忠诚品质。忠诚、奉献，不仅是马克思主义关于人类解放的伟大实践的自觉践履，同时也是中华民族忠诚执着、崇尚奉献的道德理性的当代升华，体现着当代共产党人的优秀品格。中国革命、建设和改革事业不断推向前进，靠的是包括孔繁森在内的一代代优秀共产党员的忠诚奉献。习近平总书记指出："信仰、信念、信心，任何时候都至关重要。"对理想信念的无限忠诚，对身份使命的无比坚贞，是孔繁森工作、生活的鲜亮底色，也是孔繁森精神的精髓。

心怀百姓、求真务实的人民立场。人民立场是中国共产党人的根本政治立场，这一立场回答了"为了谁、依靠谁、我是谁"的问题，彰显了共产党人最深厚的人民情怀、最纯粹的赤子之心。心怀人民、一心为民，是孔繁森作为一位党员领导干部对全心全意为人民服务的真挚理解和勇毅践行。"一个共产党员爱的最高境界是爱人民"，这是孔繁森最喜爱的一句话，也是他一直奉行的准则，既反映出他精神世界的"境界感"，又展现在他实际行动的"接地气"。孔繁森的一生就是对人民立场的具体而生动的诠释。

生能舍己、死亦无畏的牺牲精神。随时准备为党和人民牺牲一切，是共产党人的誓言。援藏前，孔繁森请人写下"是七尺男儿生能舍己，作千秋鬼雄死不还乡"的壮语。入藏后，他用生命兑现了"青山处处埋忠骨，一腔热血洒高原"的诺言。自古忠孝难两全，孔繁森摆正了家与国的关系，牺牲天伦之乐而服从国家和民族大义，他的爱泽被雪域高原，超越血缘至亲。孔繁森的奉献不是普通的奉献，而是牺牲型的奉献，是最高级的奉献，他把生命都交给了党和人民的事业。

创新进取、担当作为的开拓意识。改革开放以来，我国经济社会之所以迅速发展，就是因为改革开放焕发了干部群众的创新精神。孔繁森在西藏工作取得成绩的原因也在于他的创新实干精神。作为一位长期工作在艰苦环境中的党员领导干部，孔繁森解放思想、敢于创新，研究制定了诸如振兴边境贸易、保护生态环境、跨区域合作发展等一系列既符合当地实情和人民需要，又具有显著创新意义的政策措施，有力促进了岗巴、拉萨、阿里等地区的经济和社会事业发展。尤其是在阿里期间，他想别人不敢想，做别人不敢做，表现了极其珍贵的开拓创新的领导风范。

　　孔繁森精神在新时代发扬光大。当今世界正经历百年未有之大变局，外部环境出现更多不稳定性和不确定性。全面建成小康社会的第一个百年奋斗目标已经如期实现，党带领人民开启了全面建设社会主义现代化强国的新征程，正在向着第二个百年奋斗目标迈进。要夺取中华民族伟大复兴的历史性胜利，还需要久久为功，付出更大努力。新时代更需要发扬光大孔繁森精神，需要更多像孔繁森那样亲民爱民、忠诚正直和靠得住、有本事、过得硬、不变质的领导干部担当起中华民族伟大复兴的重任。

　　新时代弘扬孔繁森精神，就要把提高政治能力放在第一位。有了过硬的政治能力，才能做到自觉在思想上政治上行动上同党中央保持高度一致，在任何时候、任何情况下都能"不畏浮云遮望眼""乱云飞渡仍从容"。提高政治能力，就要有孔繁森同志那样信念坚定、献身使命的忠诚品质，对党的政治纪律和政治规矩怀有敬畏之心，自觉加强政治历练，增强政治自制力，始终做政治上的"明白人""老实人"。

　　新时代弘扬孔繁森精神，就要真正成为群众的贴心人。要像孔繁森同志那样心怀百姓、求真务实，时刻把群众的安危冷暖放在心上，坚持到群众中去、到实践中去，倾听基层干部群众所想、所急、所盼，了解和掌握真实情况，认真落实党中央各项惠民政策，把小事当作大事来办，切实解决群众"急难愁盼"的问题。

　　新时代弘扬孔繁森精神，就要关键时刻冲得上去、危难关头豁得出来。我们党在内忧外患中诞生，在磨难挫折中成长，在攻坚克难中壮大。敢于斗争、敢于胜利，是中国共产党人鲜明的政治品格，也是我们的政治优势。孔繁森同志生能舍己、死亦无畏的牺牲精神，在新时代激励着广大党员干部，在危难时刻挺身而出，英勇奋斗。

　　新时代弘扬孔繁森精神，就要勇挑重担，想干事、能干事、干成事。要像孔繁森同志那样，创新进取、担当作为，把初心落在行动上，把使命担在肩膀上，在应对重大挑战、抵御重大风险、克服重大阻力、解决重大矛盾中勇当先锋，善于作为，凝聚起亿万人民的智慧和力量，在全面建设社会主义现代化国家的新征程上创造新的历史伟业。

参考资料

高杉：《孔繁森的初心可以这样讲》。

原文摘编

1. 党的十八大以来，我们党在新中国成立特别是改革开放以来长期探索和实践基础上，全面贯彻新时代中国特色社会主义思想，采取一系列战略性举措，推进一系列变革性实践，实现一系列突破性进展，取得一系列标志性成果，战胜一系列重大风险挑战，成功推进和拓展了中国式现代化，推动党和国家事业取得历史性成就、发生历史性变革，为强国建设、民族复兴伟业提供了更为完善的制度保证、更为坚实的物质基础、更为主动的精神力量。

——习近平在纪念毛泽东同志诞辰 130 周年座谈会上的讲话（2023 年 12 月 26 日）

2. 马克思主义是实践的理论，指引着人民改造世界的行动。马克思说，"全部社会生活在本质上是实践的"，"哲学家们只是用不同的方式解释世界，问题在于改变世界"。实践的观点、生活的观点是马克思主义认识论的基本观点，实践性是马克思主义理论区别于其他理论的显著特征。

——习近平在纪念马克思诞辰 200 周年大会上的讲话（2018 年 5 月 4 日）

3. 要尊重人民首创精神，注重从人民的创造性实践中总结新鲜经验，上升为理性认识，提炼出新的理论成果，着力让党的创新理论深入亿万人民心中，成为接地气、聚民智、顺民意、得民心的理论。

——习近平在中共中央政治局第六次集体学习时的讲话（2023 年 6 月 30 日）

案例 70 "小葫芦"撬动"大市场"——孔繁森故里做强"葫芦品牌"

案例结构

"小葫芦"撬动"大市场"—— 孔繁森故里做强"葫芦品牌"	挖掘非遗文化
	创新融合发展
	搭建创新平台
	创新发展模式

案例目标

1. 了解"中国葫芦之乡"堂邑镇创新发展葫芦产业，实现共同富裕的创业成功经历。
2. 学习堂邑人民立足乡村实际，树立创新意识，增强创新致富本领的优良品质。

案例摘要

山东省聊城市东昌府区堂邑镇有千年古镇、繁森故里、葫芦之乡的美誉。这里是党员领导干部的楷模——孔繁森同志的故乡，也被誉为"中国葫芦之乡"。近年来，堂邑镇依托"中国葫芦之乡""中国民间文化艺术之乡"等金字招牌，树立创新意识，增强创新本领，大力挖掘葫芦产业内在潜力，在政策、技术和资金等方面给予大力扶持，打造国内葫芦生产加工基地和营销网络，葫芦产业规模不断扩大，经济效益不断提高，葫芦文化品牌逐步做大做强。

案例正文

挖掘非遗文化

20 世纪 80 年代，受客观环境影响，"东昌葫芦"这一艺术瑰宝几近绝迹。当时，堂邑镇仅存的老艺人不超过 10 人，他们多是在房前屋后种植葫芦自刻自卖，根本谈不上规模化经营，葫芦文化传承岌岌可危。随着国家越来越重视文化产业，不断推进各级非物质文化遗产保护工作，堂邑镇党委政府出台扶持政策，大力发掘葫芦文化内涵，提升葫芦文化的品牌价值。

农民既是葫芦的种植者，也是葫芦的雕刻艺人。当地政府在生产中注重提升农民文化水平，激发他们的艺术创作灵感，从而让农民在创作中迸发出奇思妙想。现在的葫芦艺人借助前人经验在葫芦上烙刻各种传统吉祥图案，提升葫芦的附加值；能工巧匠采用勒、扎、挽等技术塑造出吉祥如意、福禄寿喜等形状，使葫芦售价倍增。艺人们积极发扬工匠精神，创新了烙花、砑花、绘花、拼接、范制、勒扎、打结等近百个工艺品种，并通过举办收藏展等活动增加堂邑葫芦的影响力，实现了由传统"葫芦加工产业"向新型"文化创意产业"的转换。

创新融合发展

2001 年前后，堂邑镇路庄村的路宗军建立了自己的网页，并注册了"鲁西工艺葫芦基地"网站。如今，他的生意 90% 以上都是在网上交易，销售网遍布全国各地。2020 年，路宗军实现营业额 80 余万元，2021 年突破 100 万元。如今路庄村的年轻人利用自媒体进行网上直播带货，葫芦产品也销往全国以及其他国家和地区。

近年来，堂邑镇加大与山东省农科院、山东农业大学等科研机构的合作力度，突破葫芦种植技术难题，强化葫芦产业的一二三产联动。在种植环节，探索产业化升级与规模化组织模式；在加工环节，探索艺术创作品牌化和大众产品质量标准化兼顾的产业体系；在流通环节，推进线上线下互动的经营平台建设，拓展多种渠道的展示、宣传、销售模式；深度融合以葫芦产业为中心的各类特色资源，形成集文化、生态、休闲于一体的全域旅游发展体系。其具体包括：做好文化资源融合，联动开发中华葫芦文化、聊堂传统文化和本地红色文化资源；做好生态资源融合，挖掘马颊河湿地的生态价值，适度开展生态体验、观鸟摄影、徒步露营等项目；做好休闲资源融合，组合式推进休闲体验农业、青少年活动基地、文化创意体验等近郊型旅游休闲项目。

搭建创新平台

为提升葫芦文化的影响力和竞争力，堂邑镇党委政府高度重视葫芦产业平台建设。在2018年第十二届中国江北水城·运河古都（聊城）葫芦文化艺术节举办期间，堂邑镇党委政府组织了葫芦工艺大赛、中华葫芦展销交易会、中华葫芦文化产业研讨会等活动，邀请了国内非遗保护方面的相关专家参加，提升"堂邑葫芦"的知名度。同时，当地还通过精品展示、雕刻技艺大赛和葫芦展销等活动，促进了葫芦加工技艺的交流和创新，提高了葫芦产业的知名度和经济价值，打造出"东昌葫芦"这一响当当的品牌。

堂邑镇党委政府还借助堂邑民俗旅游3A级景区这一平台，修建了葫芦艺术博物馆和葫芦加工中心。景区博物馆通过展示各种工艺葫芦、介绍葫芦艺人，加大葫芦文化的宣传力度。葫芦加工中心的葫芦艺人现场制作作品，让游客参观和体验，进而激发了民众学习葫芦雕刻技艺的积极性，推动葫芦雕刻艺术的传承和发扬。

路庄村作为"中华葫芦第一村"和葫芦产业发展示范村，改变了传统的葫芦种植和加工方式，拓展了葫芦文化旅游功能。目前，每年有近3万游客来路庄村参观采购，促进了物流、餐饮、住宿等行业的发展，使该地成为聊城市乃至山东省最大的葫芦交易地。"堂邑葫芦"已成为知名商标品牌。

创新发展模式

堂邑镇通过推行葫芦农场项目，创建规模农场、扶贫就业工场的"两场同建"模式，完善"产业＋就业"机制，实现农业提质增效和村集体经济增收，壮大农业观光、乡村旅游、乡村研学游等特色产业，推动农村产业结构调整优化。

葫芦农场项目位于堂邑镇繁森新村，占地150余亩（1亩=666.67m²），已建成葫芦实验农场、葫芦温室大棚、"山坡羊"休闲农场等设施，未来将进一步打造乡村文旅休闲目的地。2022年，该项目又进行产业配套设施建设，发展民宿、特色旅游、研学和电商销售等综合产业集群，实现农业观光、乡村旅游、乡村研学游等特色产业综合立体发展。葫芦农场的建成，提供了更多就业岗位，带动周边村民就业，拓宽致富渠道。

东昌府葫芦艺术文化旅游中心项目总投资2.5亿元，主要建设葫芦文化博物馆、仓储电商中心、文创研发中心、青少年手工创意中心等设施。根据规划，项目建成后将进一步扩大堂邑镇的葫芦产业、文化旅游产业发展优势，推进产业融合，实现产业价值最大化。

葫芦农场项目与葫芦艺术文化旅游中心项目将以葫芦文化为核心，打造集文化体验、休闲娱乐、旅游购物等为一体的宜旅宜居文化旅游区。同时，推动休闲观光农业，促进农

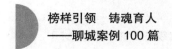
村富余劳动力的就业，通过特色种植和销售土特产品增加农民收入。

参考资料

中国社会科学网：《孔繁森故里做强"葫芦品牌"》。

案例 71　鹃血忠魂——
鲁西第一位女共产党员朱华亭

案例结构

鹃血忠魂—— 鲁西第一位女共产党员朱华亭	进步青年在成长
	巾帼英雄地下工作忙
	抗日的女英雄

案例目标

1. 了解朱华亭烈士追求真理的成长经历。
2. 思考、体会追求真理的艰难，在追求真理中提升人生境界。

案例摘要

朱华亭，1906 年出生在阳谷县安乐镇一个农民家庭，少年时在五四运动的影响下接受了新民主革命思想。1926 年，朱华亭经共产党员王寅生介绍入党，成为鲁西北地区第一位女共产党员，1927 年被派到苏联莫斯科学习马克思主义理论和苏联革命经验。1930 年毕业归来后，她先后在上海杨浦区、山东济南、安徽合肥从事地下工作。1938 年，朱华亭由党组织派往第五战区开展地下军运工作，经常赴前线慰问、激励士气，被官兵们赞为"抗日女英雄"。皖南事变后，她想方设法帮助新四军战士们转移，掩护和帮助中共湖北省委宣传部长陶铸等人脱险，自己却不幸于 1941 年 7 月 14 日被国民党特务杀害。

案例正文

你知道我们鲁西北第一个女共产党员是谁吗？

她说："一个共产党员，无论在什么时候，在什么地方，都要坚持革命，为党工作，为人民服务。"

她就是朱华亭。

进步青年在成长

1906 年 2 月 4 日，朱华亭出生在山东省阳谷县安乐镇一个农民家庭。朱华亭少年时进入镇女子小学读书，开始接受新文化、新思潮的熏陶，并在五四运动的影响下接受了新民主革命的思想。朱华亭组织同学在镇上和镇周围各村开展反对封建礼教和放脚、剪辫子的宣传活动，妇女解放的思想在安乐镇一带扎根并迅速传播开来。

1923 年，朱华亭考入设于济南的山东省立女子师范学校。她和同班同学张影新等踊跃加入公开倡导进步思想的读书会，如饥似渴地阅读进步书刊，积极参加进步的学生运动和反对帝国主义、封建军阀的斗争，接受了共产主义思想，加入了中国社会主义青年团。

在学校读书期间，朱华亭利用假期回家乡办补习班，辅导青少年学文化、学政治，向青少年宣传进步思想，申云浦、朱朗霄、盛北光等中共阳谷县委的创始人，就是在朱华亭的热情帮助和宣传影响下走上革命道路的。

即将毕业时，由父母做主，朱华亭同安乐镇绅士申集磬的长子申伯锦结了婚。朱华亭对这门婚事一开始就不满意，加之信仰和政见不同，两人婚后不断发生争吵和冲突。1925 年秋，朱华亭感到同申伯锦已无法再继续生活下去，便毅然结束了夫妻关系，但她对申伯锦的态度依然很和气友善，她不赞成离婚后视如冤家的态度和行为。

没有了婆家，娘家又不能回，朱华亭反复思考后决定去找申伯锦的表兄、共产党员王寅生，王寅生很佩服朱华亭这样的新女性，十分赞赏她的坚强性格和进步思想，真诚热情地鼓励她鼓起勇气，克服困难，并帮助朱华亭摆脱了困境。

巾帼英雄地下工作忙

1926 年，朱华亭由王寅生介绍加入了中国共产党，成为鲁西北地区第一位女共产党员。

1926 年秋，在革命的浪潮中，中央军事政治学校（黄埔军校）武汉分校决定招收女学员。由山东党组织和王寅生推荐，朱华亭抱着"从军"当女兵的美好志愿报考并以第 19 名的成绩被录取。

1927 年 5 月 7 日，武汉国民革命军独立十四师师长夏斗寅在宜昌叛变，指挥叛军进攻武汉。武汉分校师生改组为中央独立师，开赴前线迎击叛军。朱华亭和全队女兵参加了这场战役，接受了革命斗争实践的洗礼和锻炼。

因工作需要，党组织把朱华亭调离军校，派到孙中山先生的夫人、中国妇女解放运动的先驱和领袖宋庆龄主办的妇女讲习所做妇女工作。她遵照党的指示，衷心接受宋庆龄的领导和指教，积极深入了解妇女群众的疾苦，倾听妇女群众的呼声，向妇女群众宣传革命的形势，号召广大妇女积极参加妇女解放运动和革命斗争实践，支援北伐战争。

1927 年夏，朱华亭被派到苏联莫斯科学习马克思主义理论和苏联革命经验。朱华亭学习勤奋，出色地完成了《联共（布）党史》《政治经济学》《经济地理》等规定课程的学习任务，攻读了《共产党宣言》《资本论》《国家与革命》等马克思主义经典著作，用马克思主义基本理论武装了头脑，熟练地掌握了俄语。

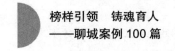
抗日的女英雄

1938 年秋，朱华亭由党组织派往第五战区开展地下军运工作，公开身份是担任张自忠任总司令兼军长的第三十三集团军第五十九军军部中山室主任，主要任务是领导军队的宣传工作。

在国民党军队中开展地下工作对朱华亭来说是一个新课题，也是一个大难题。朱华亭以大无畏的革命精神、无坚不摧的钢铁意志和对党对人民的无限忠诚，利用多年地下斗争积累的经验和智慧，积极稳妥地工作。她把抗日当作一切工作的出发点和落脚点，贯彻到各项工作、各项活动的全过程；十分重视做好军部高级将领的统战工作，赢得军长张自忠、副军长李文田、参谋长张克侠等爱国将领的赞赏和支持；办军人合作社；建立军部中山室和俱乐部，订阅、购买大量进步报刊和书籍，拟定抗日宣传标语和口号，指挥剧团演出抗日救亡戏剧，演唱抗日救亡歌曲，使广大官兵和群众认清了抗战形势，激发了抗日爱国热情，坚定了抗战必胜的信心；同宋庆龄和冯玉祥将军的夫人、留苏时的校友李德全等妇女领袖建立并保持良好关系，借助她们的影响开展统战、宣传工作，促进党在第五战区和西北军的军运工作。

朱华亭一直跟随第五十九军部队参战。在历次战役中，她除了亲自指挥战地宣传鼓动工作外，还经常冒着枪林弹雨、硝烟炮火奔赴前线阵地慰问官兵，向官兵发表演说，激励士气。官兵们钦佩她的勇敢和不怕牺牲的精神，称赞她是"抗日女英雄"。

皖南事变后，党组织调整地下工作的部署和组织力量，抓紧疏散转移革命骨干。朱华亭转入南阳十里铺国民革命军第二集团军孙连仲部做军运工作。但此时，朱华亭的革命活动和地下党员身份已经被第二集团军中的国民党特务察觉。胞弟朱朗霄劝其离开第二集团军驻地，另图发展，但朱华亭认为，党交给她的任务还没有完成，不能退出阵地。

1941 年 7 月 14 日，第二集团军国民党特别党部特务张澄园，借请客之机，杀害了朱华亭。

致敬历史，是为了壮行未来。一个伟大的政党，一个伟大的国家，一个伟大的民族，不管走得再远，都不应该忘记自己走过的路。我们应该不忘初心，牢记使命。

参考资料

微信公众号"阳谷老兵驿站"：《【为有牺牲多壮志】鲁西北第一位女共产党员——革命烈士朱华亭生平事略》。

案例 72　中国蔬菜第一县——莘县

案例结构

中国蔬菜第一县——莘县	蔬菜产业的蓬勃发展
	蔬菜产业的璀璨明珠
	下好市场"品牌棋"

案例目标

1.通过了解莘县蔬菜的种植和培育过程，理解实践与认识的辩证关系，坚持实践第一的观点。

2.领会创新精神是中华民族最鲜明的禀赋，强化一切都要靠劳动创造的思想。理解创新就要打破思想禁锢。

案例摘要

坐落于黄河北岸那片辽阔的冲积平原之上，位于山东省西部与河北、河南两省交界的独特地理位置，有一座既古老又充满活力的城市——山东莘县。在这片土地上，莘县以其绿色健康的蔬菜产业闻名遐迩，同时，它承载着深厚的历史底蕴与杰出的人文风采，是山东省内红色文化的璀璨明珠。莘县，一个交通网络四通八达、生活与工作环境和谐共融的地方，吸引着无数投资者的目光，成为商业繁荣与产业发展的热土。这里有深厚的文化积淀、旖旎的自然景观，以及淳朴的民风民俗，共同编织了一幅集人文气息、生态和谐与休闲乐趣于一体的绚丽画卷，以"红色文化甲齐鲁，绿色瓜菜冠中华"之名享誉全国。

案例正文

蔬菜产业的蓬勃发展

"莘县蔬菜"品牌如何铸就辉煌？首要之务是夯实种苗"基石"。莘县，作为蔬菜产业的璀璨明星，其卓越种苗品质是推动"莘县蔬菜"品牌迈向高端的强劲引擎。地处莘县腹地，距县城仅10km之遥的河店镇，是名副其实的育苗重镇，这里汇聚了超10家育苗企业与合作社，总育苗规模横跨860亩（1亩=666.67m²）广袤土地，年育苗量突破2.5亿株大关，其中西红柿苗独占鳌头，超1.3亿株，香瓜苗紧随其后，达8000万株之巨，稳居聊城市种苗培育之冠。

为确保种苗品质卓越，河店镇在育苗技术上不断精进，精选优质砧木，融合双断根与潮吸式育苗先进技术，并引入了喷淋装置、自动点种机、水净化及水肥一体化灌溉等智能设备，实现了种苗培育的无毒化、高效化。这一系列创新举措让河店镇在莘县乃至更广泛的区域内成为种苗培育领域的标杆。作为种苗产业的重地，莘县不仅注重生产规模，更在科技研发上下足功夫。"鲁西种苗谷"作为莘县精心打造的种苗研发高地，集成了种子种苗检测、研发、繁育、示范、鉴定、推广等一站式服务体系，配备了先进的检测实验室，为种苗产业提供从源头到终端的全面解决方案，以科技创新为种苗品质保驾护航，持续引领行业发展新风尚。

蔬菜产业的璀璨明珠

莘县主要农产品质量安全监测合格率保持在99.5%以上，当地生产的瓜菜菌、畜产品、水产品、果品等禁限用农药检测合格率达到100%。支撑"莘县蔬菜·健康生态"口号的兜底保障，还来自莘县的两个创新。

莘县创新实施了食用农产品达标承诺与合格证制度，确保每一件农产品在投放市场前均附有详尽的合格证明，该证明清晰标注了生产者的信息及农产品的生产细节，实现了从田间到餐桌的全程可追溯性，即"生产者责任明确，一码锁定源头"。这一"无证不流通"的严格规定有效促使农产品生产者增强质量意识，致力于生产绿色、安全、高品质的农产品。

在农药管理方面，莘县开创性地引入了农药处方制度，严格把控"用药关"。自 2018 年起，全县范围内推广实施该制度，要求所有农药经营者必须完成 56 学时的专业培训并通过考核，获得为农作物量身定制"治疗方案"的能力。同时，购买农药者需登记姓名、身份证号、联系方式等关键信息，以确保农药的购买与使用全程可追溯、可监管。

如今，莘县的蔬菜产品已畅销北京、上海、天津等城市的众多农贸市场与超市，特别是每日直供北京的蔬菜量高达 8 万余斤，且产品抽检合格率持续保持满分记录。这一系列成就，包括农药处方制、农产品追溯体系在内的多项举措，共同构筑了莘县蔬菜质量安全的坚固防线。我们深知，品质是莘县蔬菜的金字招牌，唯有严格管理农药使用，不断提升蔬菜品质，才能真正让菜农的钱袋子鼓起来。

下好市场"品牌棋"

在确保品质卓越的基础上，莘县蔬菜的品牌影响力越发坚实，其名声越发响亮。随着济郑高铁的正式运营，莘县正紧抓"高铁经济"的契机，迎来前所未有的发展机遇，同时也向世界展现了其独特的韵味与魅力。

济郑高铁的开通，对莘县而言，是交通格局的深刻变革，更是区域经济发展的强劲引擎。乘着济郑高铁的"东风"，莘县在交通一体化的浪潮中，将迎来人流、物流、商流的全面汇聚与繁荣。随着全国铁路新列车运行图的实施，以"莘县蔬菜"命名的列车正载着莘县的特色与梦想，驶向更加广阔的天地，不断拓展着莘县的"朋友圈"。

参考资料

1. 大众日报：《乘着济郑高铁的东风，莘县打响全国蔬菜第一县品牌》。
2. 大众网：《聊城莘县加快种业科技创新　全力打造中国优质蔬菜种苗第一县》。

案例 73　投身农业创新实践的全国劳动模范——张国忠

案例结构

投身农业创新实践的全国劳动模范——张国忠	"吃亏书记"张国忠
	引领小杨屯农业腾飞的创新之路

案例目标

1. 了解全国劳动模范张国忠改革创新的事迹。

2. 通过学习张国忠创新农业发展的新模式，了解创新的重要性，从而激发投身创新实践的热情。

案例摘要

张国忠，小杨屯村党支部书记，70余载坚守初心，以学习立身，以"吃亏"律己，以实干兴业，以和谐立村。他不识字却智慧过人，带领小杨屯在红土涝洼中探索出勤劳致富、共同致富的新路，创造了"平原农业开发的新典范"，将贫瘠村落打造成文明富裕村。他一生坚持本色不变、党风不偏，带领村级班子勇立时代潮头，其"吃亏精神"和奋斗事迹成为楷模。张国忠因卓越贡献荣获"山东省劳动模范""全国劳动模范"等称号，被誉为"与共和国同龄的村支书"。他的故事，是投身创新实践、引领乡村发展的生动写照。

案例正文

"吃亏书记"张国忠

"吃亏哲学"深植于张国忠的灵魂深处，成为他立身处世的基石与人格魅力的源泉。他常言："世间学问万千，唯吃亏一学最为艰难；欲成好干部，必先学会吃亏，不畏吃亏。干部之路，始于吃亏之悟，以吃亏之心待人，自然能聚人心，引众相随。"小杨屯村的墙面上，镌刻着张国忠亲笔总结的"吃亏箴言"，成为一道独特的风景线。

张国忠不仅言传，更以身教。数十载春秋，他奔波于公务之间，无数次的差旅奔波，未曾有过一丝一毫的差旅报销；国家给予的千元奖金，他悉数上缴集体；即便是政府授予的万元"特殊贡献奖"，他也慷慨用于村里的基础设施建设，铺就了一条条柏油大道。他，是"吃亏精神"最生动的诠释者与践行者。

作为农村党支部书记长达65年，张国忠以"吃亏哲学"为钥匙，紧密连接了党员干部与群众的心，共同抵御了半个多世纪的风雨洗礼。在村民眼中，他不仅是引领方向的"领头雁"，更是危难时刻值得信赖的"主心骨"。

正是这份无私无畏、甘于吃亏的精神，赢得了组织、群众及领导的深切信赖与高度评价。即便年近九旬，张国忠依然多次婉拒退休请求，被赋予"新中国最年长村支书"的美誉，继续在他热爱的土地上发光发热，引领着小杨屯村迈向更加辉煌的明天。

引领小杨屯农业腾飞的创新之路

在知识的荒漠中，张国忠书记非但没有退却，反而以无畏的勇气与坚定的信念踏上了探索与创新的不懈征途。他坚信，唯有持续学习方能自我超越，解锁思想的枷锁，引领正确的航向。因此，他广开渠道，通过广播、电视、他人的智慧以及会议的思想碰撞，如饥似渴地吸收新知，不断拓展自己的认知边界。

凭借这份好学的精神，张国忠书记的思想日益开放，工作思路清晰，致富之道信手拈来。他主导实施的种植模式改革犹如一股强劲的春风，让小杨屯村的农业发展迎来了第二次春天。通过创新的间作、混作、轮作、套种技术，单一的土地绽放出多元的丰收景象，实现了"一年多收"的高效种植模式，赢得了中科院专家的高度评价，被誉为"平原农业开发的新典范"。1989 年，小杨屯村的人均收入飙升，成为全省瞩目的焦点，张国忠书记也因此荣获全国劳动模范的殊荣，他的"拔穷根，栽富苗"愿景终成现实。

面对市场经济的汹涌浪潮，张国忠书记再次展现出前瞻性的眼光，将目光投向了养殖业这片蓝海。1993 年，他毅然决定引进鸭苗，亲自上阵，化身"鸭司令"，以实际行动打消村民的疑虑。即便过程中历经艰辛，甚至险些遭遇不测，他仍坚守初心，以"干部先行"的担当精神，为村民蹚出了一条致富新路。

随着养殖业的成功，张国忠书记乘胜追击，带领小杨屯村建立了从养殖到加工的完整产业链，成立了鸭业集团总公司，不仅壮大了村集体经济，更辐射带动了周边地区的共同繁荣，实现了农业生产的第三次华丽转身，成为全国农村发展的璀璨明星。

张国忠书记的故事，是对"吃亏是福"的深刻诠释。他用自己的行动证明，勇于吃亏、善于吃亏，能够赢得人心，凝聚力量，共同开创更加美好的未来。他的创新实践不仅改变了小杨屯村的命运，更为全国农村提供了宝贵的经验和启示。

参考资料

聊城日报:《张国忠：教干部吃亏　带群众致富》。

案例 74　孔繁森：困难磨砺中成长起来的楷模

案例结构

孔繁森	困难磨砺中成长起来的楷模

案例目标

1. 了解孔繁森的事迹，理解实践和创新在个人成长和社会发展中的重要性。
2. 认识到面对困难时应有的态度和行动，以及如何通过实践和创新来解决问题。
3. 增强社会责任感和使命感，树立为人民服务的意识。

案例摘要

孔繁森在西藏的工作中，不断面临新的问题和挑战，但他始终坚持在实践中寻找答案，用创新的思维和方法解决问题。他把自己的青春和生命都奉献给了西藏这片土地，成为在困难磨砺中成长起来的楷模。

案例正文

孔繁森，1944 年出生于山东聊城一个贫苦的农民家庭。自幼生活的艰辛，造就了他坚韧不拔的性格和对改变命运的强烈渴望。

在成长道路上，孔繁森始终积极投身于各种实践活动。中学时代，他就主动参与农村劳动，积累了初步的实践经验。这不仅让他深刻体会到劳动人民的辛苦，也磨炼了他吃苦耐劳的品质。

1961 年，孔繁森应征入伍。在部队里，他不惧艰苦训练，勇于接受各种任务挑战。他在实践中不断摸索，创新性地提出了一些训练方法和管理建议，大大提高了所在部队的训练效果和管理效率。

1979 年，国家要从内地抽调一批干部到西藏工作，孔繁森毫不犹豫地报了名。初到西藏，高原反应、语言不通、生活习惯差异等诸多困难接踵而至，但孔繁森没有丝毫退缩。他深入藏族群众之中，学习当地语言和文化，通过实地调研，了解当地的实际情况和发展需求。

为了帮助当地群众脱贫致富，孔繁森积极实践，大胆创新。他发现当地的畜牧业有很大发展潜力，但传统的养殖方式效率低下。于是，他引入先进的养殖技术和管理经验，亲自组织牧民进行培训，帮助他们改进养殖方法。同时，他还结合市场需求，推动成立合作社，拓展销售渠道，增加了牧民的收入。

在教育方面，孔繁森深知知识的力量。面对教育资源匮乏的状况，他四处奔走，筹集资金，修建学校。为了提高教学质量，他创新教学模式，引入远程教育资源，让孩子们能够接触到更优质的教育。

孔繁森把自己的全部精力都奉献给了西藏的建设和发展，他用自己的实际行动诠释了"实践出真知，创新增才干"的真谛。

参考资料

澎湃政务:《【清廉故事会第九期】蒋友军：孔繁森，新时期共产党员的楷模》。

专题十五
坚持唯物史观，在奉献中实现人生价值

原文摘编

1.马克思创建了唯物史观和剩余价值学说，揭示了人类社会发展的一般规律，揭示了资本主义运行的特殊规律，为人类指明了从必然王国向自由王国飞跃的途径，为人民指明了实现自由和解放的道路。

——习近平在纪念马克思诞辰 200 周年大会上的讲话（2018 年 5 月 4 日）

2.衷心希望新时代中国青年积极拥抱新时代、奋进新时代，让青春在为祖国、为人民、为民族、为人类的奉献中焕发出更加绚丽的光彩！

——习近平在纪念五四运动 100 周年大会上的讲话（2019 年 4 月 30 日）

3.拼搏奉献，就是把许党报国、履职尽责作为人生目标，不畏艰险、敢于牺牲，苦干实干、不屈不挠，充分展示了共产党人无私无畏的奉献精神和坚忍不拔的斗争精神。

——习近平在"七一勋章"颁授仪式上的讲话（2021 年 6 月 29 日）

案例 75 中国轴承之乡——临清烟店镇

案例结构

中国轴承之乡 ——临清烟店镇	困境中的觉醒与创造
	从家庭作坊到产业集群
	创新驱动的未来发展

案例目标

1.了解临清烟店镇作为"轴承之乡"的发展历程，包括其从家庭作坊到规模化、专业化生产的演变过程。认识到人民群众（包括企业家、工人、技术人员等）在轴承产业从无到有、从小到大的发展历程中的重要作用，理解他们的智慧、勤劳和创新是推动这一产业

繁荣的关键。

2. 激发对人民群众的尊重与敬仰之情，认识到每个人在社会发展中都是不可或缺的力量。增强社会责任感，在学习和生活中积极贡献自己的力量，成为推动社会进步的重要一员。

案例摘要

临清烟店镇，被誉为"轴承之乡"，其辉煌历程是人民群众创造历史的生动写照。从最初为解决生计而翻新旧轴承，到如今形成全国知名的轴承产业集聚区，每一步都凝聚着当地人民的智慧与汗水。老一辈轴承人筚路蓝缕，以简陋的设备和无尽的创造力奠定了产业基础。新一代轴承人则视野开阔，利用现代科技推动产业升级，实现了从家庭作坊到智能化生产的跨越。这一过程充分证明了人民群众不仅是物质财富的创造者，更是推动社会进步和历史发展的决定力量。

案例正文

困境中的觉醒与创造

烟店镇，一个曾经交通不便、农耕面积有限的小镇，面对生活的困窘，人民群众没有选择屈服，而是勇敢地踏上了创业之路。1958 年，临清市建立了第一家轴承厂，这标志着轴承产业在临清开始起步。但是当时轴承厂的规模较小，没有引起太大的反响。直到 20 世纪 70 年代末和 80 年代初，轴承产业才开始进入公众视野。这个时期正值改革开放的浪潮，越来越多的人开始在烟店镇和周边乡镇涉足轴承行业，从最初的几个人发展到十几人，再到百余人，逐渐在临清城区形成了小规模的轴承交易市场。然而，由于缺乏监管和行业自律，很多假冒伪劣产品在市场上流通，从而打击了消费者的信心，也让轴承产业的发展受到阻碍。直到 1984 年，轴承市场从临清城区迁至烟店镇，并经过多次升级改造，有序的轴承生产销售流程和健康的市场环境才逐渐形成。这一看似微不足道的举动，却如同星星之火，迅速燎原。随着翻新轴承的增多，人们开始将多余的轴承出售，逐渐打开了市场的大门。

这一过程，正是人民群众在困境中觉醒与创造的生动体现。面对生活的压力，他们没有选择等待或抱怨，而是积极寻找出路，用自己的双手和智慧创造财富。这种自强不息、勇于探索的精神，正是推动社会进步和历史发展的重要力量。

从家庭作坊到产业集群

随着市场的逐渐打开，烟店镇的轴承产业开始兴起。从最初的家庭作坊式生产，到后来的规模化、专业化生产，烟店人民凭借着不懈的努力和持续的创新，逐步将轴承产业做大做强。1982 年，烟店镇出现了全市第一批轴承地摊，短短两年时间，摊位数量激增至近千家，形成了一个庞大的工业品大集。这一过程中，不仅带动了轴承产业的发展，还促进了相关服务业的繁荣，如饭店、旅馆等行业的兴起。

从家庭小作坊到产业集群，从粗制滥造到品牌创造，从杂牌军到行业"隐形冠军"，烟店轴承 40 多年的风雨发展历程，正是中国改革开放 40 多年发展的缩影，也是聊城市工业经济发展的一个缩影。目前，临清市已形成以烟店镇为中心辐射周边多个乡镇的轴承产业集群。烟店轴承专业市场已成为全国规模最大、品种最多、规格最全的轴承市场。"全国轴承买卖看烟店""烟店轴承'买全国，卖全国'"，这些是业界人士对烟店轴承市场"江湖地位"的评价。轴承，让鲁西这个贫困偏远小镇实现了华丽转身并名扬天下。

创新驱动的未来发展

进入新时代，面对国内外市场的激烈竞争和产业升级的迫切需求，烟店镇的轴承产业开始寻求转型升级之路。在政府和企业的共同努力推动下，烟店镇的轴承产业越来越向"高精尖"方向发展。当地生产的薄壁特种轴承等产品已经能完全替代进口，形成了从轴承钢、轴承钢管、锻造、车、磨、热处理、套圈、保持器、滚动体到组装、销售的完整产业链条，形成以烟店为中心，辐射周边县市、几十个乡镇，集生产、加工、销售为一体的庞大轴承产业集群。

烟店镇名副其实地成为"中国轴承贸易之都"。轴承产业为当地居民带来了经济效益，为各行各业提供了产品支持，让烟店这个小乡镇成为全国闻名的地方，也让曾经辉煌却日渐没落的临清市再次焕发生机。

在转型升级的过程中，人民群众再次发挥了关键作用。他们不仅是新技术的接受者和实践者，更是创新的推动者和引领者。他们积极参与技术攻关和产品研发工作，为轴承产业的转型升级贡献了自己的智慧和力量。这种勇于担当、敢于创新的精神风貌，正是新时代人民群众创造历史的生动体现。

参考资料

1. 搜狐：《从皇家贡砖产地到"中国轴承之乡"，山东聊城这座小镇打响了名头》。
2. 新华网山东频道：《蹲点调查｜山东临清：产业上"云"　小轴承卖全球》。

案例 76　守陵父子兵，两代护忠魂

案例结构

守陵父子兵，两代护忠魂	战士归来，放弃"铁饭碗"
	甘做守陵人
	传承红色基因，英雄永铭记

了解张洪珠、张曰平父子守陵的故事，传承烈士的精神。

案例摘要

张洪珠、张曰平两代人用执着为信仰坚守，用生命守护着民族魂。他们是默默无闻的奉献者，更是革命火种的传播者。他们父子的感人事迹赢得了社会盛赞。

案例正文

每当第一缕阳光穿透薄雾，轻轻拂过徐庙村的宁静田野，年近七旬的张曰平便与他的老伴缓缓起身，开始了他们日复一日的庄严仪式。他们的身影在晨曦中渐渐拉长，与那座庄严肃穆的烈士陵园融为一体，讲述着一段跨越 70 多年的坚守与传承。

战士归来，放弃"铁饭碗"

1939 年 3 月 5 日，中共鲁西北区委机关随八路军 129 师先遣纵队由冠县、馆陶向泰西大峰山区转移途中，在高唐县琉璃寺镇与日军遭遇。在那场战斗中，48 名战士为国捐躯。在位于徐庙村的琉璃寺抗日战斗纪念馆内，一幅幅照片、一件件史料，真实记录了那场惨烈的战斗。

战斗结束后，48 位烈士的遗体被分别葬在许楼、徐庙、琉璃寺、吴营、大吕庄、大桑庄等处。1946 年 6 月 23 日，这些烈士的遗骸被迁葬至位于徐庙村的烈士陵园。

1947 年，张洪珠参军入伍，先后参加了淮海战役、渡江战役和抗美援朝战争。在部队里，他作战勇敢并光荣加入了中国共产党。复员后，国家把他安排到济南柴油机厂上班。

20 世纪 50 年代，由于疏于管理，村里的牲畜常常来陵园吃草并踩踏坟头，每到雨天，陵园里还常常出现积水。张洪珠回家探亲时路过陵园，看到里面荒草丛生，心中十分难过，于是下定决心要辞去工作，回家守护烈士陵园。

"尽管家人不同意，厂里领导也劝父亲回去上班，但他都拒绝了。"张曰平说。

甘做守陵人

辞去工作的张洪珠每天吃完饭后，就拿着马扎和镰刀、木棍去烈士墓前，清理杂草、驱赶小猪和小羊，累了就在坟头前坐下，跟烈士们唠唠嗑。

在很长的时间里，陵园内仅有一间小屋，张洪珠住在这里日夜守护。1990 年 12 月，政府修建了陵园大门、院墙、值班室等，张洪珠的看护条件才有了改善。

天天如此、月月如此、年年如此，时光就在陵墓前斑驳的树影中淌过。这一守，就是一生。在张洪珠看来，每一次致敬英烈，都是对初心的叩问，也是对精神的唤醒。

2012 年 3 月，80 岁的张洪珠身体不行了。临终前，他把儿子张曰平叫到跟前说："曰平，我不行了，你要接好我的班，看好陵园守好墓。"张曰平哽咽着连声说好。

2012 年秋，在省委、市委的支持和烈士亲属的关心下，陵园重建，并于 2013 年 10 月正式建成。虽然张洪珠没有等到这一天，但他的事迹却被大家所传颂。

传承红色基因，英雄永铭记

"48 位烈士中，只有两人有名有姓，其他 46 位都是无名烈士。那么多烈士为国捐躯了，不能没有人守护。"张曰平接过了父亲的"接力棒"，和妻子住进了陵园，沿着父亲没有走完的路继续前行。

每天天一亮，张曰平就开始打扫面积达 12.3 亩（1 亩 = 666.67m²）的陵园，擦拭墓碑，每天至少打扫两次纪念馆展厅，从不间断；每天晚上休息前，他都要围着整个陵园检查一遍，确保陵园安全；有参观者来访时，张曰平就担任义务讲解员，如数家珍地讲述烈士的英勇事迹……

"我跟学生们讲今天的幸福生活是烈士们抛头颅、洒热血换来的，给他们讲新中国成立后翻天覆地的变化，给他们讲农民脱贫后的幸福生活……我要把烈士的英雄事迹和父亲守护烈士的精神传承下去，让红色基因融入血脉，让烈士精神激发力量。"缅怀，为铭记，更为传承。张曰平一直勉励来参观的同学们继承先烈遗志，勤学习、强本领，长大后以实际行动报效祖国。

在张曰平的屋里，"两代人不忘初心义薄云天，六十载崇敬英雄品高日月"的对联格外引人注目，这也是社会各界对他们父子默默为烈士守陵最好的赞誉。

"我会继续守护这些烈士，以后我走了，还有我的儿子。"张曰平最大的愿望，就是让更多的年轻人知道烈士的故事，传承英雄的精神。

"很小的时候，爷爷就带着我在陵园里守陵，爷爷去世了，父亲又接着守护，这里的一草一木都见证了我们家对烈士的感情。我愿意和爷爷、父亲一样守护在这里。"在张曰平的儿子张德旺眼中，他的爷爷和父亲，守护的不仅仅是这座烈士陵园，更是不能忘却的英烈故事和永不褪色的红色基因。

寒来暑往，张洪珠、张曰平父子俩 70 多年的接力守护，锻造的是忠贞与赤诚，彰显的是责任与担当。社会各界在深深缅怀烈士英雄事迹的同时，也对父子两代人的无私坚守深感敬佩。

参考资料

中国国防报：《守墓父子兵　两代护忠魂》。

案例 77　燃烧青春烛光，书写奉献人生——"感动中国年度人物"徐本禹

案例结构

燃烧青春烛光，书写奉献人生——"感动中国年度人物"徐本禹	放弃公费读研赴贵州支教
	支教事迹感动中国
	微光成炬，点亮青春和梦想

案例目标

1. 了解徐本禹的先进事迹，理解个人价值与社会价值的关系，培育和践行社会主义核心价值观，在奉献社会中书写人生华章。

2. 树立正确的劳动观，自觉为全面建设社会主义现代化国家贡献力量。

案例摘要

徐本禹，1982 年 4 月出生，山东聊城人，现任共青团湖北省委副书记。他被授予 2004 年"感动中国年度人物"，还获得全国十大社会公益之星、中国青年五四奖章、中国十大杰出志愿者、中国青年志愿服务金质奖章、中国十大杰出青年等荣誉。在大学毕业时，他放弃攻读公费研究生的机会，而自愿去贵州贫困山区支教，还曾远赴非洲从事海外志愿服务一年。他修建希望小学（校舍）10 所，培训乡村教师 400 余名，在他的带领下，为山区募集的资金和物品累计数百万元。以他的名字命名成立的"本禹志愿服务队"持续多年进行爱心接力活动。2013 年 12 月 5 日，习近平总书记给"本禹志愿服务队"的回信肯定了他们在服务他人、奉献社会中取得的成绩和进步。

案例正文

放弃公费读研赴贵州支教

徐本禹出生于山东聊城一个经济拮据的农村家庭，1999 年凭借自己的不懈努力成功迈入华中农业大学的殿堂。在校期间，他深受校方与社会各界的关怀与援助，这份温暖使他心怀感恩。四载春秋里，他利用个人奖学金及生活补助，资助了 5 名学子继续学业。2003 年盛夏，正当徐本禹获得公费研究生入学资格之际，他做出了一个令人钦佩的决定——暂缓深造之路，毅然决然地踏上了前往贵州省大方县猫场镇狗吊岩村为民小学的支教之旅。那是一个交通闭塞、水电匮乏的偏远之地。面对日复一日的玉米饭、酸汤与辣椒，徐本禹的身体经历了极大的挑战，胃病缠身，体重骤减 10 余斤，但他始终坚守岗位。在为民小学，他一人独挑五年级全班的教学重任，每周授课 6 天，日均授课时长高达 8h，展现了非凡的毅力与奉献精神。

2004 年 7 月，徐本禹的支教足迹延伸至条件更为艰苦的大方县大水乡大石小学，继续播撒知识的种子。在贵州的两年支教生涯中，他都放弃了与家人共度春节的机会，将全部热情倾注于山区教育。支教结束后，徐本禹与贵州的情缘未了，他 20 余次重返故地开展助学活动，用实际行动续写爱的篇章。重返校园攻读研究生期间，徐本禹创立了红杜鹃爱心社，这一平台成为连接爱心与贫困山区教育的桥梁。在他的带领下，红杜鹃爱心社不仅为贵州 20 余所中小学筹建了图书室，还成功培训了超过 400 名乡村教师，极大地提升了当地的教育水平。同时，他们积极募集社会资源，累计接收捐款捐物价值数百万元，并通过不懈努力，促成了 10 所希望小学（校舍）的兴建，为孩子们点亮了知识的明灯，照亮了前行的道路。

支教事迹感动中国

2004 年 7 月，一则以图文并茂形式展现徐本禹支教壮举的《两所乡村小学和一个支教者》文章在网络上横空出世，随即激起强烈反响，迅速被国内外超过百家网络平台转载，同时吸引了数十家主流电视台、报社及广播电台的深入报道。央视多个热门栏目竞相播出了徐本禹那触动人心的故事。《中国青年》杂志更是史无前例地以 10 个版面精心策划封面专题，全面记录并颂扬了徐本禹的事迹，该事迹还被中国电影制片厂改编为电影《激情岁月》，进一步扩大了其社会影响力。此外，相关的公益宣传短片也在央视轮番播出，加深了公众对徐本禹无私奉献精神的认知。2005 年 1 月，徐本禹荣获中央广播电视总台颁发的 2004 年"感动中国年度人物"称号，成为首位获此殊荣的志愿者代表，彰显了其非凡的社会价值和深远影响。2007 年 6 月，年仅 25 岁的徐本禹当选为党的十七大代表，成为该届大会中最年轻的代表之一，标志着他作为中国青年志愿者行动杰出代表的身份得到广泛认可。徐本禹的事迹如同一股强大的推动力，极大地促进了中国青年志愿者运动的蓬勃发展，激励了无数青年投身公益，奉献社会。

2013 年 12 月 5 日，习近平总书记向华中农业大学致以亲笔回信，信中深情表达了对青年志愿者们在徐本禹精神感召下，深入西部、社区、农村，以知识和爱心温暖他人的高度赞扬。总书记勉励他们继续发扬志愿精神，将奉献、友爱、互助、进步作为行动指南，与祖国同呼吸、共命运，用青春和汗水为实现中华民族伟大复兴的中国梦贡献力量。2014 年，共青团湖北省委与湖北省志愿者协会携手成立了"中国（湖北）本禹志愿服务基金"，并自该年起，在全省范围内逐年创建各级本禹志愿服务队，旨在吸引并汇聚更多有志青年加入志愿者队伍，共同书写新时代的志愿篇章。

微光成炬，点亮青春和梦想

自 1999 年起，徐本禹便踏上了志愿服务的征途，矢志不渝。在 2003—2005 年间，他深入贵州偏远山区，开展为期两年的支教工作，用知识的光芒照亮山区的希望。2007 年年初，作为中国青年志愿者的杰出代表，徐本禹远赴津巴布韦，进行了为期一年的国际志愿服务，展现了中国青年的国际形象与风采。随后，他积极参与了北京奥运会、深圳大运会等重大赛事的志愿服务，并担任了第十一届全运会志愿者形象大使，进一步弘扬了志愿服务精神。自 2014 年起，徐本禹更是肩负起中国青年志愿者协会副会长的重任，将志愿服务融入了自己的日常，使之成为不可或缺的生活方式与习惯。在公益之路上，徐本禹从未停歇，他坚持无偿献血。同时他积极加入遗体器官及造血干细胞捐献志愿者行列，用实际行动诠释了大爱无疆的精神。他还长期资助贫困学生，与"本禹志愿服务队"的伙伴们并肩作战，共同在志愿服务领域发光发热。此外，他还在《人民日报》《中国青年报》等主流媒体上发表了 10 余篇关于弘扬志愿精神的文章，传递正能量。2018 年年初，徐本禹踏上了新的征程，前往国家级贫困县秭归县工作。他严格自律，坚持"无特殊情况的夜晚就工作至深夜"的原则，以实际行动助力脱贫攻坚。

在长期的志愿服务与无私奉献中，徐本禹收获了社会的广泛认可与赞誉，先后荣获了2004年"感动中国年度人物"、全国十大社会公益之星、中国青年五四奖章、中国十大杰出志愿者、中国青年志愿服务金质奖章、中国十大杰出青年、新中国成立以来感动荆楚人物、湖北省优秀共产党员等多项殊荣。而他所带领的"本禹志愿服务队"也屡获殊荣，包括全国社会扶贫先进集体、全国志愿服务示范团队、最美志愿者等荣誉，成为志愿服务领域的璀璨明星。

参考资料

1. 天眼新闻：《投身西部广阔天地　青春因奋斗更出彩》。
2. 共青团湖北省委员会，中共华中农业大学委员会：《有一种青春叫奉献——本禹与"本禹们"的爱心接力》。

案例 78　坚守亲情与社会责任，诠释人生价值——"山东好人"孟献双

案例结构

坚守亲情与社会责任，诠释人生价值——"山东好人"孟献双	7年坚守亲情与责任，诠释人生价值的奉献之路
	以奉献与服务践行人生价值，弘扬唯物史观

案例目标

通过学习和了解孟献双的先进事迹，坚持唯物史观，深刻认识到人生价值在于奉献社会、服务他人。

案例摘要

孟献双是一位来自山东的道德楷模，她的事迹生动展现了人生价值的深刻内涵。孟献双自从得知婆家嫂子无儿无女且身患重病后，便开始了长达7年的无私照顾。孟献双的事迹教导我们，人生的价值并不单纯取决于个人拥有的物质或社会地位，而在于个体如何通过自己的行动服务于社会、贡献于他人。孟献双的选择是对亲情的深度诠释，她用实际行动践行了中华优秀传统文化中的孝悌之道，将人性的善良与温暖投射到日常生活的点滴之中。

7 年坚守亲情与责任，诠释人生价值的奉献之路

孟献双常说："父母是给予我们生命的人，孝顺父母是每个子女都应该做到的。"她不仅口头倡导，更身体力行。面对父亲病重期间的无助，她不离不弃，夜以继日地守候床侧，从煎药喂服到日常起居的每一个细微之处，均亲力亲为，尽显孝心。父亲离世后，她又将这份深情转移到年迈的母亲身上，从日常的洗漱到饮食起居，每一餐都力求变换花样，让母亲感受到满满的关怀与温暖。在婆家，孟献双更是以孝悌著称，与公婆相处和谐，对公婆的尊敬与爱护如同亲生父母一般。这份温馨与和谐，不仅让家庭充满了欢声笑语，也赢得了邻里间的一致好评。

2016 年，家庭突遭变故，大伯哥因病离世，遗下孤苦无依的嫂子。孟献双见状，心生怜悯，从最初的频繁探望到后来的主动接嫂子同住，她毅然承担起照顾嫂子的重任。在这个五口之家中，虽然经济并不宽裕，但生活却因爱而充实。有一年，孟献双嫂子不幸遭遇腿骨骨折，卧床不起，而自己的母亲也年迈体弱。面对双重压力，孟献双没有退缩，她日复一日地奔波于婆家与娘家之间，细心照料两位患者。那段日子虽艰辛，但她始终坚信，亲情的纽带足以支撑她渡过难关。最终，她以坚韧不拔的意志，守护住了家的温暖与希望。

随着嫂子年岁的增长，身体逐渐显现出疲态，尤其是腰酸背痛成为常态。为减轻嫂子的不适，孟献双自学了一套专业的按摩技巧。每日家务之余，她便与嫂子闲话家常，同时为她进行舒缓的按摩，这份细致入微的关怀让两人关系亲如一家，成为村里传颂的佳话。清晨 5 点，孟献双便已开始忙碌，为嫂子准备早餐。她耐心地一勺勺喂食，考虑到嫂子牙齿不好，一顿饭往往要持续半个多小时之久。深知长期卧床的隐患，孟献双坚持每晚定时为嫂子翻身，确保血液循环畅通无阻，7 年如一日。面对嫂子偶尔因身体原因造成的不便，她从不言苦，总是细心地清理换洗，保持房间的整洁与清新，让老人居住的环境没有丝毫异味。

为了治疗嫂子的高血压及其他疾病，孟献双不辞辛劳，多次陪同她寻医问药，只要有一丝治愈的希望，她都不轻言放弃。在她的不懈努力下，嫂子的身体状况逐渐好转，精神状态也日益饱满，对生活充满了希望和勇气。孟献双的善行义举深深触动了周围的人，邻里间纷纷以"菩萨心肠的弟媳"来赞誉她，她的故事成了社区中一道温馨而亮丽的风景线。

以奉献与服务践行人生价值，弘扬唯物史观

孟献双的人生故事，就如同一部无声的教科书，以其朴实无华却掷地有声的行动生动地诠释了坚持唯物史观，实现人生价值的真谛。

孟献双的婆家嫂子早年不幸丧子且身患重病，无人照料。面对这样的困境，孟献双毅然肩负起照顾嫂子的重任，7 年如一日，她无怨无悔，倾注心血。从日常生活照料到疾病护理，事无巨细，处处体现出对亲情的坚守和对家庭责任的担当。孟献双的举动，不

仅局限于家庭内部，她的善举更像一股暖流，滋润着整个社区乃至社会。她以实际行动践行了服务他人、奉献社会的理念，她的人生价值并未局限在个人利益或成就上，而是深深植根于对他人无私的关怀和服务中。她的人生选择和坚持，正是对唯物史观的生动实践，即每个人都是社会历史进程中的参与者，人生价值的实现离不开对社会的贡献和服务。

孟献双的故事让我们深刻认识到，每一个人在社会生活中都扮演着重要角色，我们的价值不仅在于追求个人的成功与幸福，更在于通过服务他人、奉献社会来实现更高层次的人生价值。她的事迹教育我们要以实际行动履行社会责任，以大爱情怀温暖他人，让人生价值在服务社会、关爱他人中得以升华。

参考资料

1. 海报新闻：《孝老爱亲"山东好人"孟献双：花甲弟媳妯娌情　家风淳朴传美名》。
2. 中国新闻网：《"山东好人"孟献双：用行动演绎最美"妯娌情"》。

案例 79　孔繁森：一心为民忠诚奉献，满腔热血洒高原

案例结构

孔繁森：一心为民忠诚奉献，满腔热血洒高原	一张车票的故事
	孔书记的小药箱
	卖血的地委书记

案例目标

1. 理解人生价值的概念，以及奉献与人生价值的关系。
2. 了解孔繁森的事迹，激发社会责任感和奉献精神，培养积极向上的人生态度和价值取向。

案例摘要

为人民服务的事业是幸福的事业，因为它让人的生命和崇高的时代责任联系在一起。马克思曾说："历史把那些为了广大的目标而工作，因而使自己变得高尚的人看作是伟大的人；经验则把使最大多数幸福的人称赞为最幸福的人。"孔繁森做到了。

一张车票的故事

1976 年腊月二十六，聊城汽车站内旅客熙来攘往，个个行色匆匆，都在急着回家过年。中午，一辆山东省聊城开往河北省邯郸的客车旁，人们排起了长队。队伍里有一位 30 多岁的男同志，方脸大眼，衣着简朴整洁。他不停地忙碌着，一会儿搀扶老人上车，一会儿替行动不便的妇女抱孩子、提行李，额头上沁出了细密的汗珠。

"这位同志，你看我和老人、孩子出趟门真不容易，老的老，小的小，多亏了你跑前跑后帮忙，真该谢谢你。"一位中年妇女专门挤上前对这位男同志说。

"这点小事不算什么。"

"看你累得满头是汗，赶快休息一会儿吧。"

"不累，不累。"他连声说。

直到其他旅客都上了车，他才气喘吁吁地来到车上的六号座坐下。

车上的旅客直嘀咕：萍水相逢，助人为乐，不知他是干什么的？

发车前 10min，车站值班站长李保林来到这辆车上检查安全。"哟，孔部长，你这是上哪里去啊？"李保林发现了刚才那位忙上忙下的中年人，高声打着招呼。

"我回堂邑老家看老人去。老李，这春运高峰值班，真够辛苦的。"

"没什么。孔部长，你打个电话来，提前给你留一张车票就是了，省得排队买票耽搁时间。"

"大家都排队，我怎么能搞特殊？"

得知他是聊城地委宣传部副部长孔繁森，车上的人纷纷把钦佩的目光投向他。

"呜……"就在这时，一阵哭声从车外不远处传来。李保林快速下车，循着声音来到一位正哭泣的老大娘身边，一打听，原来她从寿张乘车去邯郸看望在那里当兵的儿子，在聊城换车时不慎把车票丢了。当天去邯郸的车票早已售完，再买票只能是明天的了，补票上车就要超员，违反春运规定。眼看着当天走不成了，老大娘一人在外，举目无亲，着急地哭了起来。李保林看着寒风中满脸泪水的老大娘也无可奈何。

这时，在车上听得真真切切的孔繁森从车上挤了下来，认真地说："老李，咱们都是当过兵的，军人的妈妈就是我们的妈妈。这样吧，我不走了，把座位给这位老妈妈吧。"

孔繁森从兜里又掏出两元钱，递给车上的售票员："同志，请你给大娘补张去邯郸的长途车票。"

刚替老人补完票，客车出发的铃声响了。车内的旅客不约而同地再次把目光投向车外的孔繁森，不住地点头称赞。那位如愿上车的老大娘把头探出车窗，连声哽咽着说："好人，好人哪。"

车开远了，李保林想起因让票没走成的孔繁森，说道："孔部长，你平时那么忙，难得有时间回家看老人，今天无论如何也得让你回去。"

几番周折，李保林联系到一辆去冠县的货车，正好途经堂邑，随即安排孔繁森搭车。孔繁森走过来，把票交给李保林："老李，验票吧，我要上车了。"

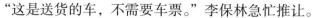

"这是送货的车，不需要车票。"李保林急忙推让。

"不行啊，货车也不能白坐啊！"孔繁森认真地说。

多少年过去了，孔繁森交到李保林手中的那张 5 角钱的车票，在李保林心中越来越清晰，越来越有分量——孔繁森真是一个不以善小而不为的高尚的共产党人。

孔书记的小药箱

孔繁森 1961 年入伍，在济南军区总医院服役。虽然只是一名警卫战士，但因为耳濡目染和刻苦自学，他成了粗通医术的"编外医生"。家人和朋友有个头疼脑热，总免不了找他看看，一来二去，孔繁森也积累了不少临床经验。

1988 年，孔书记第二次援藏时，从家中带了一个红十字小药箱，因为他知道，西藏条件艰苦、缺医少药。从此，孔繁森每逢下乡，都用自己的钱购置药品，装满小药箱。工作结束后，他的身边总是围着一群等候看病的农牧民。他认真地听诊、把脉、发药，直到小药箱空了为止。

在拉萨工作的几年里，孔繁森为数以千计的群众看过病、送过药，用去他多少工资连他身边的人也说不清。多年来，他不仅很少给家里寄钱，还用他妻子、表弟寄来的钱买药、买营养品送给群众。农牧民们只要一看到戴着藏式礼帽、背着药箱的孔繁森，便响起一片吆喝声和欢呼声："菩萨书记来了！""孔书记来看望我们了！"

1994 年 10 月，日土县当巴乡有个村流行百日咳，村里的小孩咳成了一片，听得人心焦。那次一进村，孔繁森就蹲在地上，藏胞们"呼啦"一下全都围了上来，像见到亲人一样，把他团团围住。老大娘端上一碗酥油茶，老大爷敬上一杯青稞酒。孔繁森顾不得喝口酥油茶，忙打开药箱为围上来的人们看病、发药。

直到中午两点左右，饥肠辘辘的一行人才返回县城。在回来的路上，孔繁森叹了口气说："阿里地区缺医少药的情况，哪能一天两天就能解决？多看一个病人，说不定就能多拣回一条人命。"

心忧百姓，亲民爱民。孔繁森在行动中将人民对美好生活的向往作为自己的奋斗目标。拉萨市共有 56 所敬老院和社会福利院，他走访过 48 所。每次下乡，他都带着小药箱，自费购买高原常见病治疗药品。工作之余，他为缺医少药的农牧民送医送药，每年在这上面的花费颇多。尽管这些对整个藏区人民的医疗需求来说是杯水车薪，可对每一个病人，往往关乎健康和生命。

卖血的地委书记

孔繁森的收入并不高，给牧民们买药和资助地震孤儿的费用都是他从牙缝里一点一点挤出来的，他曾经化名"洛珠"去献血，收入的营养费也用来给藏民买药……

孔繁森赴任阿里前，经济情况本来就十分拮据。他每月的工资一发，不是武装了他的小药箱，就是在下乡时周济了贫苦的农牧民。阿里地区的物价奇高，当时相等于内地的 5 倍，加上收养的孤儿的生活开销费用，他的生活更紧张了，怎么办？

孔繁森曾借过不少好友的钱，也经常从山东的家里拿钱来。可是，不能总是借钱，不能总是向家里要钱呀！情急中他想到了卖血！

1994 年 8 月的一天，孔繁森避开身边的通讯员，让外单位的山东老乡小杨开车带他去西藏军区总医院血库献血。小杨一把抱住孔繁森哭着喊道："您这是干什么？咱们再有难处也不能去卖血呀！"一旁的护士也说："您这样大年纪了，不适合献血。"

孔繁森挣脱开抱住他的小杨，向护士求助道："家里孩子多，急着用钱，请您帮个忙……"

护士小刘也是山东人，听小杨哭着说明了情况，感动地说："阿里很艰苦，我知道，可是再艰苦，负担再重，一个地委书记也不能靠卖血抚养孤儿呀，咱们再想想办法不成吗？"

孔繁森说："不用麻烦了，我的困难我自己解决。既然是老乡，就拜托你一件事：为我保密！把我的名字写成'洛珠'就行……"小刘见孔书记执意要抽血，只得含泪拿起了针管……

半个月后，孔繁森又来到医院。小刘吃惊地说："孔书记，您不能再抽血了，时间隔的这么短，对身体有害的！"孔繁森低声说："姑娘，你说话小声点，我家里孩子多，钱不够花，请你不要声张，传出去影响不好。"小刘说："您要是缺钱的话，我可以先借给您，为什么非得要卖血呀？"

孔繁森看着这位好心的老乡，苦笑说："我是个地委书记，哪能好意思向别人借钱呢？再说，都有一家老小，日子过得都不容易。"孔书记又费了好多口舌，小刘才答应了继续给他抽血。

没有想到，过了 20 多天，孔书记又来到了医院……

不到两个月的时间内，孔繁森三次来血库，共计献血 900mL，得人民币 900 元整。

参考资料

1. 高杉：《孔繁森的初心可以这样讲》。
2. 吴文立：《新时代孔繁森精神研究》。

第四篇

职业道德与法治

专题十六
感悟道德力量

原文摘编

1. 核心价值观的养成绝非一日之功，要坚持由易到难、由近及远，努力把核心价值观的要求变成日常的行为准则，进而形成自觉奉行的信念理念。不要顺利的时候，看山是山、看水是水，一遇挫折，就怀疑动摇，看山不是山、看水不是水了。无论什么时候，我们都要坚守在中国大地上形成和发展起来的社会主义核心价值观，在时代大潮中建功立业，成就自己的宝贵人生。

——习近平在北京大学师生座谈会上的讲话（2014 年 5 月 4 日）

2. 中华优秀传统文化有很多重要元素，比如，天下为公、天下大同的社会理想，民为邦本、为政以德的治理思想，九州共贯、多元一体的大一统传统，修齐治平、兴亡有责的家国情怀，厚德载物、明德弘道的精神追求，富民厚生、义利兼顾的经济伦理，天人合一、万物并育的生态理念，实事求是、知行合一的哲学思想，执两用中、守中致和的思维方法，讲信修睦、亲仁善邻的交往之道等，共同塑造出中华文明的突出特性。

——习近平在文化传承发展座谈会上的讲话（2023 年 6 月 2 日）

3. 网络文明是新形势下社会文明的重要内容，是建设网络强国的重要领域。近年来，我国积极推进互联网内容建设，弘扬新风正气，深化网络生态治理，网络文明建设取得明显成效。要坚持发展和治理相统一、网上和网下相融合，广泛汇聚向上向善力量。各级党委和政府要担当责任，网络平台、社会组织、广大网民等要发挥积极作用，共同推进文明办网、文明用网、文明上网，以时代新风塑造和净化网络空间，共建网上美好精神家园。

——习近平致首届中国网络文明大会的贺信（2021 年 11 月 19 日）

案例 80　傅以渐：仁义胡同的传说

案例结构

傅以渐	仁义胡同的传说

案例目标

通过了解聊城仁义胡同的故事，理解公民基本道德规范的内容及作用，感悟道德与幸福的关系，认识生活因道德而美好的道理。

案例摘要

在聊城市东昌府区东关大街傅斯年陈列馆（傅氏祠堂）东邻，有一条长约 60m，宽 2m 的胡同。胡同为青石铺筑，胡同南首为一木质牌坊，牌坊的檐下正中为清朝康熙皇帝题写的"仁义胡同"，胡同北首为一影壁，壁为硬山顶，正中书有"仁义胡同"4 个金色大字。仁义胡同又称六尺胡同，仁义胡同的故事是由清朝开国第一状元傅以渐而来。

案例正文

在中国传统文化中，礼让、仁义一直备受推崇，也是中华民族千百年来的传统美德。我国传统文化中有大量关于礼让、仁义、友善的论述。如《论语·学而》中说，"礼之用，和为贵"，强调以一种和谐友善的态度来对待自然、社会和他人，以一种宽广的胸怀来处理各种关系；《周易》中说，"地势坤，君子以厚德载物"，表现出一种度量宏大的宽广胸怀；孔子曾说，"不学礼，无以立"，表达的是要做一个懂礼的人，必须加强自我修养，做到礼让、恭谦、和善。而聊城便有一个以"仁义"命名的胡同。

仁义胡同又称六尺胡同，位于山东省聊城市东昌府区东关大街 111 号傅斯年陈列馆（傅氏祠堂）东邻，长约 60m，宽 2m。傅斯年陈列馆所处原是傅家祠堂，傅斯年是傅以渐的七世孙。

仁义胡同的故事就是由这位清朝的开国状元傅以渐而来。傅以渐，清朝开国状元，官至武英殿大学士，兼兵部尚书，可谓是一代名相。他天资聪慧，博览群书，经史熟记不忘，对伦理道德尤为注重。他治学严谨，学识渊博，儒生学士尊称他为"星岩先生"，有些史官学者赞其"道德文章实为一时之冠"。顺治皇帝对其非常器重，凡是朝中重要之事，都找他来一起商量。清朝康熙年间，傅以渐家人在东关家庙拓修建设时，傅家新建的院墙盖住了邻居地基，邻居以为有碍自家的风水，于是找上门来。傅家宅院刚刚修缮完毕，不愿额外增加开支，与邻居发生纠纷，一时相持不下，于是写信给当时任国史院大学士兼兵部尚书的傅以渐，让他给地方官员通融一下，予以照顾。傅以渐很快回信道："千里来书为堵墙，让他三尺又何妨？万里长城今犹在，不见当年秦始皇。"家人看后十分羞愧，主动将墙基退让三尺并找邻居道歉，邻居看到相府人家如此仁义，十分感动，便也退让三尺，就成了傅氏祠堂东邻的这条六尺胡同。在傅斯年陈列馆的东侧，穿过一座造型精巧的圆形拱门，就能看到一条青石铺就的胡同。别看它只约 60m 长、2m 宽，但家喻户晓的"六尺巷"说的就是它。

后来，康熙皇帝听说此事，又得知傅以渐退休后依旧造福乡里，所以御笔亲题"仁义胡同"4 个字以示褒奖，这个名字一直沿用至今。

时光荏苒，但仁义胡同所承载的仁爱、礼义、睦邻友好和家国天下的精神依旧影响深远。当天南海北的游客来到聊城，状元府第、人才世家、仁义胡同，那些有趣的人和故事

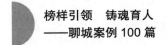

都在傅斯年陈列馆中静静地等候着！

参考资料

微信公众号"聊城市规划展览馆"：《聊城民间故事·仁义胡同的传说》。

案例 81　弃商从军"虎胆英雄"柳德占

案例结构

弃商从军"虎胆英雄"柳德占	夜色中的生死抉择
	军营里的"火炮庖丁"
	临危受命，尽显英雄本色
	家庭情深，遗憾化作永恒
	万人空巷，共祭英雄

案例目标

1. 了解柳德占的个人成长经历。
2. 深刻理解社会主义道德建设要以为人民服务为核心的含义。

案例摘要

柳德占，1980 年 10 月出生于聊城开发区蒋官屯街道办事处庄堂村，2001 年 12 月特招入伍，2003 年 8 月加入中国共产党。2008 年 7 月 9 日 23 时 30 分，柳德占在四川地震灾区执行任务时舍身救战友，不幸光荣牺牲，年仅 28 岁。柳德占曾荣立三等功两次，并在四川灾区火线荣立三等功一次。柳德占牺牲后，其所在集团军党委于 2008 年 7 月 13 日批准其为烈士，并追记一等功。

案例正文

在川西高原的崇山峻岭间，有一段关于勇气、牺牲与爱的故事被时间轻轻镌刻，在岁月的长河中缓缓流淌。这个故事的主人公就是那位在危急关头将生的希望留给战友，自己却永远沉入杂谷脑河的英雄——柳德占。

夜色中的生死抉择

那是一个闷热的夏夜，天空中没有星星，只有乌云密布，预示着即将到来的风暴。赵杨站在哨位上，紧盯着河对岸的动静，心中莫名地感到一丝不安。突然，杂谷脑河方向传来一声沉闷的声响，打破了夜的寂静。他立刻警觉起来，并向代理排长柳德占报告了这一情况。

柳德占是连队里出了名的"急先锋"。他二话不说，拿起手电筒便与赵杨一同奔向河边。杂谷脑河这条岷江的重要支流，此刻在月光的映照下显得格外阴森恐怖。水流湍急，漩涡四起，仿佛随时都能吞噬一切。

当他们赶到河边时，只见一块松软的土石突然塌陷，赵杨脚下一空，身体不由自主地向前倾斜。就在这千钧一发之际，柳德占一个箭步冲上前，用尽全身力气将赵杨向后甩去。赵杨得救了，但柳德占却因失去重心，从河堤上滑落，瞬间被汹涌的河水吞没。

赵杨从地上爬起来，看到的只有夜色中泛白的浪花。赵杨疯一般地跑向连队报警，搜救工作从当晚持续到第二日的10时8分，在岷江理县段甘堡水电站下游2km处，柳德占的遗体被打捞出来。经第三军医大学新桥医院专家和理县公安局法医鉴定，柳德占系坠水时头部撞击河中乱石致昏厥，溺水牺牲。

军营里的"火炮庖丁"

柳德占的军旅生涯是一段传奇。他原本是一名成功的商人，收入丰厚，生活优渥。但出于对军营生活的向往和对国家的热爱，他毅然选择成为一名技术兵。在军区军械训练大队的日子里，他刻苦钻研，勤奋练习，很快便掌握了各种火炮的分解结合技术。

一次演示任务中，柳德占凭借自己独创的高效方案，仅用了21min就完成了某型加农榴弹炮的大件分解结合，比常规时间缩短了近一半。这一壮举震惊了在场的所有专家和领导，他也因此获得了三等功的荣誉。从此，"火炮庖丁"的美誉便不胫而走，成了炮团战士们口中的佳话。

临危受命，尽显英雄本色

在柳德占的军旅生涯中，有太多的瞬间让人铭记。无论是紧急情况下的炮弹排除，还是创新科目演示中的炸药销毁，他总是冲在最前面，用自己的行动诠释着军人的职责与担当。

"和平使命——2005"中俄联合军事演习前夕，炮团二营五连一班的战士们正在进行最后的实弹演练准备。突然，一枚炮弹卡在了炮膛中间，无法取出。如果强行操作，很可能会引发炸膛事故。在场的修理工和技师们都束手无策，气氛紧张到了极点。

就在这时，柳德占挺身而出："大家往后站，我来试试！"他小心翼翼地走近炮膛。经过半个多小时的艰难操作，他终于成功地将炮弹取了出来。当他带着满手的鲜血和胜利的微笑走回来时，战友们纷纷为他鼓掌欢呼。在第二天的演习中，这门炮顺利打响了演习中的第一炮并准确命中目标。

2006 年 4 月，柳德占随队参加师里在某训练基地组织的创新科目演示。任务结束后，他第一个报名参加了由当时的团副参谋长王力任组长的炸药销毁小组。

由于电雷管失效，必须使用导火索引爆。柳德占主动请缨，承担了首轮炸药销毁任务。他第一个进入销毁场地，熟练镇定地放置导火索，安装、点燃、撤离爆炸区，可炸药并没有在规定的时间内引爆。

5min 过去了、10min 过去了，依然没有反应。王副参谋长决定独自前往爆炸点查看。"不行，炸药是我装的，应该由我去！"在柳德占的强烈要求下，王副参谋长不得不带上他。

60m、50m……两人一边走，一边仔细观察着爆炸点，当距离爆炸点仅剩 30m 时，王副参谋长被柳德占一下子摁倒在地。"轰"的一声，炸药瞬间爆炸了，硝烟弥漫开来。

原来，细心的柳德占敏锐地嗅到了危险，下意识地作出这一反应。近乎本能的这一摁，让王副参谋长对柳德占敬重不已。顾不上抖去身上的尘土，他站起来紧紧抓住柳德占的手说："好样的，兄弟，谢谢你！"柳德占因此又在战友心中赢得了"虎胆英雄"的美誉。

家庭情深，遗憾化作永恒

然而，在铁骨铮铮的军人形象背后，柳德占也有着柔软的一面。他深爱着自己的妻子赵雁和女儿小飘絮，但由于部队任务繁重，他很少有机会陪伴在她们身边。每当夜深人静时，对家人的思念便如潮水般涌来，化作日记中一行行深情的文字。

那件未能亲手为女儿穿上的藏族马甲成了柳德占心中永远的遗憾。他曾在日记中写道："下雨的日子，又勾起了我对你们娘儿俩的思念。我欠你们太多，但请相信，我所做的一切都是为了更好的未来。"

万人空巷，共祭英雄

柳德占的牺牲，让所有人都感到震惊和悲痛。某集团军党委迅速作出决定，为他追记一等功，并批准他为革命烈士。在追悼会上，四川阿坝藏族羌族自治州理县的父老乡亲们自发前来吊唁，万人空巷，泣声如潮。他们手持鲜花和挽幛，用最朴素的方式表达对英雄的哀思与敬意。

在追悼会现场，赵雁抱着女儿小飘絮，泪眼婆娑。她紧紧握着柳德占的遗像，仿佛想要将他的面容永远镌刻在心中。小飘絮虽然年幼，但也能感受到母亲的悲伤，她用小手轻轻抚摸着母亲的脸庞，仿佛在说："妈妈，别哭。"

那些天里，理县的社会各界纷纷伸出援手，为柳德占的家属捐款捐物。他们知道，这位英雄虽然离开了他们，但他的精神将永远激励着后人前行。

柳德占的一生，是短暂而辉煌的。他用自己的行动诠释了忠诚与奉献的真谛，用自己的生命书写了英雄的壮丽篇章。他的名字将永远镌刻在历史的丰碑上，成为后人敬仰与学习的楷模。在未来的日子里，无论时代如何变迁，他的精神都将如同杂谷脑河的流水一般，永远流淌在人们的心间。

参考资料

新浪网:《弃商从军锻铸成"虎胆英雄" 追记铁军英雄战士柳德占》。

案例 82　以农技为笔，绘就时代道德画卷——"全国先进工作者"杜立芝

案例结构

以农技为笔，绘就时代道德画卷——"全国先进工作者"杜立芝	深耕黄土地的巾帼英雄
	"青纱帐"里的党代表
	引领道德风尚，涵养职业道德

案例目标

了解杜立芝的人物事迹，理解新时代弘扬劳动精神、劳模精神的意义，体会先进模范引领道德风尚的作用。增强职业道德意识，在工作中养成爱岗敬业、忠于职守的原则。

案例摘要

杜立芝目前担任高唐县农业农村局四级调研员及资深高级农艺师，同时她也是"杜立芝党代表工作室"学雷锋志愿服务团队的领航者，以及杜立芝科技服务团队的带头人。而且杜立芝连续三届（即党的十八大、十九大及二十大）均被选为党代表，并荣获聊城市首个"时代楷模"称号。

然而，在杜立芝的心中，这些光环与头衔并未改变她的初心。她常说："我始终是一名深耕农业技术服务领域的工作者，这是我的根本使命，为农民朋友解决难题、带去希望，是我职业生涯中最核心的任务。"回顾过去，杜立芝曾在农业技术推广站深耕多年，这份经历让她赢得了"杜站长"这一亲切的称谓，也见证了她一生专注于农业技术服务的坚定信念。杜立芝女士以实际行动诠释了"一生专注，一事成就"的深刻内涵。

案例正文

深耕黄土地的巾帼英雄

春意盎然之际，山东高唐固河镇崔堂村的西红柿温室内，青涩的果实挂满枝头，然而

杜立芝踏入棚内，眉头却不禁紧锁："哎呀，大棚温度偏高，西红柿怕是要遭病毒侵袭了。"随即，她转身对正在为西红柿施药的工人们耐心指导，详细阐述当前应采取的降温措施，以保作物丰收无忧。在高唐乡间，无论是田间地头的小麦玉米，还是温室大棚的蔬菜，杜立芝皆能一语中的，成为农户心中的"定海神针"，一遇难题便向她求教。

起初，杜立芝的职业生涯聚焦于粮棉的耕耘之道，但 1992 年的一个转折彻底改变了她的职业轨迹。那一年，一位焦急的村民手持枯黄的黄瓜苗求助于她，面对这突如其来的蔬菜病害，缺乏相关经验的杜立芝显得力不从心，村民失望的背影深深触动了她。自那以后，杜立芝踏上了一条融合理论与实践的农技探索之旅，横跨粮棉与蔬菜多个领域，无惧寒暑，无论昼夜，只要农作物有难，她必亲临现场解忧。历经 38 载春秋，杜立芝的足迹遍布全县逾 600 个自然村，她以笔为犁，耕耘出 70 余本总计超过 400 万字的农技宝典，将自己锤炼成为农业领域的"活字典"，在高唐县百姓心中树立起了"杜站长"这一问不倒的丰碑。

"青纱帐"里的党代表

作为党的十八大、十九大、二十大连续三届党代表，杜立芝深刻铭记自己"党的女儿"这一神圣身份，不遗余力地传递党的温暖与声音，将"三农"工作视为国家之重，矢志不渝地扮演着党和群众之间那座坚实的"桥梁"。在每一次深入基层的走访、慰问与宣讲活动中，她都不忘初心，向百姓深情表达："党赋予了我的使命，引领我来到这里。"

杜立芝不仅致力于让党的方针政策在乡村大地生根发芽，同时也积极倾听并传递来自田间地头的群众心声。在当选为党的十八大代表之际，她深知肩上责任重大，于是特地投入数周时间深入农村一线，广泛调研，最终在大会上精准发声，提出了农民深为关切的"蔬菜滞销伤农"难题及"粮食安全保障"议题。此外，她还充分发挥党代表的桥梁作用，积极奔走，成功解决了困扰村民多年的"有水井无电力，有沟渠无水流"灌溉难题，推动实施了"井井通电"工程，以实际行动诠释了党对人民的深情厚谊与实际关怀。

引领道德风尚，涵养职业道德

"独木难支大厦，独学焉能广惠苍生？"随着岁月流转，杜立芝的名字如同田野间苗壮成长的作物，日益响亮，她深知仅凭一己之力服务是有限的，于是转而探索更广阔的助力之道。

2018 年，高唐县应运而生地设立了杜立芝党代表工作室，这一举措标志着从个体奋斗到团队协作的华丽转身——从最初的一人一室，迅速发展成为一支由百人组成的专业技术团队，进而辐射至全县，汇聚了千余名"乡土专家"，共同构筑起"一百千"农技服务工程的坚实框架，成为高唐县委以党建为引领，推动乡村振兴的创新实践。自工作室成立以来，二十里铺村作为重点扶持对象，见证了翻天覆地的变化。在农技团队的精心指导下，该村的粮食生产实现了质的飞跃，小麦亩产量从昔日的 300kg 跃升至 500kg，玉米更是从 500kg 攀升至 800kg，丰收的喜悦遍布田野，也映照出杜立芝及其团队不懈努力的光辉足迹。

"仓廪实，天下安；粒粒粮，重如山。"粮食安全是一个永恒的课题，实现"藏粮于地""藏粮于技"，人是关键。懂农业、爱农村、爱农民成了新型农民的衡量标准，为人民服务零距离的杜立芝就是这样一位新型农民的引领者。她一个人感动了一群人，带出了千余名"乡土秀才"，送"技"入户，让高唐县的老百姓把饭碗牢牢地端在了自己的手上。

参考资料

1. 大众日报：《"齐鲁时代楷模"杜立芝先进事迹发布》。
2. 中国山东网：《齐鲁时代楷模杜立芝：38 年坚守只为做好一件事》。

案例 83   传承中华美德——
"全国见义勇为模范"冯思广

案例结构

传承中华美德—— "全国见义勇为模范"冯思广	见义勇为
	荣誉
	继承良好家风，尊老爱幼

案例目标

通过了解冯思广的英勇事迹，学习中华民族的传统美德，并继承和发扬，自觉参与新时代道德实践，勇于担当社会责任。

案例摘要

冯思广在执行飞行任务时飞机出现故障，而飞机下方是居民区，为避免造成更大的人员伤亡，冯思广避开了居民区，放弃最佳跳伞时机而英勇牺牲。在第三届全国道德模范评选中他荣获"全国见义勇为模范"称号。

冯思广从小就接受了良好的家庭教育，乐善好施，尊老爱幼，勤俭持家，凡事总喜欢替别人着想，深得战友的尊重。

案例正文

冯思广，1982 年 1 月出生于山东省聊城市茌平区肖家庄乡冯营村，2001 年 9 月考入山东理工大学生物工程专业，2005 年 6 月招飞入伍，2007 年 6 月毕业于中国人民解放军空军第三飞行学院，是一名新一代优秀飞行员。在 2010 年 5 月 6 日，冯思广为捍卫人民群众的生命和财产安全而牺牲。

见义勇为

2010 年 5 月 6 日，济空航空兵某师在济南组织跨昼夜飞行任务。20 时 51 分，飞行员冯思广和张德山驾机起飞；21 时 30 分，第二次着陆连续起飞高度约 50m 时，发动机声音骤然减小，推力迅速下降，后舱飞行员张德山急促向地面报告："我停车了。"飞行指挥员、师参谋长沈树范迅速果断发出指令："跳伞！跳伞！"

千钧一发之际，冯思广和张德山十分清楚：飞机前下方不远处就是一大片居民区和夜市，如果不改变飞行轨迹，后果不堪设想！

生死关头，冯思广和张德山只有一个念头——最大限度地保障人民群众的生命和财产安全。他们没有立即弃机跳伞，不约而同地前推驾驶杆，将飞机由仰角 12.3° 迅速推至俯角 9.8°，看到飞行轨迹已经避开居民区才实施了跳伞。飞参记录显示，飞行员跳伞前，驾驶杆前推 44mm，由此改变了飞行轨迹。

按照飞机座椅弹射程序，后舱先于前舱弹射，间隔为 1.1s。就因这 1.1s 时间，先行跳出的后舱飞行员张德山跳伞成功，而前舱飞行员跳伞时飞机高度仅有 32m，且带有 16° 俯角，低于弹射安全包线高度，弹射后降落伞未张开即坠地，前舱飞行员冯思广同志壮烈牺牲。

荣誉

由中国伦理学会联合山东电视台举办的"2011 中国十大孝子"颁奖在山东济南举行，飞行员冯思广烈士榜上有名，被评为"2011 中国十大孝子"。2010 年 6 月 4 日，他被空军追授"空军功勋飞行人员金质荣誉奖章"。此前，济南军区空军已为其追记一等功。2011 年 9 月 20 日，在第三届全国道德模范评选中他荣获"全国见义勇为模范"称号。

继承良好家风，尊老爱幼

冯思广家境并不宽裕，在当地乐善好施却是出了名的。冯思广小时候就跟着奶奶帮助村里的一位孤寡老人，经常干一些跑腿送饭的事，小小年纪就有了仁爱之心。

冯思广家境清贫，但父母十分重视他和姐姐的学业。为了让他们姐弟俩上学，不仅花光了家底，还债台高筑。姐弟俩靠 7 万元助学贷款完成了大学学业。

招飞入伍后，冯思广每月开销也就百十元钱，主要买点儿日常用品，其余的钱全部寄回老家，让父母偿还债务。一只普通的塑料水杯，他用了 4 年，并且无论走到哪里都随身带着，旧了也不舍得换一个。

"家里的贷款都还清了，眼看好日子开始了，可惜我儿子没命了……"忆及往事，冯思广的母亲泣不成声，再也说不下去。

从小帮助父母劳动长大的冯思广，一直没有改变热爱劳动的好习惯。每次回家都要帮父母劳动。中秋节部队放假 3 天，正好赶上家里秋收，冯思广一回到家就进地里干活，归队时是从地里直接去的汽车站。大队干部回忆说，看到冯思广身上有不少泥点子和碰剐的血印子，一问才知道是帮父母收玉米造成的。

参考资料

1. 济南文明网:《雄鹰翱翔心在蓝天　舍生取义心在人民》。
2. 环球网:《飞行员为避战机坠落市区牺牲　被追授金质奖章》。
3.360 百科:《冯思广》。

案例 84　孔繁森：感悟美德，收养孤儿

案例结构

孔繁森	感悟美德，收养孤儿

案例目标

1. 了解孔繁森收养孤儿的事迹，感悟道德的力量，增强遵守社会公德的意识。
2. 自觉投身新时代公民道德实践，培育和践行社会主义核心价值观。

案例摘要

一个幸福的人，一旦找到明确的、可以带来快乐和意义的目标，然后努力去追求，他就会在自己觉得有意义的生活方式里享受点点滴滴。孔繁森曾说:"能为他人解除点困难和痛苦，我认为是人生最大的幸福。作为一个领导干部要体贴人、关心人、理解人，要深入群众，要以心换心、以情换情，我应该下决心为西藏人民作点贡献，为增进藏汉团结作点贡献！"能给人光明者，心里一定有一团火。孔繁森秉齐鲁之仁德，兼燕赵之侠气，在怀恋家乡的同时，深深地爱上了高原和这里的人们，他说:"西藏的老人就是我的老人，西藏的孩子就是我的孩子，西藏的土地就是我的家乡。"

案例正文

1992 年 7 月 30 日 16 时 25 分，拉萨市墨竹工卡县日岗乡发生了 6.5 级地震。第二天，时任拉萨市副市长的孔繁森闻讯赶到时，3 个孩子曲印、贡桑及曲尼刚从废墟中抢救出来，他们的父母均在这场地震中丧生。

看着哭个不停的孩子，孔繁森心疼无比。他当时就决定自己抚养这 3 个孤儿。身边的同志听说他要收养 3 个孤儿，都很吃惊:"您上有 90 岁的老母，下有疾病缠身的妻子和尚在上学的儿女，每月收入只有那么一点，怎么能有力量收养 3 个孤儿？您再想一想，反正组织上对孤儿也有安排，不会扔下他们不管的。"孔繁森感谢了同志们的好意，还是把 3 个

197

孩子领了回来。

回到拉萨，他搓洗干净孩子们的脏衣服，又带孩子们洗了热水澡，把孩子们拾掇得干干净净的。

那时候，曲尼 12 岁，曲印 7 岁，最小的贡桑只有 5 岁。刚来拉萨的时候，每晚睡到夜半，孩子们都会被噩梦惊醒，吓得哇哇大哭，孔繁森知道这是震后的余悸。为了不让孩子们害怕，他就和孩子们挤在一张床上。有时候半夜突然觉得半边身子冰凉，他知道，这准是哪个小家伙又尿床了。这时，他像慈母一样，托起孩子睡梦中的身子，把衣服给他们换好，把干净的褥子重新铺好，然后再悄悄把撤下的湿褥子用火烤干，怕万一再尿湿没褥子更换而委屈了孩子们。孔繁森细心照管孩子们的生活，教他们读书识字，给他们洗衣做饭，尽量接送他们上学、放学。

在拉萨的时候，他白天是市长，晚上是爹娘。孩子已经上学，晚上他还要逐一辅导孩子们的功课，作业做完，再为孩子们打水洗漱。等孩子们入睡后，他再把孩子们换下的脏衣服洗净晾好，然后才坐下来批阅文件或看书学习。后来，时任拉萨市市长的洛桑顿珠领养了曲尼，孔繁森就把贡桑和曲印带到了阿里。

由于他在阿里的工作任务繁重，经常下乡和出差，只能把两个孩子送到噶尔县完全小学寄宿。每逢周末，孔繁森就骑着自行车到学校接孩子们回家……孔繁森在两个藏族孤儿身上倾注的父爱，甚至远远超过了自己的孩子。刚开始收养时，他是凭着责任感和同情心，到后来他对孩子们的感情已经上升到神圣的父爱境界，两个孤儿的冷暖已牢牢地拴在他的心上。

孔繁森总是为生活拮据的群众慷慨解囊，这样一来他自己就过着吃榨菜拌饭或白开水泡馒头的日子，但他却不愿意让孩子们跟着自己一起受苦。他曾 3 次以"洛珠"的名义献血，用献血换来的钱给孩子们补充营养。这样的生活一直持续到 1994 年 11 月 29 日孔繁森因公殉职……

现如今，这几个孩子都已成长为西藏的新建设者。

参考资料

1. 高杉:《孔繁森的初心可以这样讲》。
2. 吴文立:《新时代孔繁森精神研究》。

专题十七
践行职业道德

原文摘编

1. 大力弘扬劳模精神、劳动精神、工匠精神。"不惰者，众善之师也。"在长期实践中，我们培育形成了爱岗敬业、争创一流、艰苦奋斗、勇于创新、淡泊名利、甘于奉献的劳模精神，崇尚劳动、热爱劳动、辛勤劳动、诚实劳动的劳动精神，执着专注、精益求精、一丝不苟、追求卓越的工匠精神。劳模精神、劳动精神、工匠精神是以爱国主义为核心的民族精神和以改革创新为核心的时代精神的生动体现，是鼓舞全党全国各族人民风雨无阻、勇敢前进的强大精神动力。

——习近平在全国劳动模范和先进工作者表彰大会上的讲话（2020 年 11 月 24 日）

2. 劳动模范是民族的精英、人民的楷模，是共和国的功臣。我国是人民当家作主的社会主义国家，党和国家始终坚持全心全意依靠工人阶级方针，始终高度重视工人阶级和广大劳动群众在党和国家事业发展中的重要地位，始终高度重视发挥劳动模范和先进工作者的重要作用。

——习近平在全国劳动模范和先进工作者表彰大会上的讲话（2020 年 11 月 24 日）

3. 广大青年要自觉践行社会主义核心价值观，不断养成高尚品格。要以国家富强、人民幸福为己任，胸怀理想、志存高远，投身中国特色社会主义伟大实践，并为之终生奋斗。要加强思想道德修养，自觉弘扬爱国主义、集体主义精神，自觉遵守社会公德、职业道德、家庭美德。要坚持艰苦奋斗，不贪图安逸，不惧怕困难，不怨天尤人，依靠勤劳和汗水开辟人生和事业前程。

——习近平在知识分子、劳动模范、青年代表座谈会上的讲话（2016 年 4 月 26 日）

案例 85　耄耋党员践初心——
"全国离退休干部先进个人"刘洪雷

案例结构

耄耋党员践初心——"全国离退休干部先进个人"刘洪雷	耄耋之年再出发的排头兵
	厂子散了但事要有人管
	党的恩情报答一辈子

199

案例目标

通过了解刘洪雷离休之后的奉献故事，了解他良好的职业道德习惯，学习他持之以恒的职业精神。

案例摘要

他是一名党龄已有 75 年的共产党员，他把一个已经"消失"至少 16 年的国有企业的上百名党员凝聚起来，信念不灭，温暖常在。他没有惊天动地的故事，有的全是平凡而琐碎的小事。为了党员群众的个人琐事，他 30 多年四处奔走，不辞辛苦。

这位 94 岁的离休老党员叫刘洪雷，山东省高唐县原国棉厂党支部书记，被群众亲切地称为"免费清洁员""免费政工干部""免费邮递员"……他用生命余热展现了独特的红色气质，在平凡的生活中演绎着温暖的人生。

案例正文

刘洪雷，这位原国棉厂党支部书记，用他近一个世纪的人生历程，向我们展示了一个普通党员如何以不平凡的行动践行对党的忠诚与对人民的深情厚谊。

耄耋之年再出发的排头兵

刘洪雷出生于一个普通的农民家庭，自小便对中国共产党充满了敬仰与向往。在那个战火纷飞的年代，他目睹了中国共产党如何带领人民翻身做主人，建立新中国。这份深刻的历史记忆让刘洪雷在年少时就立下了加入中国共产党的志向。1949 年，随着新中国的成立，刘洪雷也如愿以偿地成了一名光荣的共产党员。从此，他的生命中便多了一份责任与使命，那就是为共产主义事业奋斗终身。

在国棉厂工作的岁月里，刘洪雷始终以身作则，兢兢业业，赢得了工友们的尊敬与爱戴。他不仅是技术上的骨干，更是思想上的引路人。每当有工友遇到困难或困惑时，他总是第一个伸出援手，用党的理论知识和自身的实践经验帮助他们解决问题，引导他们树立正确的世界观、人生观和价值观。在他的带领下，国棉厂的党支部成了一个坚强有力的战斗堡垒，为企业的发展注入了强大的动力。

然而，随着市场经济的发展，国棉厂也面临着前所未有的挑战。2003 年，国棉厂进行了转制，许多职工因此失去了工作，党的组织生活也出现了间断。对于刘洪雷来说，这无疑是一个沉重的打击，但他没有因此而消沉，反而更加坚定了自己的信念。他深知，作为一名共产党员，无论遇到多大的困难，都不能放弃对党的忠诚和对人民的责任。

于是，刘洪雷开始积极行动起来。他利用自己在老党员和群众中的威望，四处奔走呼吁，希望能够重新组织起原国棉厂的老党员们，让他们继续发挥余热，为党和人民的事业贡献自己的力量。经过不懈努力，终于在 2011 年 6 月，高唐县老干部局领导找到了刘洪雷，希望他能够担任起这个重任。

接到任务后，刘洪雷没有丝毫犹豫便答应了下来。他深知这是一项艰巨而光荣的任务，但他也相信只要大家齐心协力就一定能够成功。于是，他开始了紧锣密鼓的筹备工作。他首先走访了所有能够联系到的老党员们，了解他们的思想动态和生活状况，然后建立了详细的档案记录，最后制订了切实可行的计划方案。在他的带领下，仅仅用了10天时间就成功组建了中共高唐县国棉厂老干部支部委员会并召开了首次党员大会。

这次大会不仅标志着国棉厂老党员们重新找到了组织的温暖和力量，也让他们深刻感受到了党的关怀与重视。会上大家纷纷表示要继续发扬党的优良传统和作风，为党和人民的事业贡献自己的余热。从此以后国棉厂老干部党支部便成了一个团结互助、积极向上的集体，而刘洪雷也成了大家心中的主心骨和领路人。

厂子散了但事要有人管

虽然重建了党支部，但刘洪雷并没有因此而停下脚步。他深知作为一名共产党员要时刻保持为人民服务的初心和使命，因此他继续以饱满的热情和坚定的信念投入为群众办实事、解难题的工作中去。无论是为老党员们解决生活上的困难，还是为社区群众提供力所能及的帮助，他都乐此不疲、无私奉献。

有一次，一位老党员因为生病住院需要人照顾，但其家人都在外地无法赶来。得知这一情况后，刘洪雷毫不犹豫地承担起了照顾老党员的责任。他每天准时到医院为老党员送饭，陪他说话解闷，还帮助他办理各种手续和报销事宜。在他的精心照料下，老党员很快康复出院并对他感激不尽。像这样的事情在刘洪雷身上还有很多很多，他用自己的实际行动诠释了共产党员的初心和使命。

除了为老党员们提供帮助外，刘洪雷还非常关心原工厂家属院群众的生活状况。他深知这些群众在企业转制后失去了原有的依靠和保障，面临着诸多困难和挑战。因此他积极组织党支部成员开展各种志愿服务活动，为群众排忧解难。

比如，针对家属院物业管理缺失的问题，刘洪雷带领党支部成员多方奔走协调，最终成功引入了专业的物业管理公司，让家属院的群众享受到了更加便捷和优质的服务。同时他还积极争取政府和社会各界的支持，为家属院安装了供暖设施、接通了燃气管道、整修了道路和下水道等基础设施，让群众过上了更加舒适和安心的生活。

此外，刘洪雷还非常注重群众的精神文化生活。他组织党支部成员开展各种文化活动，如文艺演出、书法比赛、健身操比赛等。不仅丰富了群众的业余生活，也增进了邻里之间的友谊。在他的努力下，家属院逐渐变成了一个和谐美好的大家庭。

党的恩情报答一辈子

对于党的恩情，刘洪雷始终铭记于心。他深知自己之所以能够过上今天的好日子是因为有党的正确领导和关怀。因此他时刻保持着对党的忠诚和对人民的热爱，用自己的实际行动来报答党的恩情。

除了正常缴纳党费外，刘洪雷还每年向党组织缴纳1000元的特殊党费，用于支持党的事业和公益事业的发展。同时他还积极参与各种公益活动，如为灾区捐款捐物、为贫困学生资助学费等，用自己的微薄之力为社会贡献一份力量。

在他的影响和带动下，越来越多的老党员和群众加入志愿服务的行列中来，形成了良好的社会风尚和文明氛围。而刘洪雷也因其出色的工作表现和无私奉献的精神获得了各级党组织的表彰和肯定，并多次获评省、市"优秀离退休干部党员"等荣誉称号。

如今刘洪雷已经是一位 94 岁高龄的老人。岁月在他的脸上留下了深深的皱纹，但却无法磨灭他对党的忠诚和对人民的热爱。他依然保持着旺盛的精力和饱满的热情，继续为党和人民的事业贡献着自己的力量。

在他的带领下，国棉厂老干部党支部已经成为一个团结互助、积极向上的集体，在社区和社会上产生了广泛的影响力和号召力。而刘洪雷本人也成为大家心中的一面旗帜和榜样，激励着更多的人向他学习、向他看齐。

回望过去，刘洪雷用自己的一生书写了一部感人至深的红色篇章。他用自己的实际行动诠释了共产党员的初心和使命，也为我们树立了一个光辉的典范和榜样。在他的影响和带动下，相信会有更多的人加入这个光荣的行列中，共同为实现中华民族伟大复兴的中国梦而努力奋斗。

参考资料

闪电新闻：《耄耋之年再出发，散了的厂子上百党员有了"家"》。

案例 86　栾喜魁与东昌府木版年画

案例结构

栾喜魁与东昌府木版年画	木版年画的发展变迁
	非遗传承的璀璨代表
	新时代的传承与发展

案例目标

1. 了解聊城非遗文化——东昌府木版年画的发展历程，展望非遗木版年画的未来。

2. 把握非遗木版年画体现出的工匠精神与职业精神。

案例摘要

东昌府木版年画作为国家级非物质文化遗产，承载着丰富的历史文化底蕴。其代表性传承人栾喜魁以精湛的雕版技艺和不懈的创新精神，成为这一传统艺术形式的重要守护者。他不仅全面掌握了非遗技艺的精髓，更在传承中积极融入现代元素，使东昌府木版年画焕发出新的生机。

在栾喜魁的引领下，东昌府木版年画体现了工匠精神与职业精神的深度融合。工匠精神体现在他对技艺的极致追求、对作品的精雕细琢及对传统技艺的敬畏之心。而职业精神则展现在他对非遗文化传承的责任感、对公众教育的投入及对文化传承事业的持续贡献上。

通过栾喜魁及其团队的努力，东昌府木版年画不仅在国内得到广泛传播和认可，还积极参与国际文化交流，向世界展示了中国传统文化的独特魅力。不仅为非遗文化的传承与发展提供了宝贵经验，也彰显了工匠精神与职业精神在社会主义文化建设中的重要作用。

案例正文

东昌府木版年画是山东省聊城市的传统美术项目，也是国家级非物质文化遗产之一，具有悠久的历史和丰富的文化内涵。

木版年画的发展变迁

东昌府木版年画起源于明代，最早在阳谷县张秋镇兴盛，随后其技艺传播至东昌府，并逐渐发展成为山东两大木版年画派系之一。东昌府木版年画在清代达到鼎盛，成为当地社会经济中的重要商品类型，其构图丰满、人物突出、色彩鲜艳，深受民众喜爱。

然而，近代随着现代印刷技术的冲击和市场变革，东昌府木版年画逐渐失去了往日的辉煌。幸运的是，在新世纪的文化保护工作中，东昌府木版年画得到了重新挖掘和整理，并被认定为非物质文化遗产代表性项目，得到了社会各界的高度重视。

东昌府木版年画作为非遗文化的重要代表，其背后蕴含着丰富的道德教育资源。这种独特的艺术形式不仅具有极高的审美价值，更体现了工匠们对职业道德的坚守与追求。在生产过程中，工匠们需要保持高度的专注和耐心，一丝不苟地完成每一道工序，这种精益求精的精神正是现代职业人所应具备的职业素养。

非遗传承的璀璨代表

在聊城这片文化底蕴深厚的土地上，栾喜魁不仅是东昌府木版年画的代表性传承人，更是工匠精神的生动诠释者。他的一生，几乎是与木版年画紧密相连的，他用无尽的热情和精湛的技艺守护着这份宝贵的文化遗产。

自幼年起，栾喜魁便沉浸在木版年画的世界里，跟随父亲学习雕版技艺。日复一日，年复一年，他在木板上刻画着岁月的痕迹，也磨砺着自己的匠心。每一刀下去，都需精准无误，因为任何细微的偏差都可能影响年画的整体效果。这种对细节的极致追求正是工匠精神在他身上的具体体现。

在技艺传承的过程中，栾喜魁始终秉持着"精益求精，不断创新"的原则。他深知，传统技艺需要继承，更需要发展。因此，他在熟练掌握传统技艺的基础上，不断尝试将现代审美元素融入其中，使年画作品更加符合现代人的审美需求。这种勇于探索、敢于创新的精神不仅让他的作品独具特色，更为东昌府木版年画的传承与发展注入了新的活力。

更难能可贵的是，栾喜魁在传承技艺的同时，还十分注重培养年轻一代的工匠精神。

他常说:"做年画不仅要有手艺,更要有心。只有用心去做,才能做出好的作品。"因此,他耐心指导每一位学徒,不仅传授技艺,更传递那份对艺术的热爱与执着。在他的影响下,越来越多的年轻人开始关注并投身于木版年画事业,为这项非物质文化遗产的传承与发展贡献自己的力量。

栾喜魁的故事是东昌府木版年画传承与发展的一个缩影。他用自己的实际行动展现了非遗传承人的责任与担当,更以工匠精神铸就了非遗之魂。在他的身上,我们看到了对传统文化的尊重与敬畏,对技艺的执着与追求,以及对未来的希望与憧憬。

新时代的传承与发展

在新时代背景下,东昌府木版年画面临着前所未有的挑战与机遇。聊城的工匠们和职业人士们,以坚定的工匠精神和职业精神,为保护和传承这一古老艺术而不懈努力。他们深知,东昌府木版年画不仅是艺术形式,更是文化记忆和历史传承的重要载体。因此,他们秉持着精益求精的工匠精神,致力于每一道工序的完美呈现,从选材到雕刻再到印刷,无不倾注着匠人们的心血与智慧。

聊城的职业人士们也积极投身到非遗保护和传承工作中,运用专业知识和技能,对木版年画进行深入研究与挖掘,探索其内在的文化内涵和艺术价值。他们通过举办展览、讲座等活动,普及木版年画知识,提高公众对非遗文化的认识和保护意识。在传承的基础上,他们还勇于创新,将传统工艺与现代元素相结合,开发出更多符合现代审美和市场需求的文创产品,让东昌府木版年画在新时代焕发出新的生机与活力。在工匠精神和职业精神的双重驱动下,东昌府木版年画正以前所未有的姿态书写着新时代的传承与发展篇章。

参考资料

1. 张兆林,束华娜:《散落于乡野的民间艺术珍品:东昌府木版年画》。

2. 杨庆春,林金彦,王忠友,等:《让古老传统技艺绽放时代异彩——聊城市东昌府木版年画的传承与新生》。

3. 田源:《非遗保护视角下聊城东昌府年画文化特征与传承发展路径研究》。

案例 87 以匠心致初心,用奋斗奏凯歌——"全国劳动模范"李振月

案例结构

以匠心致初心,用奋斗奏凯歌——"全国劳动模范"李振月	踏石有印,抓铁有痕
	用责任担当诠释工匠精神

案例目标

通过了解李振月在工作上肯吃苦、不服输的倔劲，弘扬劳动精神、劳模精神和工匠精神。

案例摘要

李振月的学历不高，但凭着一股肯吃苦、不服输的倔劲闯出了一条自己的人生之路。凭自己的努力和钻研，在他手上诞生了关于地漏的"发明"，这一"发明"在聊城建筑行业大力推广。同时，李振月对于每一项施工都精益求精，把"工匠精神"牢记心中，他带领的团队在行业内树立了良好的口碑，并成为聊城安装行业的标杆，而且施工的工程多次获奖。

案例正文

在聊城，有这样一位朴素的农民工，建筑工地上广泛使用着他的发明，他参与的项目不仅多次获得"泰山杯"奖，而且还当选"全国优秀农民工"，2015年又获得"全国劳动模范"荣誉称号，他就是山东正泰工业设备安装有限公司第一分公司的水暖班组长李振月。

踏石有印，抓铁有痕

李振月在工作中一直没有停止学习，只要和自己工种有关的建筑工程类知识他都学。凭借自己的努力和钻研，在他的手中诞生了很多"发明"，经他改进施工的工艺多达40余项。这些工艺大大节省了人工和材料，解决了很多行业常年无法解决的难题。

这些"发明"中，最让他骄傲的是关于地漏的"发明"，具体来说就是用提前预埋PVC大小头的方法解决地漏水封不足的问题。别看是一项小发明，为了这次改进，他可是整整钻研了3年。大家给经李振月施工的地漏起了个名字，叫"地漏免检"。这项改进迅速被聊城市建设工程质量监督站等部门大力推广，也成为聊城本地安装行业标准，施工时必须严格遵守。几年来，李振月班组完成施工任务40余项，完成施工产值1.5亿余元，他带领施工的眼科医院综合楼、水务集团家属楼、聊城职业技术学院图书楼、畅博怡情湾等工程荣获"泰山杯"工程奖，为聊城安装整体水平的提高作出了贡献。

工作20多年来，李振月从一名普普通通的农民工逐步成长起来，全国劳动模范、聊城市劳动模范、山东省百名优秀农民工、富民兴鲁劳动奖章、齐鲁最美青年等荣誉激励着他不断前行。他一步一个脚印，踏石有印、抓铁有痕，展现了一位劳动者平凡而伟大的精神风采。

用责任担当诠释工匠精神

《中国劳模工匠箴言》一书精心选取了袁隆平、钟南山、王进喜等365名全国劳模、大国工匠的精华隽语，共辑录了1600余条箴言。书中收录了李振月的几句话："人生只要不失去方向，就不会失去自己。""生命太过短暂，今天放弃明天不一定能得到。""把任何事情，当作是自己的事情干，就没有干不好的事。"

李振月一直没有停止学习。楼房水暖安装是个技术活，对构件精度要求很高，每一个零部件都要按照图样施工。刚开始，李振月看着眼花缭乱的施工图样，怎么也看不明白。干一行就要精一行，为了熟练掌握施工的每个环节，他把精力全用在熟悉图样上，在别人打扑克、睡觉时，他总在研究图样。

李振月善于动脑，他在对照图样施工时，发现有的施工工艺不科学，导致工作效率低下。于是，他就研究如何改进施工工艺。

功夫不负有心人，李振月在改进施工工艺上获得了突破。2006 年，他改进了管道井套管预埋方法，使套管预留安装一次性成功，大大提高了工作效率，节约了施工成本。

对于李振月来说，工匠精神就是责任心。李振月说，在做住宅楼工程时，他就把自己当成业主，自己这关过了，业主才能满意。现在，在李振月的团队中，"工匠精神"已经成为共识和自我要求，大家养成了和他一样的工作习惯。正是因为这份责任心，李振月和他的团队在行业内树立了良好的口碑。现在，李振月带出的水暖安装团队已经成为聊城水暖安装行业的标杆。

参考资料

1. 齐鲁网：《最美聊城人：李振月——以匠心致初心　用奋斗奏凯歌》。
2. 大众日报：《工地上的全国劳模》。

案例 88　诚实守信撑起的发展奇迹——临清三和纺织集团有限公司董事长宛秋生

案例结构

诚实守信撑起的发展奇迹——临清三和纺织集团有限公司董事长宛秋生	积极纳税，获得政府信赖
	按时还贷，树立良好信誉
	履行合同，赢得伙伴信任
	关爱员工，履行社会责任
	回馈社会，彰显企业担当

案例目标

1. 了解宛秋生立足实际，依靠诚实守信创业成功的经历。
2. 学习宛秋生真诚待人、言行一致、信守承诺的态度和行为，感悟他爱心奉献、勇担社会责任的高尚品格。

案例摘要

宛秋生，山东临清三和纺织集团有限公司（简称"集团"）董事长、十一届全国人大代表、十五届全国总工会代表、山东省政协委员、山东省少数民族经济发展促进会副会长、山东省个体私营企业协会副会长、聊城市个体私营企业协会副会长、临清市政协副主席、临清市工商联会长，先后荣获"全国创业之星""全国民营企业家社会贡献奖""山东省劳动模范""全国民族团结进步模范个人"等一系列荣誉称号。

从 5 间民房到 1600 亩（1 亩 =666.67m^2）厂区的膨胀，从 2.7 万元到 17 亿元的跨越，从个体户到集团的腾飞，不能不说是一个奇迹。这个奇迹又一次验证了诚实守信是现代市场经济的基石，是企业发展壮大的基石。一个企业的形象、整体素质和综合竞争力源于文明诚信。文明诚信是一种文化，也是一种资源。董事长兼总经理宛秋生从创业的那一天起，和他的员工就着力培育这种资源，把诚实守信当作事业的支撑。

案例正文

积极纳税，获得政府信赖

集团一直依法纳税，及时足额交纳应缴税款，是聊城市私营企业第一纳税大户。税务部门对此有很高的评价。20 多年来，集团积极响应政府号召，开展扶持就业、再就业工作，先后安排下岗职工、农民工共计 1.3 万人，为当地社会稳定作出了突出贡献。在新厂区扩建工程项目和整体购买破产企业过程中，市政府协调金融等有关部门尽可能地为企业减轻负担，使企业轻装上阵，蓄积了发展后劲，在较短时间内先后兼并或购买了 5 个企业，盘活闲置资产 2000 余万元，扩大了生产规模，提高了交税额度。

按时还贷，树立良好信誉

在企业发展初期，有一年正赶上春节，集团的一笔银行贷款将要到期。宛秋生亲自冒雪送货到石家庄并带回货款，按时还上银行贷款。这种诚信行为使银行深受感动，进一步增加了银行对集团的信任程度，银行和企业的关系更加密切。集团被山东省农行评为"AAA"资信等级，集团的扩建项目获得了多家银行的极力支持。集团的生产规模不断扩大，科技创新不断增强，也顺利地跨入"全国纺织行业 50 强"的行列。

宛秋生的人生格言是"要做事，先做人"。要让自己的产品像自己的人品一样，不能有丝毫的掺假。

履行合同，赢得伙伴信任

在进入社会化大生产的今天，企业之间的经营关系是靠信用来筑建的。一个失去信用的企业是无法参与到经济社会生活中去的，更谈不上发展壮大。在与经销商的合作中，宛秋生始终坚守诚信。即使面临原料带动产品成本价格上涨的情况，他也坚持按合同价格供货，宁可集团受损失也不失信于经销商。

近年来，集团对产品销售方式进行改革，国内市场营销采取经销商代理销售制。经销商都主动放在厂内 30 万 ~50 万元不等的订金，提货时全部结清。集团从不失信于经销商。有一年，原料带动产品成本价格上涨，经销商与集团提前签了订货合同。如果按合同价格，集团要损失数万元。在这种情况下，宛秋生抱定诚信理念：宁可公司受损失，也要按合同价格来供货。凭着这种理念，集团与经销商建立了牢不可破的伙伴关系，也因此避免了"三角债"困扰企业的情况，形成了资金的良性循环。集团已发展成为目前世界上最大的蜡染布生产基地，产品畅销全国各地并远销国外 20 多个国家和地区。

关爱员工，履行社会责任

宛秋生不仅对集团外部合作伙伴诚信，对内部员工也充满关爱。他出台了一系列激励措施，及时足额向员工兑现承诺的奖励。同时，他还关注员工的生活和健康，建起了职工俱乐部、图书室、医务室等设施，为员工提供良好的工作和生活环境。

集团规模逐年扩大，员工数量随之迅速增加。要使每位员工爱岗爱厂，敬业奉献，必须取信于全体员工。2006 年，集团为了调动人员积极性，出台了以"六项指标"为重点的目标考核办法。在兑现奖励条款时，尽管当时奖金基数订得比较高，集团还是坚守承诺，及时足额向员工兑现。集团的医务室 24h 免费为员工治病；职工食堂免费为员工供应饭菜；建起了职工俱乐部、图书室、阅览室、电视厅、乒乓球室、篮球场、羽毛球场等教育培训和文化娱乐中心；建起了 10000 多平方米的女职工宿舍楼和 3000 多平方米的专家楼；投资 200 万元建起了企业园林——"宛园"，节假日免费对外开放，每年元宵节在此举办大型灯展，成为职工陶冶情操的好去处。2023 年集团又投资 4.75 亿元，占地 490 余亩，在临清市区东北隅建设了"东宛园"。集团党委指导共青团、工会组织定期开展活动，提升了企业文化层次，提高了企业知名度，增强了企业的凝聚力和员工的向心力。

回馈社会，彰显企业担当

宛秋生深知企业的发展离不开社会的支持。因此，他带领集团积极履行社会责任，参与扶贫、抗震救灾等公益活动，捐款捐物近千万元。此外，他还关注民族团结进步事业，将"社会和谐、家庭和睦、职工和乐"的"三和精神"作为企业文化核心内涵，为构建和谐社会贡献了自己的力量。

宛秋生时刻怀着感恩的心。2008 年 5 月 12 日，四川汶川发生强烈地震后，集团紧急动员，组织职工捐款捐物，自行组织爱心车队，在第一时间将代表集团全体员工一片爱心的价值 160 多万元的救灾物资送往灾区。

20 多年来，集团主动救济临清市辖区 1300 多名特困下岗职工，捐款、捐物累计 500 多万元；安排下岗职工、待业青年、农民工 1.3 万人。积极参加"民企帮村"活动，为促进社会主义新农村建设，改变所帮扶的临清市唐窑村长期落后的面貌，集团出资 40 多万元修乡村公路、铺设村民居住区下水道，并安排 130 名农民到集团工作；为村里年满 60 岁的老人每月发放生活补贴；还准备投资 50 万元为唐窑村建设粉煤灰砖厂，集团产出的粉煤灰全部无偿给村里作为原料。这一系列爱心举动，使集团被评为"全省民企帮扶先进企业"。

参考资料

穆斯林在线：《诚实守信撑起的发展奇迹——记临清三和纺织集团有限公司董事长宛秋生》。

案例 89　刘亚杰：当好以技育人的职教园丁

案例结构

刘亚杰：当好以技育人的职教园丁	育人为本，关爱每一位学生
	注重实践教学，用心上好每一堂课
	荣获"全国五一劳动奖章"

案例目标

1. 理解新时代弘扬劳动精神、劳模精神、工匠精神的意义，自觉践行社会主义核心价值观，努力在报效祖国、服务人民的奋斗中实现人生价值。

2. 以劳动模范、大国工匠为榜样，关心集体、热心公益、敬业奉献，乐于为人民服务，勇于担当社会责任。

案例摘要

作为一名一线教师，为国育才是他的使命，教学中他始终坚持"技术赋能"的理念，带领学生勤学苦练、克难攻坚，指导学生多次在全国、省级技能竞赛中获奖。作为一名职业教育人员，探索创新是他的责任，他时刻对标精益求精的工匠精神，刻苦钻研、磨炼技艺，努力实现技术上的突破和创新。在第二届全国工业和信息化技术技能大赛中，他和搭档经过几十次的模拟和上千次的试验，最终实现了大赛芯片设计模块"零满分"的突破，总分在全国 88 支队伍中位列第一。

案例正文

刘亚杰，北京航空航天大学硕士，2020 年进入聊城市技师学院，现任信息工程系团总支副书记，曾获山东省技术能手、学院先进工作者、学院模范班主任等荣誉称号。2023 年，他与司景华老师组队参加第二届全国工业和信息化技术技能大赛汽车芯片开发应用赛项，获职工组一等奖第一名。刘亚杰被中华全国总工会授予"全国五一劳动奖章"，成为学院获此殊荣的第一人。

育人为本，关爱每一位学生

"作为一名教师，要认真对待每一名学生，用真诚之心去关爱学生，用实际行动去感染学生。"刘亚杰说。

教育的根本任务是立德树人。入职以来，他一直担任班主任，始终将培养学生的品德素养放在首位，注重引导学生树立正确的世界观、人生观和价值观。他常说："做人做事，品德为先。"

"刘老师是我的人生导师，在我人生处于低谷时为我点亮了一盏心灯。"班里一名学生因无法接受家庭变故的打击，变得心灰意冷，刘亚杰得知后特意安排他做自己的"助理"，以便随时了解他的心理状况。在刘亚杰看来，用大量时间与学生相处是了解学生最直接、最有效的办法。他还准备了一个谈心本，记录学生每天的心理动态，经过几个月努力，这名学生最终走出了阴影。

在刘亚杰的带领下，班级风气正、学风浓，学生们在快乐中成长，在成长中进步。他所带的班级被评为学院优秀班集体，他本人被评为模范班主任。

注重实践教学，用心上好每一堂课

"上好每一堂课，这是我们每一位教师的义务，也是我每天必须思考的问题。"刘亚杰说得没错，从一名互联网一线从业者转身成为职业教育教师，他凭借丰富的企业项目经验为学生呈现了一堂堂生动有趣的课程。

他深知职业教育不同于普通教育，职业教育更侧重于培养高素质技能人才。他主讲的 Java 程序设计、C 语言程序设计等课程，通过将企业真实案例融入教学，使原本枯燥的理论知识变得生动有趣，深受学生的喜爱。

"他总能将复杂的编程知识讲得简单易懂，让我感觉像是在玩一场智力游戏。"一位学生这样评价。在刘亚杰的引导下，学生不仅掌握了扎实的专业知识，还学会了如何运用所学知识解决实际问题，具备了较强的实践能力。

在教学中，他始终坚持以市场为导向，以企业需求为指引，不断调整和优化教学内容，确保学生能够学到真正有用的知识和技能。

"从教 4 年来，我深知职业教育的甘与苦，也深切感受到职业教育对于国家和民族的重要性，我将努力成为党和人民满意的'四有'好老师，将自己的全部智慧和力量奉献给我的学生们。"刘亚杰笑着说。

荣获"全国五一劳动奖章"

素质是立身之基，技能是立业之本。作为一名职业教育教师，他深知技能的重要性，而技能大赛正是锤炼技艺、展现成果的重要平台。

机会总是青睐有准备的人。第二届全国工业和信息化技术技能大赛给了刘亚杰第一次机遇。当接到参赛任务时只有两个月的准备时间，面对未知的挑战，他心中虽有忐忑，但他和搭档司景华老师都充满信心。白天他给学生上课，晚上在实训室训练。"那段时间只要有空我们就去实训室训练，总是很晚才下班，没有周末的概念，尤其在决赛冲刺阶段，每天晚上都加班到 11 点。"刘亚杰说。

本次比赛中的芯片设计模块，刘亚杰从来没有接触过，但是为了比赛，他从零开始学，EDA 工具、原理图设计、开环仿真、版图设计、物理验证等知识点一个一个"钻"。功夫不负有心人，最终在绍兴的决赛舞台上，经过 5h 紧张而激烈的角逐，他们从 88 支队伍中脱颖而出，摘得桂冠，取得了一等奖第一名！按照赛事规则，刘亚杰被中华全国总工会授予"全国五一劳动奖章"。

"这枚奖章对我是一种鼓励，更是一种鞭策。"刘亚杰说，"我将以此为新的起点，继续锤炼专业技能，将技能融入教学，助力学生成长成才。"

唯有自己是一泓活水，才能源源不断地给学生一碗水。刘亚杰表示，在未来的教育征途中，将以更高的标准要求自己，以更加精湛的职业技能点亮学生的理想之光，培养出更多高素质技能人才，为国家的经济发展贡献技能之力！

参考资料

聊城日报：《来，让我们共同唱响奋斗者之歌——聊城市庆祝"五一"国际劳动节暨全总文工团走进聊城慰问演出侧记》。

案例 90　为群众挺身而出的"神勇哥"梁佃军

案例结构

为群众挺身而出的 "神勇哥"梁佃军	最美"火焰蓝"：群众有危险，我必须冲上去
	背后"家力量"：你忙你的，家里一切都好

案例目标

1. 通过了解梁佃军为了人民群众的安全随时冲锋在最前线的事迹，理解劳动是一切幸福的源泉，创造伟大的社会风尚，谱写中国梦新篇章。

2. 树立正确的劳动观、职业观和成才观，形成热心公益、敬业奉献的行动自觉。

案例摘要

2015 年 12 月 26 日，聊城市东昌府区南湖新城 4 号楼发生火灾，为了尽快解救被困群众，梁佃军从步梯一口气冲了上去，营救过程中又把自己的呼吸面罩主动让给受困群众，而他则被浓烟呛得呕吐不止。事迹经报道后，他被人们亲切地称为"神勇哥"。

案例正文

梁佃军的英勇表现绝非偶然。自 2001 年成为消防员以来，无论是在日常训练还是灭火救援中，他都表现得极为出色，并在国家和省级多项比武练兵中取得优异成绩。如今，梁佃军担任聊城市消防救援支队灭火救援部副部长兼战训科科长，肩负的责任更为重大。

"没有家人的包容和支持，我不可能取得这些成绩，是他们一直给予我力量。"梁佃军感慨道。2017 年，梁佃军的家庭被评为"全国最美家庭"，2020 年 12 月又被评为"第二届省级文明家庭"。

最美"火焰蓝"：群众有危险，我必须冲上去

2015 年 12 月 26 日，聊城市东昌府区南湖新城 4 号楼发生火灾，现场浓烟滚滚，许多人被困，情况十分危急。到达现场后，时任聊城市公安消防支队特勤中队指导员的梁佃军发现，高层被困群众的营救难度较大，需要使用登高车进行救援，但前提是必须找到合适的作业地点，并且升高过程也需要时间。

"当时火势猛烈，浓烟弥漫，被困群众随时可能因窒息而遇险，时间非常紧迫，我必须尽快上去营救他们。"梁佃军回忆道。

他背起空气呼吸器，从步梯上飞奔向被困群众所在的楼层。"当时已经记不清具体在哪一层了，至少应该是 13 层以上。我发现一个小女孩蹲在楼梯拐角处，看上去已经有些昏迷。"梁佃军说。他迅速将随身携带的面罩给孩子佩戴，此时，登高车正在缓慢上升。为了尽快将孩子送到登高车的工作斗上，梁佃军抱着孩子往下跑。但因心急，梁佃军跌了一跤，虽然孩子没有摔伤，但她佩戴的面罩划破了。为了防止孩子吸入烟气，梁佃军毫不犹豫地将自己的呼吸面罩给孩子戴上。"我判断大约往下走两层就能和登高车对接，就憋了一口气往下冲。"梁佃军说。然而，由于体力消耗过大，他很快无法再憋气，不得不吸入了一些浓烟。此时，登高车工作斗顺利到达他们所在楼层，梁佃军赶紧抱着孩子站上去。回到地面后，梁佃军一度呕吐不止。但稍微恢复后，他又重新穿戴好空气呼吸器，继续投入救援。当天，他多次出入火场，不顾自身安危，成功营救出多名被困群众，并因其英勇表现被现场群众和网友亲切地称为"神勇哥"。

梁佃军的英勇并非孤例，而是他长期以来刻苦训练、严于律己的必然结果。他深知，作为一名消防员，必须时刻保持最佳状态，随时准备应对各种突发情况。因此，无论是在日常训练中还是执行任务时，他都以党员的标准严格要求自己，不断提升自己的业务技能和心理素质。正是这种对事业的热爱与执着，让他在国家和省级多项比武练兵中屡获佳绩，赢得了广泛的赞誉和尊敬。在支队历次大型装备器材展示活动中，梁佃军都是首屈一指的专家讲解员。更重要的是，他始终冲锋在应急救援的最前线，多次圆满完成各种急难险重任务，先后荣立个人二等功一次、三等功六次。

背后"家力量"：你忙你的，家里一切都好

梁佃军的成就并非孤军奋战的结果。在他的背后，有一个温暖而坚定的家庭在默默支持着他。妻子明秋是他最坚实的后盾，她用自己的勤劳和智慧打理着家中的一切事务，让梁佃军能够无后顾之忧地投入工作中。每当梁佃军因工作繁忙而无法顾及家庭时，她总是用温柔的话语和鼓励的眼神给予他力量和支持。

提到妻子，梁佃军感到深深的愧疚："她知道我平时很忙，为了不耽误我的工作，她承担了很多。比如，婚假还没休完，我们就因支队有事从半道赶回来了。别人做孕检时，丈夫都会陪着，她总是自己去医院。孩子平时感冒发烧，也是她自己带孩子看病，很少让我操心。"

不仅是妻子，梁佃军对母亲也充满愧疚。孩子刚出生的那些年，因为夫妻俩都要上班，梁佃军曾把母亲接来帮忙照看孩子。有一次，母亲不小心崴了脚，却一直没告诉他们，直到有一天，梁佃军发现母亲的脚肿得厉害，追问之下，母亲才说出实情。"我问母亲为什么不告诉我，她说我们平时都很忙，不想影响我们的工作，而且她认为只是简单的崴脚，过些天就好了，但实际上她的脚已经骨裂了。"梁佃军说，随后他带母亲去医院检查，医生建议她做支架缓解疼痛，但母亲不愿意。考虑到母亲年纪大了，支架后期可能需要多次更换，他没有再强求，只是每次看到母亲浮肿的脚时都感到深深的愧疚。

梁佃军8岁的儿子朗朗乖巧懂事，学习成绩优异，每年都被评为"三好学生"。有一次，梁佃军深夜外出执行任务，第二天回家，儿子问他去了哪里。知道父亲去灭火救援后，儿子关切地问："爸爸，你有没有受伤呀？一定要小心呀！"儿子的懂事让梁佃军感到温暖，也激励着他更加努力工作。

"家是最好的避风港湾。一直以来，家人给予了我足够的理解和支持，也让我能够安心在岗位上为社会作贡献。"梁佃军感慨道。

如今，随着职务的升迁和责任的加重，梁佃军更加深刻地意识到自己肩上的使命和担当。他深知，作为一名消防战士必须始终保持对人民群众的深厚感情和高度责任感，时刻准备为了人民群众的安全和幸福冲锋陷阵。

在未来的日子里，梁佃军将继续以饱满的热情和坚定的信念投身消防救援事业中。他将继续刻苦训练、钻研业务，不断提升自己的综合素质和应变能力，继续冲锋在应急救援的最前线，用实际行动践行"人民消防为人民"的崇高使命。

参考资料

今日头条:《"神勇哥"梁佃军：只要群众需要　随时挺身而出》。

专题十八
增强法治意识

原文摘编

1. 推进科学立法，关键是完善立法体制，深入推进科学立法、民主立法，抓住提高立法质量这个关键。要优化立法职权配置，发挥人大及其常委会在立法工作中的主导作用，健全立法起草、论证、协调、审议机制，完善法律草案表决程序，增强法律法规的及时性、系统性、针对性、有效性，提高法律法规的可执行性、可操作性。要明确立法权力边界，从体制机制和工作程序上有效防止部门利益和地方保护主义法律化。要加强重点领域立法，及时反映党和国家事业发展要求、人民群众关切期待，对涉及全面深化改革、推动经济发展、完善社会治理、保障人民生活、维护国家安全的法律抓紧制订、及时修改。

——习近平：《加快建设社会主义法治国家》，《求是》（2015 年第 1 期）

2. 我们必须牢记，党的领导是中国特色社会主义法治之魂，是我们的法治同西方资本主义国家的法治最大的区别。离开了中国共产党的领导，中国特色社会主义法治体系、社会主义法治国家就建不起来。我们全面推进依法治国，绝不是要虚化、弱化甚至动摇、否定党的领导，而是为了进一步巩固党的执政地位、改善党的执政方式、提高党的执政能力，保证党和国家长治久安。

——习近平在省部级主要领导干部学习贯彻党的十八届四中全会精神全面推进依法治国专题研讨班开班式上的讲话（2015 年 2 月 2 日）

3. 社会主义法治必须坚持党的领导，党的领导必须依靠社会主义法治。在我国，法是党的主张和人民意愿的统一体现，党领导人民制定宪法法律，党领导人民实施宪法法律，党自身必须在宪法法律范围内活动，这就是党的领导力量的体现。全党在宪法法律范围内活动，这是我们党的高度自觉，也是坚持党的领导的具体体现，党和法、党的领导和依法治国是高度统一的。

——习近平在省部级主要领导干部学习贯彻党的十八届四中全会精神全面推进依法治国专题研讨班开班式上的讲话（2015 年 2 月 2 日）

案例 91　张道强：践行军人使命担当，奉献黄河国家战略

案例结构

张道强：践行军人使命担当，奉献黄河国家战略	铁肩担道，铸剑执法砺初心
	功在不舍，磨剑铸盾普法行
	炉火纯青，亮剑出鞘试锋芒

案例目标

通过了解张道强的个人事迹，正确认识法治中国建设，领会全面依法治国等习近平新时代中国特色社会主义思想的重要内容。

案例摘要

他是 2021 年度"全国十大法治人物"荣誉获得者，是全河星级执法标兵，是"母亲河奖"获得者，是"山东青年五四奖章"获得者，这位黄河大堤上的忠诚哨兵名叫张道强，是东阿河务局水政监察大队中队长。20 多年来，张道强用脚步丈量河岸，用青春守护大堤，践行着自己对母亲河的忠诚与誓言。

案例正文

"我们所有的努力就是要把黄河的事情办好，让黄河成为造福人民的幸福河。"接过鲜花和奖杯，张道强说出了自己的心声。

2021 年 12 月 4 日，在 CCTV2021 年度法治人物颁奖典礼上，张道强获评 2021 年度"全国十大法治人物"。他是当年全国行政执法人员中唯一获此殊荣的行政执法人员，也是水利部 21 年来唯一获此殊荣的人。

张道强，山东电视台"黄河文化传播大使"，聊城市第十四次党代表，聊城市青年联合会第二届委员会委员，东阿县第十九届人大代表，现任东阿黄河河务局水政监察大队中队长。1998 年 11 月参军入伍，后升为副班长，2000 年 9 月加入中国共产党，2000 年 12 月退伍后在东阿黄河河务局工作，2012—2015 年担任东阿黄河民兵连指导员。

作为退役军人的他，践行军人使命，用忠诚保护黄河，用脚步丈量河岸，用青春守护大堤，用行动书写忠诚，为黄河流域生态保护和高质量发展重大国家战略贡献了力量。他的典型事迹多次在中央广播电视总台展播，先后获得第八届全国母亲河奖、2021 年度全国十大法治人物、全河最美黄河人、山东好人、第 22 届山东青年五四奖章、2022 年度齐鲁

最美退役军人、东阿县最美退役军人等荣誉称号。

铁肩担道，铸剑执法砺初心

用行动诠释初心，以实干践行使命。张道强所在的单位紧邻黄河大堤，位置偏远，交通不便，并且基层工作琐碎平凡，但这并没有消磨掉这名退役军人的斗志。在日常水行政执法工作中，面对部分黄河沿岸的群众不理解政策时，政治素质过硬的他总能做到动之以情、晓之以理，让当事人心服口服接受处理，受到群众的广泛认可。

张道强是黄河大堤上最坚定的哨兵，执法记录仪是他风里来雨里去的最亲密伙伴，河道巡查、浮桥监管、专项执法等工作是他工作中的关键词，在深入推动黄河流域生态保护和高质量发展竞赛活动中他获评"先进个人"荣誉称号。他身体力行，用法治实践捍卫法律光芒，为《中华人民共和国黄河保护法》（简称《黄河保护法》）和《山东省黄河保护条例》提出可行性建议，积极参与建立水政监察、黄河公安、环境监察联勤联动工作机制，协助当地司法部门率先设立全河首个"黄河生态法庭"和生态修复基地，参与办理的"殷某排除妨害纠纷案"被山东省高院评为环境资源审判十大优秀案例之一，为幸福河建设提供了有力的法治支撑。

一句承诺，一份担当。无论严寒还是酷暑，深夜还是清晨，张道强总是把时间甩在身后，将责任扛在自己的肩头，行程万里，初心如一。

功在不舍，磨剑铸盾普法行

精业笃行，臻于至善。张道强用脚步丈量河岸，作为保护母亲河的传播者、弘扬者和建设者，用行动吹响黄河保护新号角。多年基层执法经历让他意识到社会大众对水法律法规还不够了解，于是下定决心普法以改变现状。他始终坚持"服务与监管并重、执法与普法并行"的理念，每一次执法都当作一份生动教材，每一次普法就是一堂生动讲课。他以真实案例为根据，自导自演拍摄了 10 集系列普法情景剧，打造出知名普法品牌"道强说法"，获评"人·水·法"全国水利法治短视频二等奖。他创新工作思路，成立"道强"工作室，相关经验被中国法学会官网报道。他弘扬法治精神，讲好黄河故事，让法治的种子成为一种信仰，在人民群众中扎根、发芽。

为唤起更多人对"母亲河"的关注，他积极探索全方位、无死角、地毯式的普法新模式。他联系齐鲁晚报和阿里公益"天天正能量"，建立了保护黄河志愿者服务站，他倡导的"大美东阿　保护母亲河"志愿服务项目获评山东省最佳志愿服务项目。他还与有关部门联手举办了"小手牵大手"等一系列活动，配合相关部门在黄河大堤建立全河首个《黄河保护法》主题宣传广场，深入企事业单位宣讲《黄河保护法》，成为《黄河保护法》的自觉践行者和坚定捍卫者，逐步使保护黄河公益活动常态化、公益化。他因此被中共山东省委宣传部和共青团山东省委聘为"齐鲁青年榜样分享团"成员，被山东电视台聘为"黄河文化传播大使"，被聊城市退役军人事务局及聊城市教育和体育局聘为"倾听红色故事、照亮成长之路"革命老兵红色事迹宣讲员。他多次为入伍新兵宣讲，两次作为山东黄河河务局唯一代表参加水利部黄委劳模工匠先进事迹宣讲，以实际行动为黄河流域生态保护和高质量发展重大国家战略贡献力量。

榜样如灯，光芒直抵心灵。"黄河是咱们的母亲河，波涛汹涌，非常有气势……"张道强常年无偿深入沿黄学校，向大、中、小学生及社会各界人士宣传母亲河的波澜壮阔、历史沿革及其保护治理。讲台上的他侃侃而谈，讲台下的同学们聚精会神。"爱护黄河，保护黄河。"一道道清脆而又稚嫩的声音从教室传来，回荡在大堤上，响彻黄河两岸。在他的感召下，越来越多的学生和志愿者加入保护黄河的公益行动中，一曲保护黄河的新时代"黄河大合唱"在这片土地上奏响。

炉火纯青，亮剑出鞘试锋芒

用语言播种，用心血浇灌。张道强以笔为锋，在字里行间中凝情聚义，以匠笔描绘黄河保护新画卷。张道强听着黄河的涛声长大，自幼爱好文学的他决定发挥写作特长，用文字保护母亲河，唱响黄河法治保卫战，让更多的人听到黄河守护者的声音。

他在工作之余，认真钻研《中华人民共和国水法》《中华人民共和国防洪法》《中华人民共和国黄河保护法》及《中华人民共和国行政处罚法》，走访多名已退休的水行政执法人员，获得诸多鲜活的水行政执法素材。期间，他创作的法治小说《较量》，在水利部举办的"十年新水法　百样新变化"法治征文活动中获二等奖；创作的《行政执法人员之歌》被数家媒体报道；撰写的法治报告文学《保护黄河：50万字的步步较量》入选由中央国家机关工委宣传部和全国普法办编写的《法治先锋》书籍。

长篇小说创作并非易事，他白天站在堤坝上执法执勤，晚上趴在桌边挑灯夜战，随身揣着数张A4纸，先后密密麻麻手写了500余页稿纸。一次他正感冒发烧在医院输液，突然来了创作灵感，便不顾医生的极力劝阻，拔掉针头并强忍着全身乏力和头昏脑涨的折磨，专心致志地投入创作中。就是靠着这种坚韧，历经700多个日日夜夜的艰辛创作，他最终完成了全国首部以"保护黄河"为题材的40万字水行政执法小说《步步较量》，由线装书局公开出版发行。小说以保护母亲河——黄河为主线，展现了水政监察、黄河公安人员与不法分子斗智斗勇的一幕幕惊心动魄的情节，亲情、友情和爱情穿插其间，剧情跌宕起伏的同时也让人倍感温暖。

《步步较量》小说一经问世，引来中央广播电视总台、新华社、人民网等数十家媒体的关注报道，把保护黄河的担当精神延伸到社会的方方面面，具有明显的典型示范带动作用。文章及事迹多次荣登中央广播电视总台、学习强国平台，有的被编入山东优秀传统文化读本《黄河故事》、山东党刊《支部生活》等。特别是在2021年度"全国十大法治人物"颁奖典礼上，《新闻联播》主持人康辉老师为张道强朗诵的颁奖词，让很多人记忆犹新：

一条黄河，澎湃着数千年华夏文明的脉搏；
一部小说，奏响了绿色卫士的忠诚颂歌。
绿水青山就是金山银山，
步履不停，你走遍黄河两岸，
笔耕不辍，愿只愿河海安澜！

退役不退志，退役不褪色。张道强作为一名退役军人，昔日，一身戎装，让使命召唤热忱，今日，卸下戎装，以奉献续写初心。身在基层却心怀"国之大者"，用行动托举起了保护母亲河的重任，为黄河流域生态保护和高质量发展重大国家战略作出了贡献，绽放出了一名退役军人的荣耀和风采，展现了一名退役军人的使命担当，是新时代退役军人立足岗位、创新专研，成长为专家能手的励志典范。

参考资料

中国雷锋报：《践行军人使命担当　奉献黄河国家战略——记山东省东阿县黄河河务局退伍军人张道强》。

案例 92　多元化解，强化阵地——"九顶艾"矛盾调解工作室

案例结构

多元化解，强化阵地——"九顶艾"矛盾调解工作室	矛盾化解在基层
	矛盾化解在萌芽

案例目标

通过了解聊城东阿县"九顶艾"矛盾调解工作室的工作，理解并认同中国特色社会主义法治道路，自觉投身法治中国建设实践。

案例摘要

东阿县充分发挥人民调解"第一道防线"的作用，健全完善矛盾纠纷多元化解机制，强化制度、队伍和阵地建设，着力打造"有事来聊　法润东阿"特色调解品牌，促进家庭和美、邻里和睦、社会和谐。"九顶艾"矛盾调解工作室正是系列品牌中的典型代表。九顶莲花艾是艾山新村特有的艾草品种，矛盾调解工作室取名为"九顶艾"，也寓意着用爱化解群众愁心事。

案例正文

矛盾化解在基层

在冬日的暖阳下，山东省聊城市东阿县铜城街道艾山新村"九顶艾"矛盾调解工作室内洋溢着温馨与和谐。这一天，随着张某与李某紧紧相握的手，一场因房屋下陷引发的邻里纠纷得到了圆满解决，两人对调解员的辛勤付出表达了由衷的感谢。

这起纠纷的起因并不复杂，却因长期积累而难以调和。张某家的生活污水流经街道，最终汇集在李某屋后的低洼地带，导致李某家的地面下陷。面对这一状况，李某认为是张某的污水所致，而张某则感到无辜与无奈。村"两委"虽多次介入调解，但双方均各执一词，互不相让，使问题迟迟得不到解决。

关键时刻，"九顶艾"矛盾调解工作室的调解员们站了出来。他们深入田间地头，与村"两委"干部、街坊邻居及双方当事人进行了多轮深入交流。通过连续十几天的不懈努力，调解员们运用法理与情理相结合的方式，逐步打开了双方的心结。最终，李某选择宽容，放弃了赔偿要求，并自行修复地面；张某则承诺今后将更加妥善地处理生活污水。一场看似难以化解的邻里矛盾，在调解员的耐心与智慧下得以平息。

矛盾化解在萌芽

自第二批主题教育开展以来，东阿县积极响应"学思想、强党性、重实践、建新功"的号召，将主题教育成果转化为实实在在的为民服务行动。他们坚持和发展新时代"枫桥经验"，致力于将矛盾纠纷化解在萌芽状态，确保小事不出村、大事不出镇、矛盾不上交。

为实现这一目标，东阿县充分发挥人民调解的"第一道防线"作用，不断完善矛盾纠纷多元化解机制。他们加强制度、队伍和阵地建设，打造了一系列具有地方特色的调解品牌，如"九顶艾""和平""金牛"等。这些调解室不仅名字寓意深远，更以其专业的调解队伍和科学的调解方法赢得了群众的广泛好评。

调解队伍汇聚了人民调解员、村干部、法律顾问、司法所工作人员及老党员等多方力量。他们遵循"沟通靠情、办事靠理、调解讲法"的原则，运用"十法"工作技巧，确保矛盾纠纷得到"一站式接待、一揽子调处、全链条解决"。这种高效、便捷的调解模式不仅提高了矛盾纠纷的化解效率，也有效维护了基层社会的和谐稳定。

据统计，自第二批主题教育开展以来，东阿县已建成并投入使用"一站式"矛盾纠纷调解中心 10 个，实现了镇街全覆盖。全县共有人民调解组织 102 个，聘请专职人民调解员 49 名，打造特色品牌调解室 15 个。这些调解组织和人员共开展矛盾纠纷排查 1917 次，预防矛盾纠纷 1666 件，调解纠纷 1618 件，其中调解成功 1614 件。这一串串数字背后，是东阿县对矛盾纠纷化解工作的不懈追求与努力成果。

东阿县的成功实践表明，只要我们坚持人民至上、问题导向和改革创新，就能将矛盾纠纷化解在基层，解决在萌芽状态。这不仅是对新时代"枫桥经验"的生动诠释，更是对构建和谐社会、实现长治久安的有力保障。

参考资料

光明日报：《问题解决在一线　矛盾化解在基层》

案例 93　以法治之力护航"六个新聊城"建设

案例结构

以法治之力护航"六个新聊城"建设	加快政府职能转变，依法全面履行职责
	完善依法行政制度，提升依法治理水平
	健全行政执法体系，规范公正文明执法
	加强矛盾纠纷调处，促进社会公平正义

案例目标

理解科学立法、严格执法、公正司法的基本要求，认识法治国家、法治政府和法治社会相辅相成的关系，强化全民守法意识，自觉投身法治中国建设实践。

案例摘要

近年来，聊城市通过加快政府职能转变、完善依法行政制度、健全行政执法体系、完善应急管理机制、加强矛盾纠纷调处等种种务实举措，强力推进法治政府建设，为"六个新聊城"建设提供了强有力的法治保障。

案例正文

2023 年 1 月 6 日，山东省委依法治省办下发《关于第二批山东省法治政府建设示范地区和项目命名的决定》，聊城市被命名为山东省法治政府建设示范市。对于聊城法治史来说，具有里程碑意义。

加快政府职能转变，依法全面履行职责

加快政府职能转变，建设法治政府和服务型政府，在深化经济体制改革、加强政府自身建设等方面有着重要意义。2022 年，聊城市委依法治市办会同有关部门研究制定了《关

于进一步优化法治化营商环境的若干措施》，共 18 条 36 项具体举措，明确了一揽子制度和措施，为企业健康发展提供全流程、全链条、全方位的法治保障。此外，《聊城市法治化营商环境工作评价指标体系》也应时而出，推动法治化营商环境指标可量化、可评价、更精准。这两个文件的出台为聊城市持续优化营商环境提供了有力的政策支撑。

为全面推进严格规范公正文明执法，营造稳定公平透明、可预期的良好法治化营商环境，聊城市委依法治市办印发《整治"重复检查、多头执法、随意处罚"攻坚行动方案》，规范行政检查专项行动，避免重复检查、多头执法、执法扰民；规范行政裁量权专项行动，解决随意执法、执法畸轻畸重、类案不同罚等问题。

完善依法行政制度，提升依法治理水平

行政应诉一度是聊城法治政府建设的痛处。从 2019 年起，聊城市以"1+3"行政应诉改革为突破口，全面探索在法治化轨道上构建市域治理体系和治理能力现代化、精细化的新模式，激活了法治政府建设全局。随着经济社会发展，预付式消费越来越成为重要的经营方式，但是部分商家存在服务不到位、"卷款跑路"等行为，常有消费者投诉举报。从 2022 年 5 月 1 日起，市民的预付消费增加了一个"安全阀"——《聊城市单用途预付消费卡管理条例》。

聊城市充分发挥立法引领、推动和保障作用，坚持强基固本、问计于民、多措并举构建科学立法新格局。目前，聊城市已经出台地方性法规 16 部、政府规章 13 部。2023 年 3 月 1 日起施行的《聊城市村庄规划管理办法》被省自然资源厅列为省立法试点项目。聊城市城市管理局的户外广告管理工作以《聊城市户外广告设施和招牌设置管理条例》为制度支撑，总结出的先进做法获全省推广。

健全行政执法体系，规范公正文明执法

行政执法体系既是行政体制的重要组成部分，更是法律实施体制的关键环节。严格规范公正文明执法，是全面推进依法治市向纵深发展的必然要求，是促进社会公平正义、维护社会和谐稳定的重大举措，更是维护法律权威、提升执法公信力的重要途径。

东昌府区司法局行政执法监督科、行政复议应诉科和东昌府区人民检察院、行政执法社会监督员组成检查组，深入重点单位开展联合执法专项监督检查。聊城市开展了黄河流域水行政执法专项监督。各级司法行政机关、市水利局、市城市管理局组成专项监督组，通过召开座谈会、查阅资料、实地察看等形式，对全面推行行政执法"三项制度"情况、水事违法行为立案查处情况、执法队伍建设和执法保障情况和中央及水利部、省水利厅有关执法重点任务落实情况等进行了监督检查。

加强矛盾纠纷调处，促进社会公平正义

加强矛盾纠纷调处，对妥善化解基层社会矛盾，维护基层社会和谐稳定具有重大的现实意义。聊城市高度重视矛盾调解中心在基层治理工作中的重要作用，不断创新服务模式，

探索多元矛盾化解机制，营造和谐稳定的社会环境，重点打造的"有事来聊"人民调解品牌已覆盖全市所有乡镇（街道）。通过加强矛盾纠纷调处，聊城市把矛盾纠纷"吸附在当地、化解在基层、解决在萌芽"，有效防范化解各类社会风险，促进社会公平正义，全力维护社会和谐稳定。

法治政府建设任重道远，是一个长期的不断完善和改革的过程。为扎实推动法治政府建设，聊城市连续两年组织开展法治政府建设典型案例评选活动，"健全完善'四个一'筑牢镇街矛盾纠纷化解'桥头堡'"等 40 个案例脱颖而出，营造了浓厚的法治政府建设氛围。

参考资料

聊城日报：《以法治力量推进"六个新聊城"建设》。

案例 94　弘扬宪法精神，建设法治聊城

案例结构

	宪法宣传抓"关键少数"
弘扬宪法精神，建设法治聊城	宪法宣传抓"关键群体"
	宪法宣传抓"制度建设"
	宪法宣传抓"关键节点"
	宪法宣传抓"基层基础"

案例目标

1. 理解宪法的地位和作用，树立宪法法律至上、法律面前人人平等的法治理念。

2. 认同宪法，崇尚宪法，践行宪法，在日常生活中自觉参与社会主义法治国家建设，维护宪法尊严。

3. 理解全面依法治国是中国特色社会主义的本质要求和重要保障，明确依宪治国的意义，在日常生活中自觉参与法制建设。

案例摘要

聊城不断创新普法依法治理工作方式，例如宪法宣传从全市领导干部抓起；宪法宣传注重青少年法治观念的养成；为宣传宪法制定了专门的决议，确保依法治市工作"上接天线、下接地气"，有章可循；在关键时间节点（如宪法日、环境日等）深入开展各项主题法

治宣传活动；深入基层，用喜闻乐见的形式推动群众学法用法；通过考法促进学法等。

案例正文

截至 2020 年，聊城市已连续 13 年组织国家工作人员普法考试，并实现了"三个率先"，即在全省率先组织全市县级领导干部集中考法，率先推行领导干部全媒体学法考法，率先实行县级领导干部普法考试成绩统一登记和通报制度。目前，领导干部普法考试考核已实现信息化、制度化、常态化。

宪法宣传抓"关键少数"

市委组织部、市人社局会同市委党校在干部培训、公务员培训中加大法治课培训力度，"干部培训，法治同行"成为常态；市委政法委连续举办全市领导干部法治大讲堂，邀请中央党校和各政法大学知名教授来授课，受教县级干部达 10 万多人次；市普法办连续举办全市领导干部法治培训班、普法骨干培训班，加强对国家工作人员的法律知识教育；利用新法颁布和实施节点，全市连续举办宪法、民法典等专项法律培训班，交通、税务、水务、金融等各大系统也相应开展行政执法人员法律知识培训，有效提升了国家工作人员的依法行政和依法办事能力。

宪法宣传抓"关键群体"

聊城市坚持普法"从娃娃抓起"，深入开展"法治进校园"活动，不断丰富校园法治文化载体，扎实推进"依法治校示范校"创建，把法律知识铭刻于青少年头脑中，让法治精神滋养青少年成长。

健全组织网络。市司法局、教体局、普法办等部门联合出台了《关于进一步加强青少年法治宣传教育工作的实施意见》，全市中小学均成立了以校长为组长的法治宣传教育领导小组，聘请法治副校长 1023 人，为青少年法治宣传教育工作的开展提供了组织保证。

丰富法治活动。坚持每月 1 节法治课、每季度 1 次法治实践活动、每年 1 次法治考试，切实做到计划、课时、教材、师资、测试"五落实"；举办法治班会、开办模拟法庭、组织法治演讲比赛、自创法治手抄报、抒写学法心得等活动，开展"法律进学校"报告会、法治讲座、法治文艺表演等活动。

宪法宣传抓"制度建设"

市委及时调整和充实了"七五"普法依法治理工作领导小组，成立了市委全面依法治市委员会守法普法协调小组。主要领导亲自抓、分管领导靠上抓、职能部门具体抓的工作机构日臻完善。市人大、市政协充分发挥职能，每年分专题视察法治宣传教育和依法治理工作，监督指导"七五"普法依法治理工作的开展。

市人大常委会审议通过了"两个规划"草案，出台了《关于在全市公民中开展第七个五年法治宣传教育的决议》和《关于聊城市 2016—2020 年依法治市规划的决议》两个文件。市委、市政府下发了《关于在全市公民中开展法治宣传教育的第七个五年规划》，高规格召开了第十四次全市普法依法治理工作会议，对"七五"普法依法治理工作作出全面部署。市委全面依法治市委员会守法普法协调小组及时召开联席工作会议，安排部署工作。各县市区、市直各部门都成立了相应工作机构，制定了普法规划，为工作开展奠定了坚实基础。

聊城市深入推进宪法宣传进机关、进学校、进企业、进乡村、进社区、进军营、进家庭、进网络、进新型社会组织、进特殊行业，宪法文本进车站、宾馆、银行、政务中心等人口密集的场所，在全市范围内形成自觉维护宪法权威，捍卫宪法尊严的良好法治氛围。

宪法宣传抓"关键节点"

按照上级安排部署，紧紧围绕党委政府中心工作，聊城市先后组织开展了与乡村振兴战略、服务新旧动能转换、"三大攻坚战"、扫黑除恶、安全生产、道路交通、消防减灾、食药安全、禁毒戒毒等相关法律法规的宣传，切实提高各级各部门依法发展、服务中心大局的意识和能力。

紧紧围绕依法行政开展普法宣传，先后举办水法宣传周、宪法和党章知识竞赛、安全生产宣传月、行政诉讼法知识竞赛、老年人权益保障法电视竞赛等活动，利用"12·4"国家宪法日举办集中法治宣传活动。

紧紧围绕服务保障民生，建立完善实体、热线、网络公共法律服务平台，开展"精准扶贫、法治同行"活动，实施"法律援助应援尽援"工程，成立妇女维权、消费者维权、服务新旧动能转换、服务乡村振兴等专业法律服务团，提供专业法治宣讲和法律咨询，有效维护人民群众的合法权益。

宪法宣传抓"基层基础"

目前，聊城已建成高唐县法治文化广场、茌平区法治文化公园等一批县级法治文化公园（广场），建成东昌府区郑家镇、阳谷县闫楼镇等一批乡镇法治文化广场，建成冠县前万善村、莘县十里井村等一批村级法治文化广场，让群众在休闲健身和日常生活中接受法治熏陶和教育。各机关单位充分利用自身资源打造了一批集机关文化、法治文化于一体的室内外法治文化基地。

聊城以习近平总书记在中央全面依法治国工作会议上的重要讲话精神为指引，不断提升普法依法治理工作能力，为"争创一流、走在前列，奋力实现在鲁西大地率先崛起"努力奋斗。

参考资料

中原新闻网:《弘扬宪法精神　建设法治聊城》。

案例 95　布占营：80 后退役军人
不惧尖刀威胁勇擒歹徒

布占营：80 后退役军人不惧尖刀威胁勇擒歹徒	直面尖刀的"逆行者"
	坚守初心的"守护者"

案例目标

了解布战营勇斗歹徒的故事，正确行使公民权利，自觉履行公民义务。认识到我国法律鼓励和支持公民同违法犯罪行为作斗争，有勇有谋应对违法犯罪。

案例摘要

面对危险，布占营挺身而出，赤手空拳斗歹徒，身受多处刀伤，最终成功制服了歹徒。作为一名退伍军人，同时也是一名党员，布占营维护了人民群众的生命安全。

案例正文

布占营，中共党员，山东省聊城市阳谷县畜牧兽医事业发展中心高级兽医师。2022年11月6日，布占营赤手空拳与歹徒殊死搏斗，身受多处刀伤，最终成功制服了歹徒。2023年4月，布占营入选第35期"聊城好人榜"；2023年7月被认定为"阳谷县见义勇为模范""聊城市见义勇为模范""山东省见义勇为模范"，同月，被评为第136期"山东好人"，登上了2023年三季度"中国好人榜"候选人名单。

直面尖刀的"逆行者"

2022年11月6日上午11时，布占营在一家服装店选购衣服。忽听"砰"的一声，他闻声望去，前方10多米处，两辆电动车撞到一起，两位车主开始发生激烈的争吵和撕扯。其中一名男子气急败坏，猛然掏出一把大约30cm长的尖刀刺向对方，对方躲闪不及，被尖刀划破了胳膊。但是那位手持尖刀的男子仍然步步紧逼，另一位车主只能来回闪躲。时间就是生命，救人刻不容缓。布占营立刻健步如飞地冲到了手持尖刀的男子面前，并大声呵斥该男子把刀放下。然而手持尖刀的男子不为所动，并开始辱骂布占营。面对歹徒的威胁，布占营丝毫没有退缩，并再次要求对方停手。该男子并没有收手，而是手持尖刀恶狠狠地向布占营冲过来。布占营和男子扭打在一起，经过激烈搏斗，布占营凭借在部队练就的一身武艺，最终将歹徒制服，夺走了他手中的尖刀。此时，布占营的手臂被划破，身上也有了几处刀伤，他全然不顾自己的伤势，将歹徒死死地压在身下，一直坚持到派出所民警前来将歹徒带走。

坚守初心的"守护者"

在同事的眼里，布占营是一个沉默寡言的人，但对工作却充满干劲儿。布占营对工作十分热情，无论什么事情，一旦让他接手，就尽心尽力，废寝忘食，不做到最好绝不停止。就是这样一个默默无闻的人，当遇到人民群众的生命安全受到威胁时挺身而出，让所有人都为他感动。布占营曾说："作为一名退伍军人，同时也是一名党员，见到不平的事就要挺身而出。只有这样，我们的家园才能温馨，才能阻止犯罪的发生，维护人民群众的生命安全。下次，如果还遇到此类的事情，我还会第一个站出来，绝不退缩"。

参考资料

大众网：《2023 年三季度"中国好人榜"聊城市候选人事迹展播 | 布占营："80 后"退役军人不惧尖刀威胁勇擒歹徒》。

专题十九
遵守法律规范

1.要加大关系群众切身利益的重点领域执法司法力度，让天更蓝、水更清、空气更清新、食品更安全、交通更顺畅、社会更和谐有序。

——习近平在中央政法工作会议上的讲话（2019年1月15日至16日）

2.要坚持依法办事，让遵法守纪者扬眉吐气，让违法失德者寸步难行。

——习近平在中央政法工作会议上的讲话（2019年1月15日至16日）

3.要在全社会广泛开展尊崇宪法、学习宪法、遵守宪法、维护宪法、运用宪法的宣传教育，弘扬宪法精神，弘扬社会主义法治意识，增强广大干部群众的宪法意识，使全体人民成为宪法的忠实崇尚者、自觉遵守者、坚定捍卫者。要坚持从青少年抓起，把宪法法律教育纳入国民教育体系，引导青少年从小掌握宪法法律知识、树立宪法法律意识、养成遵法守法习惯。要完善国家工作人员学习宪法法律的制度，推动领导干部加强宪法学习，增强宪法意识，带头尊崇宪法、学习宪法、遵守宪法、维护宪法、运用宪法，做尊法学法守法用法的模范。

——习近平在中共中央政治局第四次集体学习时的讲话（2018年2月24日）

案例96 以热诚书写忠诚，用公证注解人生——"全国司法行政系统劳动模范"刘桂民

案例结构

以热诚书写忠诚，用公证注解人生——"全国司法行政系统劳动模范"刘桂民	坚持公平正义
	忠诚履职，司法为民
	围绕中心，服务大局
	勇于创新，拓展业务新领域
	聚焦质量求公信

案例目标

1.通过了解刘桂民守护公平正义的事迹，懂得依法从事民事活动对人生成长的意义。

2.正确行使民事权利，自觉履行民事义务，积极参与民事活动的沟通，提高解决问题的能力，勇于担当社会责任。

案例摘要

刘桂民坚持公平正义，忠诚履职，司法为民，始终把公平正义作为生命线，办好群众身边的案件，勇于创新服务理念和服务模式。多年来，刘桂民的足迹遍布了东阿的大街小巷和田间地头，不断探索公证工作的新领域、新方式。刘桂民认识到，公证质量是公证工作的生命线，每一件公证，她都全心投入，努力追求工作的零差错。

案例正文

2021年7月7日，在"忠诚　担当　奉献"聊城市政法英模先进事迹报告会上，来自政法单位的7名英模分别结合工作实际作了生动精彩的报告。其中聊城司法行政系统先进典型代表、东阿县公证处主任刘桂民同志以"践行为民初心　无悔公证人生"为主题，用朴实的语言、真挚的情感向与会人员讲述了自己在工作岗位上恪尽职守、守护公平正义的感人事迹，赢得全场掌声。

刘桂民，1995年从事公证工作，现任东阿县司法局党组成员、东阿县公证处主任、聊城市公证协会会长、山东省公证协会理事、山东省公证协会质量委员会主任，曾被评为全省优秀公证员、全省司法行政系统年度影响人物、聊城市道德模范、优秀共产党员等。

坚持公平正义

从事公证工作以来，刘桂民始终把公平正义作为生命线，办好群众身边案件，勇于创新服务理念和服务模式，努力增加公证服务的法律含金量，提升公证工作公信力，让人民群众在每一起案件中都感受到公平正义。

忠诚履职，司法为民

刘桂民多年来除了不断勤奋学习各种法律知识外，始终把加强思想作风建设和职业道德建设作为修身之本，自觉把提升公证公信力与行业发展联系起来，把公证工作与社会安定和发展联系起来。作为市公证协会会长、省公证协会质量委员会主任，她积极指导、参与解决全市乃至全省公证工作中出现的疑难问题，成为处理疑难复杂事项的公证专家。她始终以实际行动践行着全心全意为人民服务的宗旨，只要当事人有需求，她都会尽其所能为他们提供服务。对于经济困难的群众主动提供法律援助；对于行动不便的当事人主动上门服务；对于工作日无法前来办证的当事人，就利用休息日为他们办理业务，努力为人民群众提供优质的公证法律服务。

围绕中心，服务大局

多年来，刘桂民走遍了东阿的大街小巷、田间地头。在她的带领下，东阿县公证处积极参与招投标活动，为重点项目建设服务，确保政府采购公开透明、阳光运行；全力服务拆迁改造，确保公平，维护稳定。旧城改造、新农村建设公证事项，因涉及面大、人员情况复杂、工作量大，仅最近几年，刘桂民先后参与改造、拆迁、分房公证活动达 10 多次，向参与拆迁的部门和房屋拆迁的村民、居民交上了一份满意的答卷；充分发挥强制执行效能，办理企业、个人的借款合同、抵押合同强制执行公证，确保金融机构贷款安全；积极参与基层法律服务全覆盖，推动公证服务向农村延伸；大胆探索司法辅助业务，助力破解"送达难""执行难"。刘桂民以超前的服务理念，独特便捷的服务方式，赢得了企业和有关部门的认可。

勇于创新，拓展业务新领域

刘桂民不断探索公证工作的新领域、新方式，先后以金融、房地产交易、企业改制、政府采购、新旧动能转换等业务为突破口，积极联系国土、金融、建委、法院等相关部门，在全市率先参与基层法律全覆盖和司法辅助事务，充分发挥了公证的价值与职能作用，有力地促进了聊城市公证事业的快速发展。

聚焦质量求公信

多年的公证实践使刘桂民认识到，公证质量是公证工作的生命线。每一件公证，她都全心投入，努力追求工作的零差错。从事公证工作以来，她办理的公证事项达数万件，从实体到程序，从受理到出具公证书，每一个细节都严格把关。对有疑点的地方，坚决核实；对需要补充的资料，不厌其烦；对应当拒绝的，铁面无私。把每个公证案件都办成"铁证"。东阿县公证处创造了"国内公证零错误、涉外公证无退回"的历史记录，2020 年被评为"全国公共法律服务工作先进集体"。

生逢盛世，当不负盛世。刘桂民把公证作为她热爱并为之奋斗的事业，是她毕生的坚持和追求。东阿县公证处也以此为契机，把教育整顿转化为激发干事创业、履职担当的强大动力，认真学习政法英模信念坚定、对党忠诚的政治品格，严格执法、公正司法的职业操守，求真务实、锐意进取的工作作风，心系百姓、一心为民的公仆情怀，推进政法工作高质量发展，为实现"争创一流走在前列"提供坚强政法保障。

参考资料

澎湃政务：《刘桂民：以热诚书写忠诚，用公证注解人生》。

案例 97　依法办案，公正司法——
"全国法院办案标兵"徐泉林

案例结构

依法办案，公正司法—— "全国法院办案标兵"徐泉林	扎根基层法庭，用严谨细致守护公平正义
	遵循司法规律，讲求科学方法
	清正廉明，率先垂范

案例目标

1. 通过了解徐泉林公正司法、依法办案的事迹，懂得依法从事民事活动，学会利用法律武器正确处理生活中遇到的问题。

2. 增强依法处理民事关系的意识，在生活和职业活动中依法从事民事活动。

案例摘要

徐泉林进入法院工作以来，始终牢记司法为民的宗旨，恪守法官职业道德，他所审结的案件无一发还、重审。他扎根基层法庭，用严谨细致守护公平正义，遵循司法规律，讲求科学方法，清正廉明，率先垂范，正确、合法、及时地处理每一件民事纠纷，为人民群众排忧解难。

案例正文

2017 年，聊城市东昌府区人民法院郑家人民法庭庭长徐泉林荣获"全国法院办案标兵"荣誉称号，并受到最高人民法院的通报表彰。据悉，他是 2016 年以来聊城市法院系统唯一获此殊荣的一线办案法官。

徐泉林于 1989 年 7 月调入法院工作，历任书记员、助理审判员、审判员，现任郑家人民法庭庭长。进入法院工作以来，徐泉林始终牢记司法为民宗旨，恪守法官职业道德，在审判岗位上兢兢业业、埋头苦干，审理了大量民事案件，促进了社会的和谐稳定。他所审结的案件无一发还、重审，无一冤假错案，无一引起矛盾激化，无一引起上访，无一超审限。因工作成绩突出，徐泉林曾荣立二等功 1 次、三等功 3 次，多次被上级评为先进个人、办案能手。

扎根基层法庭，用严谨细致守护公平正义

在聊城市东昌府区人民法院郑家人民法庭，同事们喜欢用"严谨细致"来形容徐泉林

法官的办案风格，再难"啃"的案子在他手里都能得到圆满解决。自 2003 年 3 月被任命为郑家人民法庭庭长以来，徐泉林在审判和执行岗位上兢兢业业、埋头苦干，审结了大量的民商案件。特别是近两年来，审结的案件质量在全区更是名列前茅，案件的法律效果和社会效果得到了辖区群众的一致认可。

郑家人民法庭直接服务道口铺、郑家镇、堂邑 3 个乡镇的 6 万多群众，辖区内经济较为发达，经商氛围较为浓厚，但离婚类案件数量较多。此类案件一旦处理不好，容易使双方矛盾激化，对社会和诉讼双方的家庭造成冲击。针对这种情况，徐泉林不断探索，用心琢磨，在工作中慢慢摸索出了一套行之有效的处理方法。

自 2003 年担任郑家人民法庭庭长以来，徐泉林正是依靠认真细致的办案风格，正确、合法、及时地处理好每一件民事纠纷，为人民群众排忧解难，同时总结并推行了"四心工作法"，引导当事人算好"五笔账"（即亲情账、信誉账、时间账、经济账、风险账），最大限度地提高案件了结率。

遵循司法规律，讲求科学方法

为着力破解基层法庭案多人少的矛盾，提高案件审结效率，徐泉林在遵循司法规律的基础上，总结出一套科学的案件审理流程。对简易的案件采取多元化、多渠道、多形式的办法，最大限度地利用现代电子通信手段送达开庭传票、开庭通知。同时利用上述手段进行庭前证据交换，在此基础上简化庭审程序，进行集中开庭、巡回开庭，法律文书集中送达，大大缩短了审限，降低了诉讼成本。对复杂疑难案件，注重庭前证据交换，对双方当事人均认可的事实，通过庭审现行判决；对双方争议较大的事实，进行多元化调解；对举证不足的一方当事人说明诉讼风险，积极促成调解，或者引导当事人在拥有新的证据时另行起诉，由此避免了长期未结案件的存在。

清正廉明，率先垂范

很多人都想在案子开庭前约徐泉林吃饭或送些东西，希望自己的案子能够胜诉或达到自己想要的判决结果，但是徐泉林从来没有答应过一次。郑家人民法庭的案子中将近一半都是由徐泉林负责审理，想通过各种方式来结交徐泉林的人不在少数，但是从来没有成功过。

在案件审理中，法官难免会面对这样的"人情关"和"利益关"。在扎根基层法庭的多年中，徐泉林廉洁自律，率先垂范，没有办过一宗人情案、关系案、金钱案。在他的带领下，郑家人民法庭没有发生过一起违纪违法的人和事，执法为民、清廉如水的良好形象赢得了人民群众的赞誉和好评。

参考资料

搜狐：《徐泉林荣获"全国法院办案标兵"荣誉称号》。

案例 98　依法为百姓着想，维护公平正义——"全国先进工作者"念以新

案例结构

依法为百姓着想，维护公平正义——"全国先进工作者"念以新	为百姓守护公正
	不拿群众一针一线
	百姓就是亲人

案例目标

1. 当合法权益受到侵害时，要善于拿起法律武器依法维权。

2. 了解解决纠纷的方式，培养程序正义理念，提高依法理性维权的意识和能力，做尊法学法守法用法的好公民。

案例摘要

念以新从事检察工作以来，忠诚于党，爱岗敬业，一心为民，助人为乐。他把保护群众平安、守护公平正义作为自己的职责。他登门调节民事纠纷，成功解救被绑架的孩子，帮助群众讨回欠款。念以新清正廉洁，时刻牢记"不该要的坚决不要，不该拿的，坚决不拿"。念以新视群众如亲人，设身处地为群众着想，真心实意给老百姓排忧解难。

案例正文

念以新，山东省聊城市东昌府区检察院白云热线原办公室主任。从事检察工作以来，念以新忠诚于党，爱岗敬业，一心为民，助人为乐，扎根白云热线 13 年，接听服务电话 37400 多个，带领热线创造了一个又一个不平凡的业绩。2015 年 4 月 28 日，念以新被授予全国"先进工作者"荣誉称号，2022 年荣获"齐鲁政法英模"称号。

为百姓守护公正

强化法律监督、维护公平正义是检察工作的主题。作为一名人民检察官，念以新始终把工作的着力点放在维护群众权益上，把保护群众平安、守护公平正义作为自己的职责。

孩子被拐卖、老人被打伤、妇女被欺负，群众身边的每一个不幸遭遇都是他的牵挂。不管事大事小，没有分内分外，不分上班下班，群众的呼唤就是他的使命。

念以新和热线人员协助有关部门抓获犯罪嫌疑人多名，解救妇女儿童多人，帮助群众讨回各类欠款。他通过热线传递了司法的力量、正义的温暖。

不拿群众一针一线

从检多年来，念以新清正廉洁，把"权权交易坚决不做、权情交易坚决不做、权钱交易坚决不做"作为自己的座右铭，把"不要涉案一分钱，不吃涉案一顿饭，不沾分外一点光"几句话当作计算机的屏保，时刻提醒自己，不该要的坚决不要，不该拿的坚决不拿。

他在公诉科、反贪局工作多年，办理过大大小小的案子上百起。每办一起案子，他都坚守职业良知，公正廉洁执法，做到不枉不纵、不偏不倚，经得起历史和人民的检验。

办案过程中，面对各种各样的引诱、威胁和拉拢，念以新敢于说"不"。有人说他"不讲情面""不会来事"，但更多的是人民群众对念以新公正执法和廉洁办案的褒奖，称赞他是秉公办案、不徇私情的"小白云"。

扎根热线多年，念以新给自己定下一条死规矩：只能服务，不能伸手。尽管受到帮助的来访人、受害人一次次把购物卡、现金塞给念以新，他都微笑着拒绝了。

为了给老百姓提供"零"距离的法律服务，念以新带领热线人员建立了流动服务站，积极开展向党建、基层、农村、企业、学校和监管场所的6个延伸。无论走到哪里，他都严格要求自己，坚持做到不带杯子，不擦凳子，不动筷子，不要票子，全心全意为人民服务。

百姓就是亲人

念以新视群众如亲人，设身处地为群众着想，真心实意给老百姓排忧解难。在和老百姓打交道的过程中，他总结了"心要热，脑要灵，脸要笑，嘴要甜，耳要听，手要握，身要平，腿要勤"的服务群众"八要"工作法，化解纠纷1420多起，没有发生一起越级上访和重复信访，有效地避免了上百起刑事犯罪的发生。

作为一名人民检察官，念以新没有高人一等的感觉。他总是愿意和来访群众坐在一个沙发上。一张笑脸，一杯热茶，温暖着每一位来访群众的心。见到来访群众，他会主动和他们握手，还制作了便民联系卡，走到哪里就发到哪里，群众随时可以找到他。他的手机里存着170多个老百姓的电话号码，时刻牵挂着百姓的冷暖。

2012年，残疾少年段某到了上初中的年龄，附近的学校却以段某身患残疾为由拒收段某入学。无奈之下，段某的母亲把电话打到了白云热线。听到这个事儿，念以新二话没说，带着热线工作人员找到教育主管部门，讲法律、讲道理、讲民生，说了一整天才最终帮助段某在聊城市里一所中学上了学。开学的那天，念以新专门把孩子送到学校，段某一家人感动得说不出话来。后来，念以新不断给段某送钱送书，帮助他健康成长，还给段某买了一件羽绒服。段某说，穿上念叔叔的羽绒服，暖在身上，热在心里。这就是念以新，一个一心为百姓着想的模范检察官！

> **参考资料**

1. 聊城大众网：《寻找时代英雄系列报道——念以新》。

2. 正义之声网：《记"双百政法英模"、山东省聊城市东昌府区检察院检察官念以新》。

3. 澎湃新闻：《念以新：在平凡岗位上谱写英模之歌——"忠诚之路"山东省政法英模先进事迹报告会侧记》。

案例 99　用行动践行为民服务的初心——"全国模范人民调解员"李春甫

案例结构

用行动践行为民服务的初心——"全国模范人民调解员"李春甫	打铁先得自身硬
	以情入理化干戈
	为民服务干实事

案例目标

1. 了解解决纠纷的非诉讼方式，掌握有效化解矛盾、解决纠纷、维护权利的途径和方式。

2. 通过选择化解矛盾、解决纠纷的理性手段，正确处理个人和他人的关系，懂得调控面对矛盾纠纷时的情绪。

案例摘要

李春甫担任人民调解员以来，坚持学习宪法等重要法律文件，写下了大量的学习笔记、民事调解记录及工作实践心得，努力提高自己的业务素质。他从事调解工作总是真情投入，牢牢抓住"情"字不放，面对棘手的案件，也积极迎难而上，力争从根源上化解矛盾纠纷。2020 年李春甫被评为"全国模范人民调解员"。

案例正文

"调解工作是一种责任，把调解工作做到家、做到位，才是真正兑现了为人民服务的承诺。"聊城市东昌府区郑家镇人民调解委员会调解员李春甫，调处各类矛盾纠纷达 400 余件，调解成功率达 99% 以上，做到了小事不出村、大事不出镇，上为政府分忧，下为百姓解难。2018 年，李春甫同志被聊城市司法局评为"全市优秀人民调解员"，并设立了李春甫调解工作室。2020 年他被评为"全国模范人民调解员"。

打铁先得自身硬

青少年时代的李春甫遇到坏人坏事敢于打抱不平，同情弱者、一身正气。担任人民调解员以来，他坚持学习宪法、刑法、民事调解程序、民事诉讼等重要法律常识，写下了大量的学习笔记、民事调解记录及工作实践心得。专业求精、思想求进，李春甫对于政治理论的学习也毫不放松。提高站位、专业促调，让李春甫的民事调解工作有了正确的方向和行为准则，让他得以成为群众信得过、可依靠的调解员。

以情入理化干戈

从事调解，他总是以真情投入。繁忙的调解工作忙得他离不开岗位，中午很少能按时吃饭。除了应急的民事纠纷立即应对调处外，其他小事他也一一做好记录，有计划地利用早上或晚上去处理。一天接几十个电话，走访多个群众也不是什么稀罕事。面对纠纷，他总是用微笑面对激愤和忧愁的当事人，做到调纠纷先暖人心，从情理上讲人和，从法律上讲抑恶，使一件件已经发生并可能趋向恶化的民间纠纷化干戈为玉帛。

从事调解，他总是以真情打动人。李春甫在民事调解工作中总是能与群众在心理上零距离交谈，同时工作方式的灵活多样使他的调处工作得心应手。牢牢抓住"情"字不放，使他的调处工作水到渠成。多年来，比邻而居的，地邻相依的，个体私营与雇佣关系的摩擦，兄弟吵闹、婆媳不和、儿女财产分配不当的，赡养孝敬老人不到位的，他都尽可能做到心中有数，疏导得有的放矢，当事人给他送来了锦旗，他也从不居功。

为民服务干实事

从事调解，他总是迎难而上。派出所是基层矛盾纠纷的聚集单位。面对棘手的案件，李春甫迎难而上，力争从根源上化解矛盾纠纷。李春甫调处过很多类型的矛盾纠纷，人命关天的矛盾纠纷也不在少数。遇到比较棘手的案件，一调就是20多天，周末也不休息，到当事人家中，在办公室里，直到调解成功，他才松一口气。

多年来的调解实践，李春甫已经有了自己的调解准则：用沟通把握当事人心理，用语言疏通当事人心结，用法律维护当事人权益，用调解强化为民服务的宗旨。李春甫把"堂堂正正做人，扎扎实实为民做事"作为自己一生的追求。

参考资料

东昌府区人民政府网：《"全国模范人民调解员"李春甫：用行动践行为人民服务的初心》。

案例100 孔繁森：守护党纪国法的模范

案例结构

孔繁森：守护党纪国法的模范	一步一个脚印为群众办事
	不能沾公家的光

1. 了解孔繁森的事迹，了解他在工作中遵纪守法的具体表现。
2. 理解遵守法律规范对于个人和社会的重要意义。
3. 培养法治意识和社会责任感，树立正确的价值观。

案例摘要

中国共产党人的初心和使命，就是为中国人民谋幸福，为中华民族谋复兴。作为党员领导干部的楷模，孔繁森一直坚守这份初心，践行这份使命。回顾他的过往，每一名共产党员都能从中体悟到那份忠诚坚定的理想信仰，那份不畏艰险的拼搏精神，那份开拓进取的优良作风，那份心怀人民的公仆情怀，那份清正廉洁的高尚品格。

案例正文

一步一个脚印为群众办事

看到阿里的落后状况，孔繁森心急如焚。怀着时不我待、只争朝夕的责任感和紧迫感，他搞调研，做规划，用务实之心、谋事之心、创业之心推进阿里的稳定和发展。在阿里，孔繁森有 1/3 的时间是在县乡度过的，每一次至少 8 天。饿了，他就吃一口风干的牛羊肉；渴了，就喝一口山上流下来的雪水；路不通就骑马，马过不去就步行。长时间骑马下乡，腿都磨破了，裤子和血肉都粘在一起。不到两年时间，全地区 106 个乡，他跑了 98 个，行程 8 万多千米。

孔繁森下乡有"四必到"：必到敬老院，必到学校，必到边防哨卡，必到贫困牧民家庭。抗击雪灾时，孔繁森到受灾最严重的地方，坚持走访最偏僻的受灾户。小梁劝他："情况也摸清了，受灾情况也录像了，回去向自治区汇报就行了。你身体这么差，那些救灾粮款让其他人送去就行了。"孔繁森却说："这么大的雪灾，我们不去，群众就会认为党和政府不管他们了！救灾物资到和人到是不一样的！就算有一个人在那里，我也要去看他。让他知道党和政府在关心着他，在和他一起跟自然灾害作斗争，让他感受到社会主义大家庭的温暖。"

阿里地处祖国西南边陲，与印度、尼泊尔等国家和地区相邻，地处反分裂斗争最前线。孔繁森作为军分区党委第一书记，为国家安全和边境安定做了大量富有成效的工作。他跑遍分区每一个边防哨卡，为军分区解决巡逻车辆不足的问题，为无人区哨兵送去新鲜的牛羊肉、蔬菜、录像带和卡拉 OK 机，处理缺少执勤马匹、牦牛和烤火用的牛粪的问题，为巴尔兵站建立投递点，为 20 多位官兵和家属解决生活困难。他制定并部署实施阿里"双拥规划"，全地区军政、军民、民族团结出现崭新局面，日土县、札达县、军分区分别跨入双拥模范县和双拥先进集体的行列，使阿里地区双拥创建工作实现零的突破。

不能沾公家的光

坚持原则是孔繁森做人做事的准则。有一次，阿里地委宣传部副部长柴腾虎陪孔繁森到基层去，在门口碰到一个人满脸堆笑地拦车。孔繁森面色冷峻，让司机继续开车照常前行。柴腾虎很是纳闷，平时一向和蔼可亲的孔书记怎么这么严肃？一打听才知道，那人是个包工头，想承揽阿里的某个工程项目，前一天找到孔繁森的办公室并掏出 5000 元钱，想让孔繁森给有关部门打个招呼，但被孔繁森批评了一顿，装钱的信封也被扔到门外。

从严治家，立德树人，是孔繁森一直秉持的信念。在莘县时，县委通信员发现孔繁森儿子孔杰的作业本和笔用完了，就从机关仓库里领出稿纸、圆珠笔、墨水给孔杰用。孔繁森发现后教育儿子说："你缺啥我给你买，咱不能沾公家的光。"趁孩子还没使用，赶紧给送了回去。

从孔繁森给女儿孔玲的信中可以看出，他对孩子严格的要求和细腻的关切。1993 年 12 月 2 日，他在信中说："要注意节约，咱不是怕花钱，主要是要养成节约美德，千万不要和同学比吃比穿，要知道全国还有不少县因财政困难发不出工资，有相当一部分地区的部分群众温饱问题没有解决。"1994 年 1 月 16 日，他写道："你们几个小姊妹（孔玲同宿舍的女孩）记住：一要把学习搞好，二要带着书回家，三是路上注意安全，四是回家后要谦虚，五是帮父母多做点家务，六是不要买什么东西回家。"殉职前，孔繁森在新疆考察工作之余，给孔玲和同宿舍的同学每人买了一顶维吾尔族小花帽和一条丝巾，这几个孩子多年都叫他"孔爸爸"。这些没来得及送出的礼物凝聚着他博大的父爱。

参考资料

环球网：《孔繁森：一个共产党员爱的最高境界是爱人民》。

后 记

　　本书是在聊城市技师学院党委书记金同元、院长徐公义组织和党委委员、组织人事处处长孔晓燕悉心指导下，由马克思主义学院王海民、岳远涛、李学军、陆文文、刘冰、金秀平、曹梦丹、马颖、孔莉华、王燕、陈玥等11位思政教师共同完成的劳动成果。

　　本书编写过程中，聊城市委常委、统战部部长、宣传部部长、市委教育工委书记柳庆发亲自批示，还得到了市委宣传部、市委教育工委、市教体局等有关部门领导的大力支持。孔繁森同志爱人王庆芝，聊城市技师学院原副院长崔杰，聊城职业技术学院原副院长、孔繁森同志纪念馆原馆长、聊城职业技术学院马克思主义学院名誉院长高杉，聊城市委党校副校长、孔繁森精神教学基地服务中心主任、孔繁森同志纪念馆馆长王巍，孔繁森精神党性教育基地服务中心副主任李光，聊城职业技术学院马克思主义学院党总支书记、院长孙剑，聊城市委宣传部意识形态工作科科长和德道，聊城市教体局高中教研室主任布济英，聊城大学马克思主义学院院长刘子平、副院长华敏、副院长黄昊等专家领导给予了全程帮助和指导。本书在编写过程中参考并引用了大量新闻媒体和专家学者的新闻报道及文献资料，在此一并致以由衷的感谢。

　　"江北水城·两河明珠"聊城，作为国家历史文化名城、中国优秀旅游城市、国家环保模范城市、国家卫生城市、全国双拥模范城、中国十大特色休闲城市，值得思政课教学借鉴的案例有很多，每个案例的丰富内涵也需要不断地深入挖掘和拓展。本书是一次尝试性探索，由于编者学识有限，加之时间仓促，书中难免有不足、疏漏甚至错讹之处，恳请业内专家学者批评指正。

编　者